무조건 1,000만 원 벌고 시작하는 초수익 부동산 경매

── 독자를 위한 특별 ──

저자가 직접 알려주는 '초수익 부동산 경
미니 강의와 바로 써먹을 수 있는 '양

이 책에 수록되어 있는 17종의 경매 양식을 실전에서
제대로 활용하는 방법을 알려드립니다.
아래의 QR코드를 인식하여 저자 직강과
초수익 투자를 응원하며 준비한 추가 선물도 확인하세요!

── 이 책에 수록된 경매 양식 리스트 ──

1. 매각대금완납증명 신청서
2. 송달주소 변경신청서
3. 필요서류 일괄발급 신청서
4. 강제집행신청서
5. 주민등록표 열람 또는 등·초본 교부 신청서
6. 주민등록표 열람 또는 등·초본 교부 신청서(일괄 신청용)
7. 당사자선정서
8. 확인서 및 위임장
9. 소취하서
10. 국외송달신청서
11. 가족관계 등록사항별 증명서 교부 등 신청서
12. 당사자(피고)표시정정신청서
13. 부동산처분금지가처분신청서
14. 취득세 신고서
15. 등록면허세 신고서
16. 부동산소유권이전등기 촉탁신청서
17. 등기필증 우편송부 신청서

무조건 1,000만 원 벌고 시작하는 초수익 부동산 경매의 기술

초판 1쇄 발행 2024년 3월 29일
초판 3쇄 발행 2024년 8월 9일

지은이 유근용, 양진노

펴낸이 조기흠
총괄 이수동 / **책임편집** 유지윤 / **기획편집** 박의성, 최진, 이지은, 김혜성, 박소현
마케팅 박태규, 홍태형, 임은희, 김예인, 김선영 / **제작** 박성우, 김정우
디자인 박정현 / **교정교열** 공순례

펴낸곳 한빛비즈 (주) / **주소** 서울시 서대문구 연희로2길 62 4층
전화 02-325-5506 / **팩스** 02-326-1566
등록 2008년 1월 14일 제 25100-2017-000062호

ISBN 979-11-5784-730-3 03320

이 책에 대한 의견이나 오탈자 및 잘못된 내용에 대한 수정 정보는 한빛비즈의 홈페이지나
이메일(hanbitbiz@hanbit.co.kr)로 알려주십시오. 잘못된 책은 구입하신 서점에서 교환해드립니다.
책값은 뒤표지에 표시되어 있습니다.

⌂ hanbitbiz.com 🄵 facebook.com/hanbitbiz Ⓝ post.naver.com/hanbit_biz
▶ youtube.com/한빛비즈 ⊙ instagram.com/hanbitbiz

지금 하지 않으면 할 수 없는 일이 있습니다.
책으로 펴내고 싶은 아이디어나 원고를 메일(hanbitbiz@hanbit.co.kr)로 보내주세요.
한빛비즈는 여러분의 소중한 경험과 지식을 기다리고 있습니다.

무조건 1,000만 원 벌고 시작하는
초수익 부동산 경매의 기술

유근용 · 양진노 지음

H3 한빛비즈
Hanbit Biz, Inc.

부자 되는 지름길,
특수물건 경매에 있다

내 인생의 결정적 순간은 결혼과 함께 찾아왔다. 그 전까지는 혼자 벌어 혼자 먹고살 수 있었다. 월 100~150만 원만 벌어도 사는 데 지장이 없었다. 저축은 꿈도 못 꿨지만 생활을 꾸려나갈 순 있었기에 꿈은 꿈대로 둔 채 현실에 안주하는 나날을 보냈다. 하지만 사랑하는 사람이 생기고 결혼을 약속한 순간부터 이렇게 살면 안 되겠다는 생각이 강해졌다. 신혼집을 알아보던 2015년에 전세 대란이 무엇인지를 온몸으로 접하며, 대한민국에서 부동산을 알지 못하면 평생 가난하게 살 수밖에 없다는 사실을 실감했다. 내 명의로 된 집은커녕 전세로 들어가 살 집을 마련하는 데도 아등바등해야 하는 현실에 눈물이 났다. 대한민국 부동산에 더는 휘둘리지 않겠다고 다짐하며 부동산 공부와 투자에 내 모든 것을 던지기로 마음먹었다.

결심이 서자마자 서점으로 달려갔고, 부동산·재테크 코너의 책들을 미친 듯이 읽어나갔다. 책마다 저자가 가장 중요하다고 언급한 한두 가지를 뽑아 바로 실천해서 내 것으로 만들려고 노력했다. 결혼을 하면서 아는 대표님의 권유로 요트 프러포즈 회사에 입사해 홍보와 마케팅 일을 2년 넘게 도와드렸다.

아침 일찍 출근해서 오후 4~5시쯤 퇴근했는데, 퇴근하면 바로 집으로 가지 않고 부동산을 보러 다녔다. 이때 나만의 '3·6·9 법칙'도 만들었다. 하루 세 시간 이상씩, 여섯 군데 이상의 공인중개사 사무소에 들르고, 아홉 개 이상의 부동산을 볼 때까지 집에 가지 않는다는 원칙이다.

결혼할 때 아내와 합쳐 5,700만 원이 있었는데, 결혼식에 들어간 비용부터 신혼집 전세금까지 이 돈으로 충당했으니 거의 맨바닥에서 출발한 거나 다름이 없다. 부동산에 투자할 종잣돈을 만들기 위해 외식도 거의 하지 않고 최대한 아껴 썼으며, 조금이라도 돈이 될 만한 게 있으면 중고나라에 팔아 차곡차곡 모았다. 1년 만에 1,000만 원이 조금 넘는 투자금을 마련했고, 당시 인기 많던 갭 투자에 나도 뛰어들기로 했다.

수없이 임장을 다닌 끝에 경기도 덕양구 행신동의 소형 아파트를 전세를 끼고 매수했다. 실투자금은 1,500만 원가량 들었고, 내 생에 첫 집이었다. 계약서에 서명하는 순간 만감이 교차했다. 잘하는 투자인지에 대한 의구심과 두려움 그리고 우리에게도 집이 생겼다는 기쁨과 환희…… . 정말 세상을 다 가진 것만 같았다.

거기서 멈추지 않았다. 계속해서 돈을 모았고 조금이라도 미래 가치가 있어 보이는 곳은 부지런히 찾아갔다. 그렇게 1년 동안 4,000만 원이 조금 넘는 투자금으로 행신동 소형 아파트 두 채, 강남 도곡동의 신축 빌라 분리형 원룸 한 채를 매수했다. 그런데 이때쯤 심각한 슬럼프에 빠졌다. 세 채를 매입하고 나니 더는 투자할 여력이 없었기 때문이다. 돈이 없으니 물건을 검색하거나 임장 가는 일이 재미있을 리 없었고, 그래서 한동안 부동산은 쳐다보지도 않았다.

▶ 특수물건에서 기회를 찾다

이대로 가만히 있을 수는 없었다. 뭔가 돌파구가 필요했다. 다시 책을 열심히 읽으면서 소액으로도 할 수 있는 투자 방법은 없는지 찾기 시작했다. 그렇게 책과 블로그 등을 찾아보며 지분 투자, 법정지상권 투자라는 걸 알게 됐다. 흔히 말하는 특수물건 투자다. 특수물건 투자의 장점은 명확하다. 소액으로 투자할 수 있고, 경쟁자가 적으며, 이해관계인들과 협의만 잘하면 빠르게 수익을 낼 수 있다는 것이다.

다시 가슴이 뛰었다. 책과 블로그에 소개된 여러 사례를 보니 1,000만 원도 아닌 500만 원 이하로 투자해서 수익을 올렸다고 했다. 나도 할 수 있겠다는 희망이 솟았다. 하지만 당시는 특수물건을 자세히 다룬 책이 없었고, 블로그에도 상세히 나와 있지 않았다. 유튜브도 활성화되기 전이라 투자를 하려면 직접 알아보는 방법밖에 없었다.

특수물건 투자를 해야겠다고 마음먹고 나만의 원칙을 정했다. 첫째 내가 사는 곳과 가장 가까운 곳에 있는 소액 물건일 것, 둘째 유찰이 최소 50% 이상 된 물건일 것, 셋째 여러 명이 소유하고 있는 물건일 것이다. 이런 물건을 발견하면 바로 입찰하겠다고 마음먹었다. 그리고 수익이 나지 않더라도 경험치를 쌓는 데 집중하자는 마음으로 물건 검색의 바다에 빠져들었다.

마침내 2017년 4월, 강화군에 있는 임야를 처음으로 낙찰받았다. 그때 느꼈던 기쁨과 두려움을 아직도 잊지 못한다. 생전 처음 낙찰받았다는 기쁨에 들떴지만, 그것이 두려움으로 바뀌는 데는 그리 오랜 시간이 걸리지 않았다. 한 번도 가보지 않은 길을 갈 때는 원래 두려운 법 아닌가. 하지만 인간의 위대한 능력 중 하나는 닥치면 다 한다는 것이다. 해당 물건은 아직도 매도하지 못하고 보유 중이지만 실패라고 생각하지 않는다. 그 낙찰을 통해 엄청난 경험치를 얻었기 때문이다.

이후 141만 원에 낙찰받은 토지를 2개월 만에 1,000만 원에 매도하는 쾌거를 올렸다. 이후 300만 원이 더 투입되긴 했지만 '정말 소액으로 짧은 순간에 투자금 대비 두 배 이상의 수익을 얻을 수 있구나'라는 깨달음과 함께 특수물건 투자에 올인하기로 마음먹었다. 2017년과 2018년에 55만 원, 87만 원, 100만 원대 물건들에 입찰해서 수익을 얻어나갔다. 소액으로 많은 물건을 접하다 보니 경험치가 계속해서 쌓였다. 그렇게 쌓인 경험치는 시간이 흐를수록 점점 더 큰 수익이라는 달콤한 열매로 돌아왔다. 남들은 어렵고, 복잡하고, 번거롭고, 짜증 난다고 여기는 일들을 쉬워질 때까지 계속했더니 어느 순간 이 분야의 전문가가 되어 있었다.

▶ 소송이 두려워 경매를 못 한다고?

특수물건이라고 하면 흔히 "소송을 해야 하는 거 아니야?"라며 지레 겁을 먹는다. 물론 소송을 해야 하지만, 경매·공매에서 낙찰받고 진행하는 소송은 대한민국에서 가장 쉽고 안전하다고 보면 된다. 전자소송 사이트를 통해 24시간 언제든지 내가 원할 때 소송을 제기할 수 있고, 내가 원할 때 언제든지 취하할 수 있다(단, 피고가 소취하에 동의하지 않을 경우 소송은 계속된다). 또한 정형화된 매뉴얼이 있기 때문에 법무사나 변호사를 고용할 필요가 거의 없다. 셀프소송으로 일반 개인도 얼마든지 수익을 낼 수 있는 길이 바로 특수물건 투자다.

나도 처음에는 소장을 어떻게 작성하고 어떻게 접수하는지, 또 접수를 했다고 해도 그다음 절차는 무엇인지 전혀 몰랐다. 소송 고수에게 배운 것도 아니고, 이런 교육을 하는 학원도 전혀 없었기 때문에 오직 내 힘으로 모든 상황을 해결하고 앞으로 나아가야 했다. 처음에는 온갖 생각이 들었다.

　'이런 투자는 아무나 하는 게 아니었어.'

　'내가 너무 쉽게 생각했나 보네.'

　'괜히 낙찰받아서 고생만 하는 거 아냐?'

　그래도 포기하지 않았다. 모르는 건 책과 인터넷을 찾아보며 알아갔고 법원 공무원에게 사정사정하며 하나씩 익혀나갔다. 그리하여 마침내 전자소송을 통해 수익을 얻고 나니 잔뜩 겁을 먹었던 나 자신이 우스워 보이기까지 했다.

　앞에서도 이야기했듯이, 경매·공매를 통해 만나는 소송은 어려운 게 아니다. 소장도 정형화돼 있기 때문에 두 번째, 세 번째 소송을 진행할 때는 처음 작성한 소장에서 이름, 공유자 수, 주소 등 몇 개만 바꿔주면 된다. 이런 경험으로 내가 투자할 수 있는 범위와 시야가 넓어졌고, 한 번 입찰에 수십 명 또는 100명 이상 들어오는 일반 투자에는 관심을 덜 가지게 됐다. 그리고 내가 얻은 모든 노하우를 블로그와 유튜브에 업로드했는데, 지금은 특수물건을 통해 자신의 가치와 연봉을 높이는 사람들이 정말 많아졌다.

　내 수업이나 영상, 글 등을 통해 특수물건을 접하게 된 사람들 역시 처음에는 "이게 정말 된다고?"라며 회의적인 반응을 보였다. 하지만 실천해서 원하는 결과를 얻은 사람은 "용쌤한테 배운 대로 하니 정말 되네요!"라고 이야기한다. 무언가를 접할 때 '안 될 거야', '당신이니까 했겠지. 아무나 할 수 있는 게 아니야라고 생각하는 사람들이 많다. 그런 사람은 무엇을 해도 실패하기 마련이다. 부자가 될 기회를 제 발로 차버리는 셈이니 말이다. 이제 생각을 바꿔보자. '당신이 했으니 나도 할 수 있다'라는 긍정적인 마인드를 장착하자.

▶ 이 책을 손에 든 당신은 이미 고수다

이 책에는 내가 지난 6년 동안 150개 이상의 특수물건을 낙찰받고 해결하면서 얻은 모든 노하우와 실전 사례를 담았다. 이 책 한 권만 있으면 특수물건 투자에서 맞닥뜨리는 어떤 문제도 해결해나갈 수 있으리라고 장담한다. 이 책을 읽으면 세 가지가 없어진다. 첫째 변호사와 법무사의 조력을 받을 일이 없어지고, 둘째 서류 작성법이나 절차를 몰라 인터넷을 찾아보는 시간이 없어지고, 셋째 특수물건에 대한 두려움과 어려움이 없어진다.

이 책을 집어 든 당신도 반드시 성공할 수 있다. 경제적 자유를 얻을 수 있다. 목표를 정하자. 지금 생각하는 목표보다 더 큰 목표를 정하고, 그 목표를 이루기 위해 10배 더 노력하고 행동하자. 지금까지 얼마나 많은 재테크 강연과 책과 영상들을 보아왔는가. 하지만 크게 도움이 된 적은 드물었을 것이다. 하지만 이 책은 다르다. 책을 읽으면 바로 실행할 수 있고, A부터 Z까지 모든 절차와 서류 작성 방법 그리고 중간중간 일어날 상황들을 해결하는 노하우까지 한 번에 익힐 수 있다.

나는 글재주가 전혀 없다. 글을 쓸 때마다 엄청난 스트레스를 받는다. 그런데 감사하게도 열한 번째 책을 출간하게 됐다. 이 책은 다른 책보다 좀 더 특별하게 다가온다. 바로 양진노 대표(양쌤)와 함께 출간했기 때문이다. 양쌤은

2022년 8월에 입사해 2023년까지 80건이 넘는 소송 및 실전 투자를 진행하며 실무를 익혀왔다. 자신이 맡은 임무를 최선을 다해 완성해왔고, 이제는 그 분야에서 누구에게도 지지 않는 최고의 전문성을 갖췄다. 처음 접하는 사람들에게는 낯설고 어렵다고 느껴지는 분야인데도 불평 한마디 없이 모든 미션을 클리어해왔다. 현재 소송을 마스터하고 토지개발 전문가로 거듭나고 있는데, 앞으로 양쌤이 어디까지 성장할지 기대가 되고 옆에서 지켜보는 것만으로도 뿌듯하다.

그리고 부족한 대표 밑에서 늘 최선을 다해 일해주는 우리 ㈜준민컴퍼니, ㈜라이프체인징, ㈜케이알인베스트먼트 식구들과 네이버 카페 '라이프체인징' 회원 모두에게 감사를 전한다. 또한 건축 관련 뛰어난 전문성과 추진력으로 늘 힘이 되어주시는 김건우 대표님과 ㈜라이프체인징 기획과 홍보의 마스터 이현우 대표, 상상 속의 것들을 모두 구현해주는 석영수 개발자, 라이프체인징을 함께 빛내주는 제주부자, 곰물주, 훗날, 소행님께 깊은 감사를 전한다. 마지막으로 늘 보살펴주시는 양가 부모님, 정신적 지주인 형 유근명, 내 삶의 봄 햇살같이 늘 따뜻한 아내 김경희와 보석 같은 존재인 유태준, 유태민, 유태리에게 진심으로 감사하고 사랑한다는 말을 전한다.

용쌤 유근용

1,000만 원은 벌고 시작하는
셀프소송

소송의 기본적인 절차도 모르는 상태에서 경매를 시작해 곤혹스러운 일을 많이 겪었다. 한번은 낙찰받은 아파트에 임차인이 거주 중이어서 법무사를 통해 인도명령신청을 진행한 적이 있다. 법무사를 통하다 보니 일이 어떻게 진행되고 있는지, 인도명령결정은 된 건지 제때 알 수가 없어서 너무나 답답했었다. 법무사한테 전화를 하면 연락이 잘 닿지 않았고, 겨우겨우 통화를 하게 돼도 조금 더 기다리면 된다는 얘기만 할 뿐이었다. 그러던 중 임차인에게 전화를 했는데, 임차인이 전화를 받자마자 "왜요? 강제집행신청하려고 그래요? 저희도 다 알아요"라고 하는 것이었다. 이럴 때는 어떻게 대응해야 하는지 당황스러웠다. 인도명령결정이 내려지면 결정문이 임차인에게 송달되는데, 나는 그런 사실조차 모르고 있었다는 얘기다.

또, 빌라 물건을 급매로 저렴하게 매수한 적이 있다. 이후 인테리어 공사를 하던 중 공동수도 배관에서 누수가 발생했는데, 급하게 처리해야 해서 우선 내 돈으로 공사비를 지출했다. 공동수도 배관은 공용 부분의 하자이니 빌라의 각 세대가 공동으로 부담하는 것이 마땅하다. 하지만 내가 세대별로 방문해 상황을 설명했는데도 모두들 나 몰라라 했다. 그래서 인근의 법무사 사무실을 찾아갔는데 비용이 만만치 않았고, 소송을 제기한다는 것 자체가 심리적으로 부담이 컸다. 만약 지금처럼 셀프소송을 할 줄 알았다면 마음고생하지 않고, 적법한 절차를 거쳐 입주민들과 협의할 수 있었을 것이다.

▶ 셀프소송을 해보기로 결심하다

이후 15년 7개월간의 공무원(직업군인) 생활을 마치고 사회로 진출했다. 여전히 부동산 경매에 대한 끈을 놓지 않고 있던 차에 유근용 대표님(용쌤)을 만나 함께 일하게 됐다. 용쌤 회사에서 소송 업무를 전담했는데, 부당이득반환청구 소송을 시작한 초반에는 네 시간이나 걸려서 소장을 작성해 접수했는데도 보정명령이 내려오기 일쑤여서 무척 힘들었다. 재판부에 전화해 어떻게 보정해야 하는지 알려달라고 하면 주변 법무사나 변호사를 찾아가 보라고만 할 뿐 자세히 설명해주지 않았다. 하지만 예전에 법무사를 통해 소송을 진행하던 때의 일이 늘 머릿속에 있었고, 다시 그런 답답한 상황을 맞이하고 싶지 않았다. 너무나 막막했지만, 직접 몸으로 부딪히는 수밖에 없다고 생각했다. 그렇게 수많은 시행착오를 경험하면서 절차와 팁을 터득했고, 지금은 전자소송 사이트에서 셀프로 소송을 진행하면서 수익을 내고 있다.

셀프소송에 이르기까지의 여정이 순조로웠던 건 아니다. 처음 전자소송 사이트에 로그인하면 어디를 클릭해야 하는지, 어떤 파일들을 첨부해야 하는지 전혀 감을 잡을 수 없었다. 하지만 처음이 어렵지 한두 번 해보고 나면 너무나 쉽고 편리하다는 걸 누구나 알게 된다.

예전의 나와 같이 전자소송 사이트를 열어보며 막막함을 느끼는 경매인들에게 내가 알고 있는 모든 것을 최대한 쉽게 풀어 쓰고자 했다. 이론에 그치지 않고, 실제로 내가 작성한 소장을 비롯해서 다양한 영수증까지 세세하게 실었다. 이 책을 읽고 나면 특수물건에 대한 불안감과 두려움이 줄어들고 한번 해보겠다는 도전의식이 싹틀 것이다. 작은 건부터 시작해서 한 건, 두 건 셀프소송을 진행하다 보면 어느새 능수능란해져 있을 것이다.

▶ 셀프소송으로 경매 투자의 주도권을 쥐다

경매를 하다 보면, 특히 특수물건을 낙찰받으면 소송은 필수적으로 진행해야 한다. 기존 공유자, 임차인, 건물 소유자들과 대화하여 협상으로 마무리하는 것이 가장 좋지만 그렇지 못한 경우가 더 많기 때문이다. 협상이 이뤄지지 않는다면 소송을 통해서 공유자들의 반응을 끌어내야 한다. 그러나 경매인 중에서 법학과를 나왔거나 지인 또는 가족 중에 법률 조력자가 있지 않은 이상 소송은 문턱이 너무 높게 느껴진다. 상담만 받아도 돈이 드는데 정작 실질적인 도움은 되지 않는 경우가 많다. 착수금을 내고 소송을 위임하면, 이때는 또 진행 과정이 안갯속이다.

그러니 가장 좋은 방법은 내가 주도적으로 소송을 진행하는 것이다. 소장을 작성하고 접수할 줄 안다면 전반적인 진행 상황을 알 수 있고, 그러면 어떤 특수물건이든지 자신 있게 덤벼들 수 있다. 최소 80만 원에서 많게는 400만 원의 소송비용을 아낄 수 있다는 건 덤이다.

마지막으로 소중한 사람들에게 마음을 전하고 싶다. 나의 영원한 스승이자

멘토인 용쌤을 만난 후 인생이 크게 변했다. 공무원으로 일하며 어렵고 제한적이던 투자 실력이 급격하게 성장했다. 용쌤은 늘 온화한 말솜씨로 투자의 실전을 아낌없이 가르쳐주었다. 투자의 정도(正道)를 지켜야 한다는 가르침은 늘 간직하고 있다. 존경한다는 말을 용쌤에게 전하고 싶다. 성원해주시는 라이프체인징 카페 회원분들, 전자소송사관학교 졸업생분들, 그리고 법률적 조언을 아낌없이 베풀어준 윤지환 님과 한세미 님에게 깊은 감사를 전한다. 건축전문가 김건우 대표님, 라이프체인징 이현우 대표님, 석영수 개발자님, 언제나 경매 현장을 누비고 있는 곰물주님, 제주부자님, 훗날님, 소행님에게도 감사의 말을 전한다.

나의 군 생활로 인해 육아가 어려운 환경에서도 두 아이(양서윤, 양서준)을 건강하고 올바르게 길러준 아내에게 진심으로 사랑하고 감사하다고 전하고 싶다.

36년간 군 생활을 해오신 아버지와 그 세월을 내조하신 어머니 그리고 언제나 따뜻한 누나들과 매형에게도 감사를 전하며 자랑스러운 아들과 남동생이 되도록 노력할 것이다. 또 고향에 내려갈 때마다 세심하게 챙겨주시는 장인, 장모님과 형님, 처남댁에게도 감사하고 사랑한다는 말을 전하고 싶다.

양쌤 양 진 노

차례

1부 경쟁 없이 소액부터 다 되는 초수익 부동산 경매

1부

경쟁 없이
소액부터 다 되는
초수익 부동산 경매

특수물건과 셀프소송, 왜 알아야 할까?

경매 투자자들이 자주 접하는 소송의 종류

특수물건, 초보에겐 어렵다고? 천만의 말씀!

돈 아끼고 경험치 쌓는 지름길, 셀프소송

1장

알고 보면 어렵지 않은
특수물건 투자와
셀프소송

특수물건*과 셀프소송,
왜 알아야 할까?

✚특수물건
권리관계나 이해관계가 법적으로 복잡하게 얽혀 있는 물건을 말한다. 그래서 여러 차례 유찰되는 경향이 있다.

✚권리분석
부동산을 낙찰받았을 때 낙찰대금 이외에 추가로 인수해야 하는 권리가 있는지를 파악하는 것. 해당 부동산에 임대보증금, 가압류 등이 있다면 이를 낙찰자가 지급해야 하므로 수익률 확보를 위해 반드시 필요한 사전 조사 작업이다.

일반적으로 경매를 처음 시작할 때는 권리분석✚ 후 인수하는 권리✚가 없고, 대항력✚ 없는 임차인이나 소유자 겸 채무자가 점유하고 있는 아파트·빌라를 가장 먼저 접하게 된다. 그런 물건을 낙찰받아 점유자와 협상하고 인도명령을 진행해 점유자를 명도한 후, 인테리어나 시설 등을 손봐 매도하거나 전세·월세 등으로 내놓는 것이 일반적인 코스다. 그러다 보니 이런 물건에 투자자들이 몰리게 된다. 특히 아파트 경매는 입찰 경쟁률이 매우 높고 가격 또한 시세에 준하는 수준에서 낙찰되기도 한다. 물건에 따라 다를 수 있으나, 입찰자가 20명 이상인 경우도 흔하다.

물론 실거주 목적으로 낙찰받는다면 이야기가 다르겠지만, 우리는 투자자의 관점에서 바라봐야 한다. 처음 시작은 누구나 두렵고, 미처 분석하지 못한 리스크가 발생했을 때 대처할 방법을 몰라 당황하기 마련이다. 그러나 이 책을 읽고 나면 고수들만 장착하고 있는 무기 하나를 손에 쥐게 될 것이다.

경매로 아파트를 낙찰받았는데 해당 물건에 거주 중인 사람(점유자)이 있는 경우, 부동산을 인도받는 건 낙찰자가 해야 하는 일이다. 점유자로부터 부동산을 인도받는 것을 '명도'라고 하는데, 이를 셀프소송으로 진행할 수 있다. 인도명령신청을 접수한 후 인도명령결정을 받으면 강제집행을 진행할 수 있는데, 이때 점유자는 해당 부동산을 인도해야 한다. 하지만 점유자가 늘 순순히 인도하는 건 아니기 때문에 문제가 된다. 때로는 과도한 이사비+를 요구하기도 하는데, 협상에 지친 낙찰자가 울며 겨자 먹기로 응하기도 한다.

아파트와 빌라는 대부분 은행을 통해 대출을 받고 잔금을 납부하기 때문에 은행과 연계되어 있는 법무사 측에서 잔금납부와 소유권이전등기를 진행한다. 그래서 낙찰받은 후 잔금을 납부할 때 법무사에게 인도명령신청까지 위임하는 경우가 대부분인데, 이때 법무사가 추가 비용을 요구하기도 한다.

하지만 이 일을 낙찰자가 전자소송 사이트에서 직접 진행한다면 추가 비용을 들일 필요가 없으며, 진행되는 과정도 실시간으로 확인할 수 있다. 또한 셀프등기에 관한 방법과 지식을 알고 있다면, 법무사에게 위임하더라도 그가 제시한 견적서가 적절한지 아닌지 판단할 수 있다. 착수금이나 성공보수가 과하다고 생각될 경우 정중히 절충하면 된다. 당연하게도, 셀프등기를 모른다면

+ 인수하는 권리

권리분석에서 기준이 되는 권리보다 앞선 권리는 인수하고, 이후 권리는 말소된다. 낙찰자에게 인수되는 권리는 크게 두 종류로 나눌 수 있다. 첫째는 최고선순위 담보물건보다 앞선 용익물권, 환매권, 임차권 등이다. 둘째는 경매개시결정일보다 앞선 전세권, 지역권, 지상권, 임차권 등이다.

+ 대항력

임차인이 제3자에게 자신의 임대차관계를 주장할 수 있는 권리를 '대항력'이라고 한다. 해당 부동산에 설정된 어떤 채권보다 앞서 전입신고를 한 임차인은 대항력 있는 임차인으로서, 임차 기간에 부동산 소유주가 바뀌더라도 자신의 권리를 보장받을 수 있다.

+ 이사비

이사비는 낙찰자가 인도적 차원에서 지원하는 것일 뿐 법적 의무 사항이 아니다. 따라서 점유자가 과도한 이사비를 요구한다면, 적법한 절차를 통해 인도받기를 권한다. 법적 절차를 진행하면서 협상을 병행한다면 더 낮은 가격에 이사비를 합의 볼 수 있다.

견적서대로 지급할 수밖에 없을 것이다.

▶ 투자가 쉬워지고 정확해진다

전자소송 사이트에서 인도명령을 신청한 후 인도명령결정이 나면, 그 결정문이 모든 점유자에게 송달된다. 결정문에는 낙찰자에게 부동산을 인도하라는 문구가 기재되어 있으므로, 낙찰자 입장에서 협상하기가 한결 수월해진다. 법원에서 날아온 명령문을 무시할 수 있는 사람은 극히 드물지 않겠는가.

✛인도명령결정문
점유자에게 점유를 풀고 낙찰자에게 부동산을 인도하라는 법원의 결정문

✛집행문
결정문, 판결문을 받고 실제 채권자가 채무자에 대하여 강제집행을 실시하고자 할 때 부여받아야 하는 문서

✛송달증명원
결정문, 판결문 등 법원에서 발송한 서류가 상대방에게 송달됐음을 증명하는 서류

✛무상임차각서
근저당권자인 은행 여신관리부에서 가지고 있는 경우가 많다. 담보로 제공되는 건물에 대해서 전입신고 날짜가 이른 사람이 있다면 필히 무상임차각서를 받는다. 그러나 개인정보이기 때문에 은행에서는 공개하려 하지 않으니, 힌트라도 달라고 요청해봐야 한다.

전자소송 사이트를 활용하면 인도명령결정문✛, 집행문✛, 송달증명원✛ 등을 집에서 출력해 해당 법원 집행관 사무실에 제출하여 강제집행까지 신청할 수 있다. 점유자가 자발적으로 이사를 나가지 않는다면, 강제집행을 통해 부동산을 인도받을 수 있다. 또는 부당이득반환청구소송을 통해 점유자로부터 임료를 받을 수도 있다. 그러나 실무에서는 보통 인도명령결정문이 점유자에게 송달된 후 강제집행을 통해 인도받는 경우가 대부분이다.

권리분석 후 인수할 권리가 없는 아파트였더라도 몇 가지 변수가 결합되면 특수물건으로 변하기도 한다. 예를 들어 '대항력 있는 임차인'이거나, 경매지에 '보증금 미상'이라고 기재되어 있거나, '아파트에 유치권신고서 제출'이라고 기재되어 있는 경우가 그렇다. 이럴 때는 실제 현장을 방문해서 임차인을 만나 전세보증금 이체 내역, 전세계약서 등을 확인하고, 대출받은 은행을 탐문해 무상임차각서✛를 확인하는 등 객관적인 사실관계를 입증할 수 있는 자료를 확보해야 한다.

지분경매는 여러 명의 공유자가 있는 부동산에서 그중 한 명의 지분이 경매로 나온 것을 말한다. 지분경매는 특성상 소송이 필수적이다. 공유자들과 협의가 잘 이루어지지 않으면 법원에 소를 제기해서 공유 관계를 해소할 수 있고, 낙찰받은 부동산에 대해 형식적경매+를 신청해 경매 시장에서 팔 수도 있다. 보통 알고 있는 일반 매매 시장에서만 부동산이 거래되는 건 아니다.

공유자들과의 협상 문제, 소송 관련 문제 등 일반인들은 접근하기 어려운 점이 있어서 지분물건의 입찰경쟁은 낮은 편이다. 그러나 200만 원 이하, 300만 원 이하 지분물건들이 경·공매 시장에 나와 있으니 직접 부딪혀보기 바란다. 이런 물건들을 저렴하게 낙찰받은 후 잔금납부, 셀프 등기, 공유자들과의 협상, 전자소송 사이트를 통한 소장 접수, 변론기일+과 조정기일+ 참석, 경매신청과 배당까지 받는 모든 과정을 경험해본다는 마음으로 접근한다면 누구보다 빠르게 자신만의 투자기준과 노하우를 얻을 수 있을 것이다. 그런 경험이 쌓이면 가격이 큰 지분물건에도 자신 있게 입찰할 수 있고, 인도와 매매 과정에서 불거지는 문제를 해결해나가면서 수익을 키워갈 수 있을 것이다.

지분경매에는 공유자우선매수라는 제도가 있는데, 말 그대로 공유자가 우선해서 매수할 수 있는 권리를 말한다. 지분경매에서 이해관계가 없는 제3자가 낙찰받았을 경우 분쟁의 소지가 있기 때문에 이를 예방하기 위해 만들어진 제도다. 그러나 실무에서 공유자우선매수가 들어오는 경우는 많지 않기 때문에 주저하지 말고 입찰하길 권한다.

+형식적경매
임의경매나 강제경매와 대비되는 용어로, 자산 가격의 보존이나 정리를 주목적으로 실행하는 경매를 말한다. 공유물분할을 위한 형식적 경매와 청산을 위한 형식적 경매가 대표적이다.

+변론기일
재판장이 사건에 대해 궁금한 사항을 물어보거나 원고와 피고가 협의할 의사가 있는지를 확인하는 날. 원고와 피고는 제출할 증거가 있다면 이때 제출할 수 있다.

+조정기일
원고와 피고 간의 협의를 통해 당사자 간 동의를 이끌어 사건을 종결시키고자 하는 날. 조정위원은 보통 2인으로 구성된다.

사례로 배우는 실전 투자 팁

✅ 변론기일은 어떻게 진행되나?

공유물분할청구소송 소장에 원고가 원하는 바가 적혀 있으므로, 변론기일에는 다툼의 여지가 별로 없다. 판사가 소장을 읽어본 후 원고와 피고가 제출한 서류 등을 근거로 현물분할이 가능한지, 가액배상이 가능한지, 경매분할이 가능한지 등 가장 합리적인 방안을 검토한다. 현물분할이 어렵거나 불가하다면 피고들에게 가액배상을 권유하고, 만약 협의가 되지 않는다면 경매로 진행될 수밖에 없다고 이야기하는 것이 전부다. 그래서 변론기일은 10분 이내에 종료되는 경우가 많다. 변론기일에 피고가 출석했다면, 종료 후 그냥 집으로 돌아갈 것이 아니라 피고에게 다가가 앞으로 어떻게 할지에 대해 이야기해보자고 먼저 말을 건넨다면 부드럽게 협상을 이끌어갈 수 있을 것이다.

✅ 공유자들은 입찰 소식을 어떻게 알게 될까?

경매신청자가 경매신청을 하고 경매개시결정이 되면 매각기일 및 매각결정기일통지서가 모든 공유자에게 송달된다. 입찰 예정일이 언제이고, 공유자는 공유자우선매수 신청을 할 수 있다는 내용과 함께 말이다. 하지만 여기서 중요한 건 기존 공유자들이 이 우편물을 받든 못 받든 경매와 공매 절차는 그대로 진행된다는 것이다. 법원이나 자산관리공사에 전화해서 "저는 어떤 통지도 받지 못했는데요"라고 이야기해봤자 소용이 없다.

✅ 조정기일은 어떻게 진행되나?

피고들에게 모두 소장이 도달이 된 후 변론기일이 잡히기 전 해당 재판부의 직권으로 조정에 회부하여 조정기일이 잡히거나 원고 또는 피고 측에서 조정의사를 밝힐 때 조정기일이 지정된다. 조정실에 원고와 피고가 모두 출석하면 조정위원과 원하는 방향에 대해 대화를 하며 협의점을 찾아간다. 서로 조금씩 양보와 밀당을 통해서 중간지점을 찾아 만족할 만한 결과를 끌어내는 것이다. 조정기일은 1번 또는 경우에 따라 2번 정도 잡힐 수 있다. 조정이 성립되면 조정조서로 인해 확정된 판결문과 동일한 효력이 생긴다.

경매 투자자들이 자주 접하는
소송의 종류

경매 투자자들이 많이 하는 민사소송은 공유물분할청구소송, 부당이득반환청구소송, 건물철거소송이다. 그 밖에 인도명령신청 및 결정과 강제집행이 있다. 이런 소송을 법무사나 변호사에게 위임하지 않고 전자소송 사이트에서 직접 진행할 수 있다. 소장이 접수되고 피고들에게 송달되면, 재판부에서 변론기일 또는 조정기일을 잡아 피고들과 협의하도록 유도한다. 나의 지분을 공유자에게 매도하거나 공유자의 지분을 내가 매수하는 것으로 협의가 되면 소를 취하함으로써 소송을 마무리하면 된다.

각각의 소송을 어느 때 제기하고, 어떻게 진행할 수 있는지 구체적으로 살펴보자.

▶ 공유물분할청구소송

공유물분할청구소송의 대상은 소유자가 한 명이 아니라 두 명 이상인 부동산이며, 이 상황을 공유지분관계라고 표현한다. 부동산은 한 명이 소유하면서 사용, 수익, 담보, 수익창출 등의 행위를 하는 것이 보통이다. 그런데 두 명 이상이 소유하는 경우에는 그런 행위를 하고자 할 때 다른 공유자와 협의를 해야만 한다. 이런 불편함을 해소하기 위해 공유자 중 한 명이 공유물분할청구소송을 제기하는 것이다.

투자 관점에서 보자면, 지분물건을 낙찰받고 공유자들에게 내용증명을 보냈는데 반응이 없거나 협의가 잘 이루어지지 않을 때 공유물분할청구소송을 제기한다. 소송이 시작돼 변론기일이나 조정기일이 잡히면 특별한 사유가 없는 한 공유자들은 재판부로 출석해야 하는데, 그러면 낙찰자가 공유자들을 만날 수 있다. 이 자리에서 협의나 협상을 할 수 있도록 유도하는 것이 이 소송의 목적이다.

▶ 현물분할·경매분할·가액배상

아파트·빌라 같은 주거용 물건이나 토지를 대상으로 공유물분할청구소송을 제기할 경우에는 어떻게 진행될까? 공유물분할의 원칙은 현물분할이다. 특정 부동산을 두 명 이상이 소유하고 있을 때 소유자들끼리 나눠 갖는 것을 말한다. 그러나 아파트·빌라의 경우 방이나 거실 등을 나눠 갖는다는 것은 현실적으로 불가능하다. 이럴 때는 해당 부동산 전체를 경매에 부친 후 낙찰금을 각 공유자의 지분비율대로 나눠 가지고 청산하는데, 이를 경매분할이라고 한다.

또는 나의 지분을 다른 공유자에게 매도해서 청산할 수도 있고, 부동산의 가치가 높다면 다른 공유자의 지분을 내가 매수해서 부동산 전체를 단독으로 보유할 수도 있다. 이를 가액배상이라고 한다. 단독으로 보유한 후에는 일반 시장에서 매도할 수 있다.

토지의 경우에는 토지 위치에 대해 피고들과 협의가 이루어지고, 지분으로 낙찰받은 토지의 면적이 최소분할면적 이상이라면 현물분할로 합의될 가능성이 있다. 그러나 공유자들이 모두 도로에 맞닿아 있는 위치를 고집하거나, 공유자가 너무 많아 현물분할을 할 경우 토지의 가치가 현저히 감소할 수도 있다. 이럴 때는 주거용 물건과 동일하게 경매로 넘긴 후, 낙찰금을 각 공유자의 지분비율대로 나눠 갖고 청산한다.

투자자 입장에서 공유물분할청구소송 중 가장 꺼려지는 것이 현물분할 판결이다. 현물분할이 되면 원고의 지분 크기만큼 토지를 취득하는 것이 된다. 물론 그 토지의 가치가 높다면 현물분할을 원할 수도 있을 것이다. 하지만 맹지이거나 개발이 어려운 토지라면 누구도 관심을 주지 않아 대대손손 물려줘야 할 수도 있다. 따라서 토지를 지분으로 낙찰받으려고 할 때는 사전에 해당 토지의 관할 지자체에 전화를 걸어서 최소분할면적을 확인하는 것이 현물분할 리스크를 최소화하는 방법이다.

▶ 공유자우선매수청구와 차순위매수신고

공유자가 아닌 제3자에게 낙찰되었더라도 공유자가 우선매수를 청구하면 법원은 공유자에게 매각을 허가한다. 이때 최고가매수인은 원한다면 차순위매수신고인이 될 수 있다.

· 공유자우선매수청구하는 방법

1. 전자소송 사이트에서 [민사집행서류]를 통해 접수할 수 있다.

2. 우편으로 경매계에 접수할 수 있다. 우편으로 접수할 때는 공유자우선매수 신청서와 부동산등기사항전부증명서(등기부등본)가 필요하다.

3. 경매법정에서 직접 신청할 수도 있다. 경매가 시작되면 집행관이 공유자

우선매수 신청할 사람이 있는지 물어보니 그때 신청해도 되고, 낙찰자가 나온 후에 신청해도 된다. 이때는 보증금 10%, 부동산등기사항전부증명서(등기부등본), 신분증을 제출한다.

· 차순위매수신고

최고가매수신고인(낙찰자)이 잔금을 납부하지 않아 그 입찰이 무효인 경우에는 차순위 입찰자를 최고가매수신고인으로 할 수 있다. 차순위매수신고를 한 사람이 둘 이상일 경우, 신고한 가격이 높은 사람에게 자격이 부여된다. 단 최고가매수신고인(낙찰자)이 매각 대금을 납부한 경우, 차순위매수신고인은 보증금을 돌려받을 수 있다.

차순위매수신고를 하려면 단순히 입찰 가격을 기준으로 차순위(2등)가 아니라 다음의 요건을 갖춰야 한다.

1. 입찰 가격이 최저 매각 가격 이상인 자
2. 최고가매수신고액에서 보증금을 공제한 금액 이상으로 응찰한 자
3. 입찰 가격이 두 번째로 고액인 자
4. 차순위매수신고를 한 자

예를 들어서 입찰 최저가가 1억 원이고, 입찰보증금이 1,000만 원이며, 최고가매수신고액이 1억 8,000만 원이라고 해보자. 이때는 '1억 8,000만 원 - 1,000만 원 = 1억 7,000만 원' 이상의 가격으로 입찰한 사람이 차순위매수신고를 할 수 있다.

▶ 건물철거소송

건물철거소송은 낙찰받은 토지에 건물이 있는데 그 건물 때문에 토지에 대한 사용·수익을 하지 못하는 상태일 때, 방해물을 제거해 소유권을 온전하게 행사하고자(방해배제청구권) 제기하는 소송이다. 토지를 낙찰받은 후 지도상으로 확인해보니 옆 건물이 내 토지까지 침범했거나 내 토지 위에 옹벽, 조형물, 구조물, 주택 등이 있는 경우가 해당한다. 이때는 건물철거소송을 제기함으로써 건물 소유자가 협의·협상에 임하도록 유도할 수 있다.

소송 전에 내 토지를 건물 소유자에게 매도하거나, 건물 소유자가 건물을 나에게 매도하는 것으로 협의할 수도 있을 것이다. 이런 협의가 이루어지지 않을 때 건물철거소송을 진행한다.

그러나 토지 소유자라고 해서 무조건 건물철거소송을 할 수 있는 것은 아니다. 건물 소유자를 보호하기 위한 법정지상권과 관습법상 법정지상권이 있기 때문이다. 법정지상권 또는 관습법상 법정지상권이 성립할 경우 건물철거는 불가하고, 토지 소유자가 건물 소유자에게 토지 사용의 대가로 지료┿를 청구할 수 있다(부당이득반환청구소송).

┿지료
건물 소유자가 토지 소유자에게 지급하는 토지 사용료

┿임료감정
감정평가사가 대상 물건의 경제적 가치를 판단하고 보증금 없는 조건의 월별 지료를 산정하는 것

또한 2년간 지료를 연체할 경우 법정지상권 소멸을 청구할 수 있다. 법정지상권이 소멸하면 건물철거 대상이며, 지료를 연체할 경우 건물을 경매로 넘길 수도 있다.

지료는 임료감정┿을 거쳐 산정하거나 피고와의 협의를 통해서 결정한다. 예를 들어 주변 부동산 시세를 조사해봤더니 월세 시세가 보증금 2,000만 원에 40만 원이라고 해보자. 보통 실무에서는 보증금 없는 임료로 청구한다. 대략적으로 보증금 1,000만 원이 월세 10만 원에 해당하므로, 보증금 2,000만 원은 20만 원이 된다. 이 금액을 월세 40만 원에 더하면 총 60만 원이다. 이렇게

원고가 먼저 지료를 산정해 피고에게 제시했는데 협의가 되지 않을 경우 임료 감정을 의뢰해 지료를 확정하는데 보통 원고의 주장보다 낮게 책정된다.

▶ 부당이득반환청구소송

법률상 원인 없이 타인의 재산과 노무로부터 얻는 이익을 부당이득이라고 한다. 부당이익으로 자신이 손해를 봤고, 그 이익과 손해 사이에 인과관계가 있을 때 부당이득반환청구소송을 제기할 수 있다.

예를 들어 한 아파트를 A와 B가 동일 지분으로 소유 중인데 A의 지분이 경매로 나왔다고 해보자. 그 지분을 양쌤이 낙찰받아 잔금을 납부하고 소유권이전등기까지 완료했다면, 양쌤은 아파트를 점유하고 있는 B를 상대로 부당이득반환청구소송을 진행할 수 있다. 현재 B는 양쌤이 낙찰받은 아파트의 지분(2분의 1)까지 모두 점유하고 있으므로, B의 이득과 양쌤의 손해는 인과관계가 있다. 따라서 부당이득이 성립해 소송을 제기할 수 있는 것이다.

또한 토지를 낙찰받았는데 토지 위에 건물이 있을 경우, 건물 소유자에게 낙찰받은 토지 전체에 해당하는 지료를 부당이득으로 청구할 수 있다. 법정지상권이 성립해 철거소송을 하기가 어려울 경우에도 부당이득을 이유로 지료를 청구할 수 있다.

만약 청구한 지료를 지급하지 않는다면, 점유자의 지분을 경매에 넘길 수 있다. 강제집행으로 계좌를 압류하는 등 점유자의 재산을 확보한 후 경매에 부치는 방법이다. 채무자의 재산이 없을 경우에는 채무불이행자명부등재까지 신청할 수 있다. 채무불이행자가 되면 금융 거래를 할 수 없으므로 상당한 불편을 겪어야 한다. 그래서 공유자나 점유자가 협상에 좀 더 적극적으로 나서게 된다.

사례로 배우는 실전 투자 팁

✅ 토지의 최소분할면적은 경우에 따라 다르다

- 해당 토지에 건축물이 있는 경우의 최소분할면적(건축법 기준)

  – 주거지역: 60m²

  – 상업지역: 150m²

  – 공업지역: 150m²

  – 녹지지역: 200m²

  – 그 외: 60m²

- 읍·면 지역일 경우

  – 주거지역: 200m²

  – 상업지역: 60m²

  – 공업지역: 60m²

  – 녹지지역: 60m²

해당 토지의 관할 지자체에 전화해서 직접 확인하는 것이 가장 정확하다. 토지의 최소분할면적은 용도지역과 해당 지역이 동인지, 읍·면 단위인지에 따라서 달라질 수 있으므로 사전에 꼭 확인하기 바란다.

✅ 법정지상권이 성립하는 기준을 알아보자

1. 근저당권✚ 설정 당시 토지 위에 건물이 실제로 존재해야 한다.
2. 근저당권 설정 당시 토지와 건물의 소유자가 동일인이어야 한다.
3. 토지와 건물이 동시에 근저당이 설정되거나 또는 토지와 건물 중 어느 한쪽에만 근저당이 설정된 후 임의경매로 소유자가 변경된 경우여야 한다.

✚ 근저당권
이론으로는 '계속적인 거래로 발생하는 다수의 채권을 장래의 결산기에 일정한 한도액까지 담보하기 위해 부동산에 설정하는 것'을 의미한다. 실무에서는 보통 은행이 해당 부동산을 담보로 잡고 120%의 채권 금액을 설정한다. 혹시라도 채무자의 집이 경매로 넘어갈 경우 이자와 이자 연체액을 받지 못하게 될 상황을 대비해 채권금액을 더 많이 잡는 것이다.

4. 기존에 법정지상권이 인정된 후 건물 노후화로 재건축을 하거나 개축할 때 소유자가 동일성을 유지해야만 한다.

5. 법정지상권은 강행 규정이므로 건물철거 특약(약정)이 있더라도 법정지상권은 성립한다.

● 관습법상 법정지상권이 성립하는 기준을 알아보자

1. 토지와 건물이 동일인의 소유이고, 부동산 처분 시점을 기준으로 소유자가 동일인이면 된다.

2. 매매 등 기타 적법한 원인(증여, 공유물분할, 강제경매·공매 등)으로 소유자가 변경됐을 경우, 강제경매로 진행 시 압류의 효력(경매개시결정등기)이 발생한 때를 기준으로 토지와 건물의 소유자가 동일인이면 된다.

3. 가압류가 본압류로 이행되어 강제경매개시결정으로 이행될 경우, 가압류가 효력을 발생한 때를 기준으로 토지와 건물의 소유자가 동일인이면 된다.

4. 당사자 간에 건물을 철거한다는 특약이 없어야 한다.

특수물건, 초보에겐 어렵다고?
천만의 말씀!

양쌤이 주관하는 전자소송사관학교 1기생의 이야기다. 수강생 두 명이 공매를 통해서 포천에 있는 토지 약 50평 중 6평의 지분을 낙찰받았다. 낙찰받은 이유는 감정 가격이 280만 원으로 저렴했고, 공유자가 네 명으로 적정했으며, 낙찰받은 토지 위에는 공장의 출입문과 펜스가 처져 있었기 때문이다. 그래서 공장 소유자와 원만히 협의될 것으로 판단했다. 전자소송사관학교 교육을 들으면서 소송 실무와 절차를 이해하니 자신감이 생겨서 실제 공매물건에 적용한 것이다.

감정가 280만 원으로 시작하여 3회 유찰된 상태에서 237만 원에 낙찰받았고, 낙찰받은 후 공유자들에게 내용증명을 보냈다. 이후 공장 소유자에게 연락이 와서 만나자는 약속을 잡았다.

약속 날짜에 수강생들과 함께 공장 소유자의 사무실을 방문해서 낙찰받은 토지의 사연을 들었다. 공장 소유자가 적정한 가격이면 충분히 매수할 마음이 있다고 하기에 주변 시세를 반영한 평당 가격으로 금액을 제시해서 700만 원에 매도했다. 첫 낙찰과 동시에 460만 원 정도의 수익이 발생한 것이다. 이 모든 일이 낙찰받고 소유권이전이 완료된 후 한 달 만에 이루어졌다.

초보자 입장에서는 소송도 어렵게 느껴질 뿐 아니라 생판 얼굴도 모르는 공유자들을 만나는 것도 두렵기 마련이다. 막상 만나도 대화를 어떻게 풀어가야 할지 막막하고 말이다. 그러나 이런 두려움과 막막함은 실전을 통해서만 통제할 수 있다. 지분물건이면서 금액이 크지 않은 물건으로 배당까지 전 과정을 거치며 실전 경험을 꼭 쌓길 바란다.

사례의 주인공인 수강생들은 적은 금액으로도 수익을 낼 수 있다는 경험을 함으로써 지속적으로 나아갈 힘을 얻었을 것이다. 실무 경험이 쌓일수록 동기부여가 확실히 될 것이고, 그러면 더 다양한 물건에 도전할 수 있다. 쉽게 접근할 수 있는 아파트나 빌라의 일반 경매보다 조금 더 난이도가 있는 특수물건을 다루는 데 능숙해지면 실력이 날로 자라는 걸 스스로 실감하게 된다.

지분물건은 토지만이 아니라 아파트 지분, 빌라 지분, 단독주택 지분, 근린상가 지분 등 다양하니 소액부터 시작하면 좋을 것 같다. 지분물건 진행 과정과 문제 해결 방법을 어느 정도 익히고 나면 법정지상권 물건에도 도전해보고 싶다는 마음이 강하게 들 것이다. 법정지상권은 민법 제366조에 따라 건물 소유자가 적법하게 토지를 사용할 수 있는 권리를 말하며, 토지를 30년간 사용

✚법정지상권 성립 조건
실무에서는 토지만 경매로 나온 경우에 해당한다. 민법상으로는 '토지 소유자와 건물 소유자가 같았다가 저당권 실행으로 소유자가 각각 달라질 때 건물 소유자에게는 법정지상권이 성립한다'라고 규정되어 있다.

할 수 있다. 보통 실무에서는 법정지상권이 성립✚할 경우 건물을 철거할 수 없고, 내 토지를 사용하고 있는 건물 소유자에게 부당이득반환청구소송을 통해서 지료를 청구할 수 있다.

누구에게나 소송은 피하고 싶은 일이다. 그러나 문제를 해결하고 공유자들과의 협상을 보다 효과적으로 이

끌어 수익을 내려면 소송이 필수다. 보통 사람은 법원에 갈 일이 별로 없겠지만 경매인들은 수시로 드나들어야 한다. 공유물분할청구소송, 부당이득반환청구소송을 능수능란하게 할 줄 알아야 법원도 제 집처럼 편안한 마음으로 갈 수 있다.

입찰과 관련해서 몇 가지만 덧붙이고자 한다. 경매로 나온 물건을 낙찰받기 위해 입찰법정에 가보면 집행관들이 주관하여 입찰과 종료를 진행한다. 입찰은 엄숙한 분위기 속에서 진행되는데, 재미있는 후일담도 많다. 예를 들면, 입찰 가격이 1억인데 긴장한 나머지 0을 하나 더 써서 10억으로 낙찰받은 사례도 있다. 이럴 땐 어떻게 하느냐고? 잔금을 납부하지 않으면 된다. 보증금은 돌려받을 수 없지만, 9억이나 더 내고 낙찰을 받는 것보다는 낫지 않겠는가.

보증금 봉투에 보증금을 넣지 않았거나, 공동입찰인데 공동입찰자들의 인감증명서를 첨부하지 않았거나, 입찰자의 인감도장을 잘못 찍어서 무효가 되는 등 허망한 실수 사례를 숱하게 봤다. 경매 투자자라면 실수를 방지하기 위해 기일입찰표 작성 단계에서부터 몇 번이고 확인해야 한다. 첨부할 서류도 미리 챙겨놓고, 입찰보증금도 하루 전날 미리 수표로 마련해놓는 습관을 들여야 한다.

돈 아끼고 경험치 쌓는 지름길, 셀프소송

나 역시 예전에는 소송이 법률 전문가의 영역이라고만 생각했다. 하지만 경매 투자자로서 민사소송을 80건 이상 직접 진행하고 난 지금은 이 분야에서 몇 손가락 안에 꼽히는 전문가가 됐다고 자부한다. 지분물건을 낙찰받아 공유물 분할청구소송, 건물철거소송, 부당이득반환청구소송을 셀프로 진행하면서 소장 작성하는 법과 소가+ 계산하는 법을 터득할 수 있었고, 소장 접수 후 부닥치는 다양한 변수에 대응하는 방법과 처리 능력도 키울 수 있었다.

+ 소가
소송 목적의 값으로, 원고가 소를 제기함으로써 얻고자 하는 이익을 객관적으로 평가하여 금액으로 표시한 것

　지분물건에 막 입문한 초보자의 마음, 누구보다 잘 안다. 지금은 기계적으로 대응하니 몇 분밖에 안 걸리지만, 나도 처음에는 소장을 작성하고 접수하는 데 세 시간이 넘게 걸렸다. 그 세 시간은 머리를 있는 대로 쥐어짜야 하는 고뇌의 시간이었다. 전자소송 사이트에서 여기저기 클릭하며 일을 처리하면서도 내가 제대로 하고 있는 건지, 어딘가에서 오류를 저지른 건 아닌지 의구심을 떨칠 수 없었다. 게다가 특수물건은 각 상황에 맞춰 소

장을 작성해야 하는데, 소장 예시안이 없으니 어디서부터 시작해야 할지 참 난감했다.

물론 법조인의 조력을 받으면 일일이 신경 쓰지 않아도 되지만, 앞서도 말했듯이 비용이 많이 들 뿐 아니라 승소하면 추가 보수까지 지급해야 한다. 경매 한 번 하고 그만둘 게 아니라면, 매번 들어가는 비용만 해도 장난이 아닐 것이다. 그 돈을 아끼면 소액 경매 한 건이라도 더 해볼 수 있지 않을까? 무엇보다, 셀프소송을 하면 소송 건 전체를 자신이 장악할 수 있다. 어디까지 진행됐는지 확실히 알 수 있고, 그에 따라 그다음 단계를 계획할 수 있다.

게다가 지금은 이 책이 있지 않은가. 이 책은 누구나 쉽게 따라 할 수 있도록 구체적으로 집필했다. 먼저 1부에서는 낙찰 이후 소송 과정에서 일어날 수 있는 문제와 해결 방법을 사례별로 제시했다. 발생 가능한 문제를 미리 아는 것만으로도 큰 힘이 될 것이다. 그리고 2부에서는 전자소송 사이트를 어떻게 활용하는지 깨알같이 안내했다. 낙찰 후 잔금납부에서부터 셀프등기에 이르기까지 전 과정을 상세히 설명했으며, 인터넷 화면과 실전 양식도 최대한 실었다. 이 책을 곁에 두고 자신의 낙찰 물건에 맞춰 약간만 변경해 적용하면 큰 어려움 없이 소송을 마무리할 수 있을 것이다.

공유자나 건물 소유자들을 상대로 협상력을 높이는 데 소송만큼 강력한 무기는 없다. 소송을 어려운 일로 여겨 협의로만 진행하려고 하면 자칫 상대방의 뜻대로 끌려다니거나 휘둘릴 수도 있다. 셀프소송은 한 번만 해봐도 진가를 알 수 있을 것이다. 특히 특수물건에서 발생하는 문제는 해결 방법이 정해져 있기 때문에 한 번 경험해보면 자신감을 얻게 된다. 이 책을 통해 모든 독자가 경매 고수로 거듭나 수익을 키워가길 진심으로 바란다.

2장

낙찰 후 반드시 하게 되는 인도명령과 강제집행

낙찰 전과 낙찰 후 태도가 돌변한 점유자

인도명령제도를 반드시 이용해야 하는 이유

2022년 10월, 인천 강화도에 있는 한 아파트를 낙찰받았다. 약간의 수익을 내고 단기에 매도할 목적이었다. 이 아파트를 낙찰받은 이유는 여러 가지지만, 딱 한마디로 정리하자면 '역발상'이라고 할 수 있다. 남들이 관심 없는 물건에 오히려 수익이 확정적으로 있으리라고 생각했고, 그 판단이 맞아떨어져 단기간에 기대한 수익을 올릴 수 있었다.

강화읍에 있는 아파트를 낙찰받았다고 했더니 지인들이 하나같이 걱정 섞인 질문을 했다.

"강화도에도 아파트가 있어?"

"그 아파트를 사줄 사람이 있을까?"

경기도 남양주나 수원의 아파트를 낙찰받았을 때와는 영 다른 반응들이었다. 그리고 그 질문에는 가끔 서해를 보러 펜션 나들이나 갔던 시골에서 무슨 돈을 얼마나 벌겠다고 아파트를 낙찰받았나 하는 의구심이 섞여 있었다.

하지만 낙찰받기 전에 지역에 대한 사전 조사를 꼼꼼히 마친 내 생각은 달

해당 물건의 경매 정보

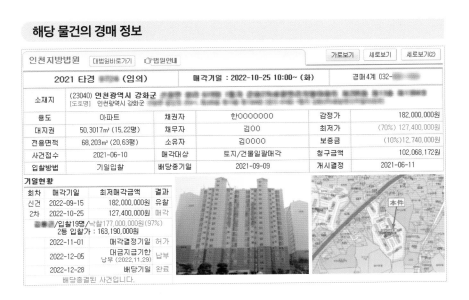

인천지방법원 대법원바로가기 법원안내   가로보기 세로보기 세로보기(2)

2021 타경 ▓▓▓ (임의)		매각기일 : 2022-10-25 10:00~ (화)			경매4계 032-▓▓▓-▓▓▓	
소재지	(23040) 인천광역시 강화군 ▓▓▓ ▓▓▓ ▓▓▓ ▓▓▓ ▓▓▓ ▓▓▓ ▓▓▓ ▓▓▓ ▓▓▓ ▓▓▓ [도로명] 인천광역시 강화군 ▓▓▓ ▓▓▓ ▓▓▓ ▓▓▓ ▓▓▓					
용도	아파트	채권자	한0000000	감정가	182,000,000원	
대지권	50.3017㎡ (15.22평)	채무자	김00	최저가	(70%) 127,400,000원	
전용면적	68.203㎡ (20.63평)	소유자	김0000	보증금	(10%)12,740,000원	
사건접수	2021-06-10	매각대상	토지/건물일괄매각	청구금액	102,068,172원	
입찰방법	기일입찰	배당종기일	2021-09-09	개시결정	2021-06-11	

기일현황

회차	매각기일	최저매각금액	결과
신건	2022-09-15	182,000,000원	유찰
2차	2022-10-25	127,400,000원	매각
▓▓▓/입찰19명/낙찰177,000,000원(97%) 2등 입찰가 : 163,190,000원			
	2022-11-01	매각결정기일	허가
	2022-12-05	대금지급기한 납부 (2022.11.29)	납부
	2022-12-28	배당기일	완료
배당종결된 사건입니다.			

랐다. 강화도에 있는 아파트는 장기적으로는 시세차익을 얻기 힘든 곳이지만, 수요가 풍부하기 때문에 가격만 적절하다면 매수자를 찾기 어렵지 않은 곳이다. 강화도에는 아파트 단지가 상대적으로 희소하기 때문이다. 강화는 범김포권으로 분류된다. 실제로 강화도에서 다리 하나를 건너 차로 30분 정도를 달리면 김포 통진읍 마송지구가 나온다. 강화에 일자리를 가지고 있는 젊은 세대들은 교육과 주변 환경 등의 이유로 김포에 있는 아파트에 거주하는 경우가 많다. 이렇게 인근 지역에 아파트가 많으니 강화도 내에는 아파트가 거의 없다. 강화도의 인구는 지난 10년간 꾸준히 늘고 있는데도 말이다. 있다고 하더라도 1990년대 초에 지어진 낡은 구축이거나 한두 동짜리 나홀로 아파트가 대부분이다. 그러니 이런 곳에 500세대 아파트 단지가 있다면 상대적으로 돋보일 수밖에 없다.

내가 낙찰받은 집은 '깨끗한 쓰레기 집'이었다. 아마도 이게 무슨 말인가 싶을 것이다. 하지만 실제로 그 집을 봤을 때 대번에 든 느낌이다. 당신도 낙찰받기 전 그 집 상태를 보면 무슨 얘긴지 감이 올 것이다.

경·공매에 나온 집 내부를 입찰 전에 볼 수 있는 경우가 흔하진 않다. 특히 채무자 본인이 살고 있을 때는 더더욱 그렇다. 하지만 그렇다고 불가능한 건

낙찰받은 아파트 내부

아니다. 나는 사전 조사를 할 때 점유자와 원만하게 접촉할 수 있겠다는 판단이 들면 무례하지 않은 선에서 인사를 드리는 편이다. 비싸진 않더라도 성의 표시가 될 만한 과일상자나 음료수를 들고 말이다.

이번 강화도 아파트는 채무자 겸 점유자가 집을 인근 공인중개사 사무소에 매물로 내놓은 적이 있다는 정황이 파악됐다. 관리사무소 직원과 이야기를 나누었을 때도 연체된 관리비가 있긴 하지만 점유자가 사정이 될 때마다 조금씩 분할 납부를 하고 있다고 했다. 그래서 점유자와 이성적인 대화를 나눌 수 있겠다고 판단했다.

귤 한 박스를 사 들고 방문하자, 점유자가 흔쾌히 집 내부를 보여줬다. 내부는 공인중개사 사장님이 말한 것만큼 썩 좋지는 않았다. 왼쪽의 사진에는 나오지 않았는데 화장실 두 칸은 모두 변기가 막혀 있었고, 베란다는 개똥으로 가득 차 있었다. 집을 얼마나 험하게 썼는지 마루와 싱크대가 모두 썩어 있었다. 일반 매물로 나왔던 집이 팔리지 않고 결국 경매로까지 간 데는 다 이유가 있었던 것이다.

보통은 이런 쓰레기 집을 보고 고개를 절레절레 흔들며 입찰을 단념하겠지만, 나는 충격적인 첫인상 뒤에 가려진 이 집의 장점을 생각해봤다. 내 기준에 이 집은 약간의 수리비만 들이면 금세 깨끗한 새집으로 변신할 수 있을 것 같았다. 거실 벽면과 화장실, 벽면 몰딩 등 뼈대가 되는 부분들의 상태가 좋았기 때문이다. 더구나 이 집은 최근 몇 년 사이 꽤 많은 비용을 들여 인테리어를 했고 그것이 앞서 말한 부분들에서 보였다. 특히 화장실은 한번 손을 대기 시작하면 공사 기간이나 비용, 절차 문제가 꽤 복잡한데 이 집은 소모품이 망가져 있을 뿐 전체적인 상태는 매우 좋았다. 이런 점을 확인하고 나니 약간의 노력과 비용으로 좋은 효과를 거둘 수 있으리라는 판단이 섰다.

물론 낙찰받은 집이 문제가 하나도 없는 아주 깨끗한 집이면 좋을 것이다. 하지만 그처럼 하자 없는 물건에는 누구나 쉽게 도전하기 마련이고, 이는 곧 높은 경쟁률로 이어진다. 그런 물건에만 도전한다면 낙찰받기는 쉽지 않을 것이다.

입찰 전 꼼꼼한 지역 분석을 통해 물건의 경쟁력을 확인했고, 임장을 통해 운 좋게도 집 내부까지 직접 봤다. 이제는 적절한 입찰가를 산정해서 낙찰만 받으면 된다.

입찰가 산정은 매번 어렵다. 똑같은 물건을 보더라도 각자의 입장에 따라 전혀 다른 가치를 매기기 때문에 최고가매수인이 되어 영수증을 받는다는 게 결코 쉬운 일은 아니다. 하지만 사전 손품 조사와 현장 발품 조사까지 마친 뒤라면 달라진다. 나는 미리 파악한 집 상태에 맞춰 수리비를 넉넉하게 책정한 뒤 입찰가를 계산했다. 그 과정에서 명도비용을 잠깐 고민했다. 경매에서는 명도를 할 때 점유자와 낙찰자 간에 갈등이 발생하면 인도명령제도를 이용하여 쉽게 해결할 수 있다. 이른바 강제집행이다. 그래서 나는 강제집행에 드는 비용을 명도비로 책정하여 입찰가 계산에 넣어두곤 하는데, 현장 방문 때 만났던 점유자가 굉장히 우호적이라 명도비를 빼놓을까 고민을 좀 했다. 하지만 일은 항상 보수적으로 진행해야 하기 때문에 고민 끝에 명도비도 보수적으로 책정하여 입찰가에 포함했다.

입찰 당일 인천지방법원에는 꽤 많은 사람이 모였다. 이날은 라이프체인징 회원 일곱 명과 함께 현장 특강을 진행했기 때문에 입찰 봉투를 제출하는 손이 떨렸다. 이윽고 개찰이 시작됐고, 해당 물건에는 무려 19명이나 되는 입찰자가 몰렸다. 여기저기서 웅성대는 소리가 들렸지만, 이 정도 경쟁률은 충분히 예상한 바였다. 강화는 '읍'에 불과하지만, 내 분석대로 이곳의 대단지 아파트는 강화 거주민에게는 한 번쯤 노려볼 만한 알짜 물건이었던 것이다. 실제로 내 물건에 입찰했던 거주민을 나중에 만나보기도 했다.

드디어 차순위 입찰자의 입찰 가격이 발표되고 최고가매수인으로 내 이름이 불렸다. 그 순간 아차! 싶었다. 2등과의 입찰가 차이가 무려 1,000만 원 넘게 난 것이다. 법정 안은 또다시 웅성거렸고 여기저기에서 "너무 높게 받았네!", "뭐야, 어디 경매학원에서 등쳐 먹은 거 아니야?" 하며 혀를 차는 소리가 들렸다. 하지만 나는 오히려 '이 물건을 나처럼 열심히 분석한 사람이 없구나!' 하는 생각이 들었다.

나중에 알게 된 일인데, 내가 열심히 노력하는 모습을 본 공인중개사 사장님이 경매입찰을 위해 조사하는 사람들에게 이 집의 실상을 아주 적나라하게 알렸다고 한다.

"이 집은 마룻바닥이 다 썩어 있고 개똥이 막 굴러다녀요. 나도 팔기를 포기한 집이니 알아서들 잘 생각하세요!"

그래서 다들 겁을 먹고 수리비가 꽤 많이 나올 것으로 생각한 듯하다. 공인중개사 사장님이 경쟁률을 낮춰준 것이다. 나중에 이 이야기를 전해 듣고 왜 나를 도와주셨는지 여쭤봤다. 사장님은 다른 사람들은 이것저것 물어보고는 당연하다는 듯이 그냥 나가는데, 그래도 좋은 정보 주서서 감사하다고 캔커피라도 쥐여주고 간 사람은 나밖에 없어서 조금이나마 보탬이 되고 싶었다고 했다. 역시 사람 일에는 소소하지만 진심을 담는 것이 최고라는 걸 다시 한번 깨달았다.

내가 낙찰받은 집에는 안타까운 사연이 있었다. 젊은 부부가 딸 둘과 함께 사는 가정이었는데 부부의 사이가 틀어져 이혼을 했다. 남편은 이미 집을 나갔고 집에는 아내만 혼자 남아 딸 둘을 키웠는데, 여러 가지 악재가 겹쳐 아내의 우울증이 심해졌다고 한다. 그래서 집이 난장판이 된 것이다.

　나도 딸 가진 아빠로서 딸 나이 또래의 두 아이가 살고 있는 집이 변기도 막혀 있고 개똥이 굴러다니는 등 사람이 제대로 살 수 없는 환경이라는 점이 너무 안타까웠다. 그래서 낙찰 이후에 시도 때도 없이 걸려 오는 전화를 다 받아줬고, 온갖 신세 한탄과 이사비 같은 금전적인 요구도 별다른 협상 없이 적당한 선에서 다 받아들였다.

　사람의 호의가 계속되면 권리인 줄 안다는 영화 대사가 있는데, 이게 어느 정도는 맞는 듯하다. 냉장고가 망가져 코드가 뽑힌 채 방치되어 있는 걸 내가 분명히 확인했는데도 점유자는 이사 가면서 놓고 갈 테니 잘 쓰라는 둥, 집을 난장판으로 만든 장본인인 강아지를 두고 갈 테니 잘 키워달라는 둥 점점 무리한 요구를 하기 시작했다. 서로 합의한 이사 날짜도 차일피일 미루고 말이다.

　사람은 기본적으로 선한 존재라고 믿지만, 주변 상황이 어지러우면 마음도 함께 복잡해지는 것 같다. 거주자는 채무자 본인이건 임차인이건 간에 경매 진행 과정에서 스트레스를 많이 받을 수밖에 없다. 따라서 원만하게 말로 협상이 되지 않을 수도 있다. 이럴 때 낙찰자는 환경이 자신에게 유리해지도록 준비시킬 필요가 있다. 경매의 경우 낙찰자는 인도명령제도를 이용하여 명도를 쉽게 마칠 수 있으니 협상 진행 여부와 상관없이 일단은 인도명령을 신청하여 인용을 받아두는 것이 좋다(인도명령 신청 방법은 278쪽 참고).

　나 또한 소유권이전을 마치면서 인도명령을 신청해뒀고, 이를 바탕으로 법원 집행관실에 강제집행을 신청했다(강제집행신청 방법은 290쪽 참고). 경매 과정에서 강제집행이 실제로 진행되는 경우는 매우 드물다. 대부분은 집행을 계고하는 단계에서 점유자가 낙찰자의 법적 의지를 확인하고 받아들인다. 이번에도 마찬가지였다. 무리한 요구를 계속하는 점유자에게 앞으로는 집행관실에

낙찰부터 매도까지

```
-낙찰 : 22년 10월 25일
-잔금 : 22년 11월 29일
-명도 : 23년 01월 20일
-수리 : 23년 02월 05일
-계약 : 23년 02월 10일
-잔금 : 23년 02월 21일
--------------------------
총 소요기간 : 118일
잔금납부 후 : 84일
```

서 법적으로 처리하겠다고 통보한 이후에는 명도가 일사천리로 진행됐다. 지자체의 도움을 받아 점유자는 지자체에서 운영하는 센터로 들어갔고 어린 자녀들은 외할머니 집으로 갔다. 강제집행까지 가지 않고 이삿짐을 모두 뺄 수 있었다.

이후 수리를 마치고 집을 매물로 내놓은 지 5일 만에 공인중개사한테 연락이 왔다. 어머니를 모시려고 하는 아들이 집을 봤는데, 바로 들어와 살 수 있게 꾸며놓은 것이 아주 마음에 들었다며 바로 계약하고 싶다고 했단다. 다만 가격을 조금 내려준다면 잔금을 계약일 이후 보름 안에 치르겠다고 했다. 나로선 마다할 이유가 없었다. 500만 원을 깎아드렸고, 내놓은 지 한 달도 채 안 되어 집을 정리할 수 있었다.

이미 수도권의 주요 부동산 가격이 전체적으로 30% 하락했고 아파트 거래가도 역대 최저를 기록한 상황이었지만, 나는 낙찰받았을 때도 수리 이후 물건을 내놓았을 때도 거래를 걱정하지 않았다. 그 이유는 두 가지다. 첫 번째는 매도자 우위 지역이기 때문이다. 앞서 언급한 것처럼 강화도는 대단지 아파트

자체가 희소한 곳이다. 그리고 지역 아파트 대부분이 구축이기 때문에 수리를 잘해둔 집은 가치가 몰라보게 상승한다. 실수요자라면 이 집을 찾을 수밖에 없을 것이라는 확신이 있었다.

두 번째는 매도가를 욕심부리지 않았다는 것이다. 내가 낙찰받은 단지의 이전 최고 매도가는 2억 2,000만 원이었다. 내 물건과 함께 매물로 나와 있던 단지 내 물건들은 수리가 되어 있지 않은 상태에서 2억 1,500만 원을 불렀지만 나는 2억 1,000만 원에 내놓았고 추가로 500만 원 할인까지 했다. 그렇게 하면 남는 것이 없지 않냐고? 과욕은 화를 부른다. 물론 내가 500만 원, 1,000만 원 더 높은 호가를 유지하면서 배짱을 부렸더라도 그 집은 몇 달 사이에 팔렸을 것이다. 하지만 투자에서는 불확실성을 확실성으로 바꾸는 것이 무엇보다 중요하다. 언젠가 팔리겠지 하고 기대하는 것보다는 이자비용을 줄이면서 최대한 빠르고 확실하게 매도하는 것이 더 이득이다.

물론 이런 마음가짐을 가질 수 있었던 이유는 경매로 매입 가격 자체를 낮췄기 때문이다. 2등과 비교해서 무려 1,000만 원이나 비싸게 낙찰받았지만, 매입가 자체가 할인된 가격이었기 때문에 저렴하게 물건을 내놓을 수 있었고 꽤 많은 수익을 올릴 수 있었다.

💰 경매로 돈 버는 투자자의 한 끗

남들과 똑같이 해서는 돈을 벌 수 없다. 강화군이라서 안 되고, 아파트 투자는 끝물이라서 안 되고, 집에 가봤더니 더럽고 지저분해서 안 되고……. 항상 이렇게 부정적으로 생각하는 사람들은 발전이 없다.

'강화군이지만 사람이 사는 곳이니 수요가 있을 거야', '요즘 아파트 거래가 잘 안 되고 시세는 많이 떨어졌지만 경매로 더 싸게 낙찰받아 시장에 내놓으면 반드시 사는 사람이 있을 거야', '더럽고 지저분하더라도 더 싸게 낙찰받아 수리해서 깨끗한 집으로 만들면 팔릴 거야'라고 긍정적으로 생각하는 습관을 들여야 돈이 보인다.

점유자의 말만
믿고 있다가 큰코다친다

공매는 소유권이전과 동시에 점유이전금지가처분 신청

2023년 7월, 경기도 안양에 있는 다세대 빌라를 낙찰받았다. 매매사업자로 수익을 얻기 위해 단기에 매도할 목적이었다. 이 빌라를 낙찰받은 이유 중 가장 중요한 것은 '남들이 어려워할 만한 물건'이라는 점이다. 남들이 어려워해서 시세보다 저렴하게 낙찰받는다면 큰 수익을 남길 수 있겠다고 판단했다. 낙찰받은 빌라는 말소기준권리+보다 앞선 선순위 임차인+이 있어 꼼꼼한 조사가 필요했다. 실제로 직접 임장을 나가 무상임차각서를 확인했고 가족 간 채무관계임을 알게 됐다.

안양에 있는 빌라를 낙찰받았다고 했더니 지인들의 걱정이 쇄도했다.

"요즘 빌라 사기가 많아서 거래가 위축됐다는데 매도할 수 있을까? 적어도 임대를 맞출 수 있을까?"

"이자만 나갈 것 같은데 괜찮겠어?"

2023년 4월에 대전의 아파트를 낙찰받았을 때와는 전혀 다른 반응이었다.

+말소기준권리
부동산이 경매에 부쳐졌을 때, 낙찰자에게 인수될지 아니면 말소될지를 결정하는 데 기준이 되는 권리를 말한다. (근)저당권, (가)압류, 경매개시결정등기 중 가장 먼저 등기된 권리가 최선순위 권리로서 말소의 기준이 된다.

+선순위 임차인
말소기준권리보다 앞서 전입신고를 한 임차인

54

해당 물건의 공매 상세입찰결과

상세입찰결과

물건관리번호	2023-████-███		
재산구분	압류재산(캠코)	담당부점	경기지역본부
물건명	경기도 안양시 안양동 ****		
공고번호	202303-█████-██	회차 / 차수	022 / 001
처분방식	매각	입찰방식/경쟁방식	최고가방식 / 일반경쟁
입찰기간	2023-06-26 10:00 ~ 2023-06-28 17:00	총액/단가	총액
개찰시작일시	2023-06-29 11:00	집행완료일시	2023-06-29 11:15
입찰자수	유효 2명 / 무효 1명(인터넷)		
입찰금액	118,440,000원/ 117,700,000원		
개찰결과	낙찰	낙찰금액	118,440,000원
감정가 (최초 최저입찰가)	168,000,000원	최저입찰가	117,600,000원
낙찰가율 (감정가 대비)	70.5%	낙찰가율 (최저입찰가 대비)	100.71%

게다가 나중에 사기꾼 되는 거 아니냐는 의심스러운 눈초리까지 받아야 했다.

하지만 낙찰받기 전 꼼꼼하게 지역 조사를 마친 내 생각은 달랐다. 안양의 빌라는 장기적으로는 시세차익을 얻기 힘든 곳일지 모르지만 삼덕공원, 수암천 산책로, 안양 1번가 먹자상권, 안양중앙시장, 준역세권 등으로 수요가 있기 때문에 가격만 적절하다면 매수자를 찾기 어렵지 않을 것으로 판단했다. 그리고 발품을 팔면서 시세를 조사하던 도중 매매나 임대를 문의하는 전화가 빈번하게 걸려 오는 것도 목격했기에 확신이 더해졌다. 다만 신혼부부나 금전적으로 어려운 사람들이 안양에서 20평대 구축 아파트를 2억 5,000만 원에서 3억 원 이상의 가격에 구매하기는 어려우리라고 생각했고, 인테리어만 깔끔하게 해놓는다면 분명 매수자가 나타날 것으로 판단했다.

안양역에서 갈 수 있는 일자리 또한 많아 산업 입지 측면으로도 괜찮다고 생각했다. 실제로 가산디지털단지, 명학공업단지, 군포공업단지, 평촌산업단지

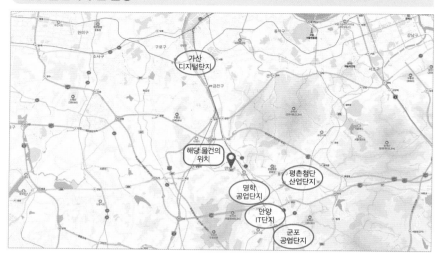

등에 일자리를 가지고 있는 젊은 세대들이 주변 환경 등의 이유로 안양동에 거주하는 경우가 많았다.

더불어 안양역세권지구 재개발, 월판선 안양역 정차, GTX-C 금정역 정차 등의 호재도 있었다. 안양역세권지구는 이주 및 철거가 진행 중이고, 월판선은 2026년 4월 준공 예정이라 개통 시점인 2028년 4월까지는 시간이 좀 남아 있긴 하다. GTX-C는 예비타당성조사를 통과하여 금정역 정차까지 확정됐고, 안양동은 25년 이상 노후화된 빌라들과 아파트들이 즐비해 가로주택정비사업까지 할 수 있을 것으로 보인다. 빌라가 매도되지 않아 임대를 맞춘다고 하더라도, 이처럼 미래 가치가 높기 때문에 매매가와 임대가는 계속 상승할 것으로 판단했다.

안양 빌라는 인터넷 공매로 낙찰받았기 때문에 경매 때처럼 법원에 직접 가지 않아도 됐다. 감정가 1억 6,800만 원으로 시작하여 계속 유찰되다가 세 번째 진행되는 물건이었다. 공매는 한 번 유찰될 때마다 입찰가가 10%씩 떨어지므로 현재 30% 떨어진 상태였다. 임장을 통해 무상임차각서와 가족 간 채무 거래인 것 또한 확인하여 이제는 적절한 입찰가를 산정해서 낙찰만 받으면 됐다.

전화 통화와 임장을 통해 알아낸 정보를 바탕으로 입찰가를 계산했다. 임장을 할 때 집 내부는 볼 수 없었지만 외부 새시와 현관문의 상태는 볼 수 있었기에 그 수리비를 포함해 1억 1,844만 원으로 산정했다. 이때도 명도비용이 고민이 됐다. 명도 시에 갈등이 발생하면 명도소송✚을 제기해야 하는데, 명도소송까지 간다면 6개월 이상이 걸리기 때문이다. 명도소송은 강제집행이라고 생각하면 된다. 보통은 이사비를 100만 원 정도로 책정하지만 명도소송까지 갈 경우를 대비해서 더 보수적으로 잡아야 했는데 그 점을 간과하고 말았다.

입찰기한이 마감되고 매각결정기일까지는 11일 정도가 걸렸다. 그간 조사하면서 노력한 시간이 아까우니 매일 "제발 돼라, 제발 돼라" 빌고 또 빌었다.

드디어 매각결정기일이 됐다. 온비드로 로그인해 결과를 확인한 순간 낙찰이 됐다고 뜬 걸 보고 너무 기뻤다. 가장 먼저 가족한테 소식을 전했다. 혼자 입찰했겠지 생각하면서 입찰 상황을 자세히 확인했는데, 입찰자가 한 명 더 있었다. 2등과의 입찰가 차이가 얼마인지 궁금해서 확인해봤더니 불과 74만 원이었다. 해당 차수에 아무도 입찰할 것 같지 않아서 한 번 더 유찰된 뒤 들어갈까 고민했는데 이번 차수에 들어간 게 천만다행이었음을 알게 됐다. 선순위 임차인이 있어서 자세한 사항을 조사하기 위해 사전에 해당 빌라의 관리자들을 만나 조사한 덕분에 일이 순조롭게 진행된 것이다. 임

✚명도소송

민사집행법 제136조에 따르면, 경매에서는 낙찰받고 잔금을 납부한 후 6개월 이내에 인도명령을 신청하면 점유자가 부동산을 매수인에게 인도하도록 명할 수 있다. 그러나 공매에는 민사집행법이 적용되지 않는데, 집행기관이 법원이 아닌 한국자산관리공사이기 때문이다. 공매에서는 명도 절차를 명도소송으로 해야 한다. 명도소송 후 승소 판결이 나서 집행문이 부여되면 강제집행절차를 통해 부동산을 이전받을 수 있다.

장은 필수라는 걸 다시 한번 실감했다.

매각결정기일이 확정되고 일주일 뒤에 집을 찾아갔다. 벨이 있었지만 먹통이라서 현관문을 두드려봤지만 결국 점유자(임차인)를 만나지 못했고 문 앞에 연락처만 남기고 왔다. 하루, 이틀이 지나도 연락이 오지 않아 e그린우편으로 내용증명을 보냈다. 그런데도 우편을 계속 받지 않기에 하는 수 없이 직접 집에 찾아가 내용증명을 문에 붙여놓고 왔다.

내용증명을 붙여놓은 후에야 문자가 왔다. 점유자는 이 집에 들어올 때 7,000만 원 전세계약을 했다면서 7,000만 원을 주면 이사를 가겠다고 했다. 이렇게 하다가는 길어질 수 있겠다는 느낌이 들었다. 그래서 명도협상팀의 직원인 척 가장하고, 무상임차각서와 7,000만 원이라는 임대차계약이 허위로 밝혀질 경우 범법 행위라고 알렸다. 허위임차인 실형 선고 판례 사례를 언급하고, 소유권이전이 완료됐는데 월세를 지급하지 않을 경우 부당이득반환청구소송과 가압류·압류 등을 진행할 수 있다는 것도 이야기했다.

낙찰 후 붙여둔 쪽지와 내용증명

그렇게 앞으로의 진행 사항들에 대해 이야기하니 가족과 상의한 후 빠른 시간 안에 연락을 주겠다고 했다. 이틀 후 점유자는 추억이 많이 깃든 장소라며 감정적으로 호소하면서 상의 끝에 이사 결정을 내렸다고 했다. 그러고는 소유권이전 일자가 정해지면 이사 날짜를 정하겠다고 했다. 나는 소유권이전등기 날짜를 알려주면서 명도합의서를 작성해야 하니 만나자고 했다.

명도를 처음 하는 거라 엄청나게 긴장되고 떨려서 직장 동료랑 같이 갔다. 먼저 약속 장소에 와 있던 점유자가 내가 자리에 앉자마자 말을 꺼냈다.

"이사비는 얼마 주실 건가요?"

"얼마를 원하십니까?"

"다른 집 구할 전세자금 정도는 필요한데요."

"회사 내부 지침상 이사비는 50만 원이 최고치입니다."

"그걸로는 다른 전셋집 들어가지도 못하고 이사도 못 하죠."

그 말을 끝으로 점유자는 다시 연락을 주겠다며 황급히 자리를 떠났다. 명도 협상을 처음 해보는지라 그가 가는 걸 얼떨떨한 얼굴로 바라보기만 했다.

다음 날 연락했지만 전화를 받지 않았다. 잔금납부기한이 얼마 남지 않았기에 직장인대출을 받아 잔금을 납부하고 소유권이전등기를 했다. 선순위 임차인이 있는 집은 주택담보대출을 해주는 은행이 많지 않고 채권최고액✚도 많으니 직장인대출을 받을 수밖에 없었다.

등기를 깔끔하게 마치고 나서 계속 연락했는데 10일 만에 문자가 왔다. '전세금이 전 재산이었는데 한 푼도 받지 못하게 되어 집을 구하는 데 어려움이 있다. 이사 시기가 조금 늦어지고 있는데 최대한 빠른 시간 안에 이사를 갈 수 있도록 노력하는 중이다. 조금만 시간을 주시면 이사

✚채권최고액
쉽게 말하면, 집을 담보로 대출을 해주는 은행이 대출을 회수할 때 청구할 수 있는 최고 금액을 말한다. 은행은 통상 채권최고액을 담보 가액보다 20~30% 높게 설정하는데, 이자가 연체되거나 대출액을 돌려받지 못할 경우를 대비하기 위해서다.

날짜가 정해지는 대로 연락을 드리겠다'라는 내용이었다. 그 문자를 받으니 그래도 명도소송까지는 가지 않겠구나 싶어 안도감이 몰려왔다.

✚점유이전금지가처분
점유자 A를 상대로 명도소송, 인도명령신청을 해야 하는 경우 소송 중 A가 점유하고 있는 주택을 다른 사람에게 넘기지 못하게 하는 것이다. 명도소송이나 인도명령 결정의 대상이 점유자 A인데 실제로는 점유자 B가 있다면 집행할 수 없으므로 이를 예방하기 위해서다.

원래는 소유권이전과 동시에 점유이전금지가처분✚을 신청했어야 하는데 점유자가 이사를 갈 것 같다는 막연한 기대 때문에 신청하지 않았다. 그러다가 언제 이사 갈지 도통 알 수 없고, 이사를 간다고 해도 약속 날짜를 어길 수 있겠다는 생각이 들어 뒤늦게 점유이전금지가처분을 신청했다.

내가 할 수 있는 모든 조치를 취하면서도 대화의 창구는 계속 열어놓았다. 전화와 문자를 통해 이사를 일찍 가면 이사비 120만 원을 챙겨드리겠다고 알렸다. 그런 노력의 결과, 다행히도 점유자는 소유권이전 후 한 달 만에 이사를 갔다. 이 정도면 순조롭게 끝난 셈인데 문제가 더 복잡해질 수도 있으므로, 소유권이전 즉시 공매는 점유이전금지가처분을 신청하고 경매는 인도명령신청을 해두기를 권한다.

해당 물건은 명도 완료 후 부분 인테리어를 거쳐 바로 부동산에 내놓았고 1억 5,500만 원에 매매계약을 체결했다. 요즘 빌라는 거래도 안되고 망한 수준이라는 이야기가 많이 들리지만 입지를 잘 분석하고 경매·공매를 통해 저렴하게만 낙찰받는다면 충분히 수익을 낼 수 있다.

💰 경매로 돈 버는 투자자의 한 끗

경매·공매 투자를 할 때 항상 주의할 점이 있다. '협상이 잘되겠지', '점유이전금지가처분, 인도명령 등을 하지 않아도 금방 나가겠지', '직접 만나보니 말도 잘 통하고, 언제까지 나간다고 하니 기다려주자'라는 식으로 막연히 넘겨짚지 말아야 한다. 실제로는 약속이 제대로 지켜지지 않는 경우가 많으니 말이다. 항상 기억하자. 협상과 소송은 언제나 동시에 진행해야 한다. 그래야 돈과 시간을 아낄 수 있고 협상에서도 우위를 점할 수 있다. 정해진 절차를 모두 빠르게 진행하며 협상하는 습관을 들여야 한다.

낙찰자 ▶ 실전반 28기, 전자소송사관학교 2기 신유민

뜻밖의 이해당사자, 강제집행 현장에 나타나다

돌발상황에 대응하는 방법

2023년 5월, 종로구 서순라길에 있는 코너 상가건물을 낙찰받았다. 이곳을 낙찰받은 이유는 종묘 돌담길이 너무나 아름다워서다. 물론 그 이유만으로 입찰을 결심한 것은 아니고, 운치 있는 돌담을 따라 상권이 형성돼 있고 힙한 가게들이 생겨나고 있어서였다. 평소 유행에 관심이 많았는데 이 길을 보자마자 '앞으로 흥하겠다'라는 생각이 들었다. 경매로 저렴하게 사서 팔지 않고 직접

해당 물건의 주변 거리 모습

해당 물건의 경매 정보

서울중앙지방법원	대법원바로가기	법원안내		가로보기	새로보기	새로보기(2)

2022 타경 ■■■■■ (강제)		매각기일 : 2023-05-18 10:00~ (목)			경매2계 02-■■■-■■■■	
소재지	(03134) 서울특별시 종로구 ■■■ ■■■-■■ [도로명] 서울특별시 종로구 서순라길 ■■					
용도	상가	채권자	한OOOOO	감정가	885,870,000원	
토지면적	40.8㎡ (12.34평)	채무자	강OO	최저가	(80%) 708,696,000원	
건물면적	20.4㎡ (6.17평)	소유자	강OO	보증금	(10%)70,869,600원	
제시외		매각대상	토지/건물일괄매각	청구금액	16,402,206원	
입찰방법	기일입찰	배당종기일	2023-01-05	개시결정	2022-10-25	

기일현황

회차	매각기일	최저매각금액	결과
신건	2023-04-13	885,870,000원	유찰
2차	2023-05-18	708,696,000원	매각
■■■■■/입찰2명/낙찰731,000,000원(83%) 2등 입찰가 : 710,000,000원			
	2023-05-25	매각결정기일	허가
	2023-07-07	대금지급기한 납부 (2023.06.20)	납부
	2023-07-26	배당기일	완료
배당종결된 사건입니다.			

내 사업을 해야겠다고 결심하며 입찰에 들어갔다.

이곳에 처음으로 임장을 갔을 때, 지인의 가게에서 출발했다. 대학생 때부터 술집을 운영하면서 쌓은 노하우로 돌담길을 100%, 1,000% 활용하는 1인 운영 와인숍이다. 최근 옆 상가를 임차해서 타코 가게까지 확장해 운영 중인데, 주말이면 가게 앞에 줄이 길게 늘어선다.

그 친구에게 서순라길 현재 상황이 어떤지 물어봤다.

"누나, 여기 상권을 그래프로 그리자면 우상향이지 내리막길은 아니에요. 유동인구가 많아서 '인생네컷' 같은 가게 하나 차리려고 했는데, 임대료가 비싸서 저는 못 차렸어요."

평소 아주 친한 지인이 무인사진관을 운영하는데 수익이 괜찮다며 추천해 줬던 터라 이 얘길 듣자마자 무릎을 탁 쳤다. 손품을 팔며 주변 시세를 보니 경매로 나와 있는 상가가 가격 측면에서 꽤 매력적이었다. 해당 상가는 현재 공업사와 냉동창고로 사용되고 있었다. 두 번, 세 번 임장을 갈수록 입찰을 해야 겠다는 결심이 굳어졌다.

오랜만에 입찰에 참여한 나는 입찰서를 제출한 후 별생각 없이 법원 커피숍으로 향했다. 막 커피를 받아 들었는데 전화가 왔다.

"신유민 씨, 낙찰되셨습니다. 얼른 법정으로 오세요."

전화를 끊자마자 법정까지 쉬지 않고 뛰었다. 법정 문을 여는데, 딱 내 이름이 불렸다.

"최고가매수인이 되셨습니다. 이 사항들을 확인하시고……."

머릿속이 하얘졌다. 두 명이 입찰했다는데, 2등 한 사람은 보지도 못하고 낙찰영수증을 들고 법정에서 나왔다. 너무 신이 나 용쌤한테 바로 카톡을 보냈다.

다음 날부터 대출을 알아봤다. 현황은 상가지만 공부상 주택이어서 서울에 집을 한 채 가지고 있는 나에게는 생각보다 대출이 적게 나오고 이율도 너무 높았다. 그러던 중 한 대출상담사에게 ○○은행에서 80% 대출이 가능하다는 연락을 받았다. 대출상담사를 잘 만나는 것 또한 복이라는 걸 느꼈다.

대출을 받아 잔금을 내는 동시에 인도명령을 신청했다. 물론 협상으로 명도가 될 수도 있지만 사람 일은 모르는 거니 대비를 해둔 것이다. 아니나 다를까, 인도명령을 했음에도 전 주인과의 협상은 순탄치 않았다. 전 주인은 감정평가를 누가 했냐는 둥 소리만 질러댔다. 도저히 대화를 이어갈 수 없었고, 문자도 여러 번 보냈지만 협상은 물 건너간 것으로 판단됐다.

결국 강제집행까지 가게 됐다. 1차 계고 후 2차 계고 없이 바로 강제집행 날짜를 잡았다. 집행관에게 "꼭! 서둘러 진행해주세요"라고 사정사정했다. 나의 간절한 호소가 통했는지 예정된 날짜보다 2주 일찍 진행할 수 있다는 연락을 받았다.

해당 물건 이해관계인과의 문자 내용

선생님 안녕하세요.
권농동 상가 낙찰자 신유민 이라고 합니다.
저희 직원통해 여러번 연락 드렸는데.. 합의 의사가 없으신 것 같아 내일 법원가서 강제집행 신청하려고 합니다.
감정평가서가 잘못되었다면 법원에 문의하시면 됩니다. 저희가 감정평가를 한 것이 아닙니다. 혹시 모르실까봐 알려드립니다.
선생님이 저희 아버지와 연배가 비슷하셔서 저도 강제집행하기가 참 가슴이 아픕니다..
이사비 지원 의향 있으니 생각 있으시면 연락 바랍니다.

선생님 안녕하세요.
월요일에 1차 계고장 받으셨죠.
31일까지 합의의사 없으시면 2차계고 후 강제집행 진행합니다.
1. 이사비 지원 받으시고 나가실지
2. 0원 받으시고 강제집행으로 나가실지
선택지는 두가지에요.
결과는 둘 다 똑같습니다.
지혜로운 선택 기다리겠습니다.

몹시 덥던 8월 21일, 집행관들과 노무 인원, 열쇠공 사장님이 속속 도착했다. 집행을 하던 중 상가 한 켠에 있던 냉동창고의 주인이 왔는데 몹시 당황한 모습이었다. 10여 년 전에 전 주인과 부동산 계약도 없이 보증금 500에 월세를 어느 정도 내기로 하고 얼음 납품 사업을 해왔다고 한다. 그렇게 오랫동안 임차했음에도 전 주인에게 경매나 강제집행에 관한 얘기를 듣지 못했다는 것이다. 정말 화가 날 만한 상황인데도 다행히 격하게 나오진 않았다. 나는 어느 정도 시간을 드릴 테니 냉동창고를 철거해달라고 요청하고 퇴거이행각서를 받았다. 여기서 만약 냉동창고 주인이 퇴거이행각서를 써주지 않고 못 나가겠다고 버티면 어떻게 해야 할까? 바로 부당이득반환청구소송을 진행하면 된다 (부당이득반환청구소송 신청 방법은 250쪽 참고). 셀프소송의 기술만 가지고 있으면 이해관계인들에게 절대 휘둘리지 않는다.

창고는 6평 정도의 작은 평수라 금방 집행이 끝날 줄 알았는데, 생각보다 오

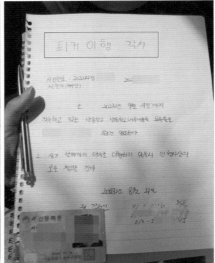

래 걸렸다. 물건도 이것저것 많아서 5톤 트럭이 가득 찼다. 법원에서 지정한 물류 업체 기사가 트럭을 몰고 떠나자, 이날 강제집행은 마무리됐다.

철거를 약속한 2주 후 냉동창고 주인에게 연락했다. 그런데 각서를 쓸 때와는 달리 "철거하려고 보니 3,000만 원이 듭니다"부터 시작해서 사정을 구구절절 늘어놓았다. 마음이 약한 나는 이사비 200만 원을 지원해드리겠다고 말하고 전화를 끊었다. 경매 경험은 많지 않지만 한 가지는 확실히 배웠다. 여자가 친절한 목소리로 이야기하면 상대방은 바로 무시한다는 것이다. 전화 통화를 할 일이 있을 때는 남편이나 남성 지인들의 도움을 받으면 좋을 것 같다.

냉동창고 아저씨와의 이사 협상 후 양쌤에게 보고했더니, 바로 다시 전화해서 이사비를 무려 50만 원이나 줄여줬다. '이렇게 계속 버틴다면 이사비를 지원하지 않을 것이고 잔금납부일 이후부터의 비용을 전부 청구하겠다, 우리도

강제집행 직후 물건지의 내부 모습

명도가 되지 않아 손해가 크다, 이사비 200만 원은 지나치다, 이 정도 짐이면 이삿짐센터를 불렀을 때 100만 원도 안 나온다'라고 얘기했다고 한다. 이게 바로 고수와 하수의 차이인 것 같다. 마침내 2주 뒤, 명도가 완료됐다.

내가 낙찰받은 상가는 종묘에 붙어 있고 걸어서 10분이면 창경궁에 갈 수 있다. 종로3가역은 트리플 역세권이며, 복잡한 익선동에 비해 정적이고 한산한 곳이다. '아는 사람들만 안다는 숨은 핫플'로 불려왔으나 엔데믹과 함께 요즘 MZ세대와 외국인들이 서순라길로 몰리고 있다. 이런 잠재적인 성장성을 보고 선택한 곳이다.

낙찰받은 상가는 2층으로 새로 지어 1층에 무인사진관을 운영할 계획이다. 보통의 무인사진관과는 다르게 고객들이 입을 수 있는 한복이나 갓 등을 대여해 찍을 수 있도록 차별화할 생각이다. 지금은 허름해 보이는 낡은 상가를 아름답게 재탄생시킬 생각을 하니 가슴이 두근거린다.

지금까지 협상한 사람이
엉뚱한 사람이었다면

협상과 법적 절차를 동시에 진행해야 하는 이유

'부동산 = 집'이라고만 생각했던 나에게 부동산 경매는 신세계였다. 경매를 통해 꿈을 이룰 수 있다는 확신으로 도전에 나섰다. 그렇지만 투자금이 한정적이었기 때문에 아파트보다는 저렴한 빌라를 찾는 데 집중했다. 2022년 9월, 화곡동에 있는 주택이 눈에 띄었다. 시끌시끌 모아타운에는 포함되지 않는 C구역 확장 지역이었지만, 까치산역과도 가깝고 대지지분도 큰 구옥이었기에 무척 매력적이었다.

물건은 정했고, 이제 시세 조사를 할 차례다. 태어나서 지금까지 공인중개사 사무소에 들어가 본 적도 없었지만 '설마 죽이기야 하겠어?' 하는 생각으로 도전했다. 여러 곳을 들렀는데 매번 사장님들은 내가 왜 왔는지 다 안다는 표정이었고, 한심하다는 눈초리를 보내는 사람들도 있었다. 지금 생각해보면, 내가 매매와 전세를 동시에 구했으니 사장님들이 그럴 수밖에 없었겠구나 싶다.

총 다섯 번에 걸쳐 화곡동을 방문하며 시세 조사를 했다. 공인중개사 사무소도 드나드는 횟수가 늘어나니 점점 익숙해졌고 정보를 얻어내려면 무엇을,

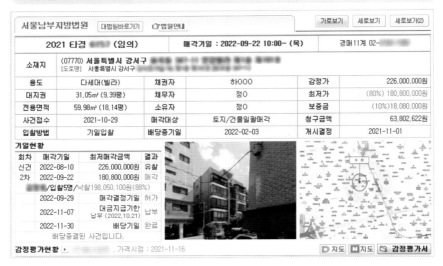
어떻게 물어야 하는지도 자연스레 터득했다. 네이버 지도를 이용해 물건지 근처에 있는 공인중개사 사무소를 찾아내고, 그곳에 전화해 내 물건과 비슷한 조건의 물건들을 의뢰했다. 그런 다음 미팅을 잡고 방을 보는 과정을 반복하면서 매매가와 전세가를 수집했다. 그 결과 적정 입찰가를 산정할 수 있었다.

입찰 전날 해당 법원에 견학을 다녀왔다. 모든 것이 처음인지라 눈도장이라도 찍어야 할 것 같았기 때문이다. 실수하면 큰일 난다는 생각에 입찰 서류들을 몇 번이나 검토해가며 작성했고, 드디어 입찰기일이 됐다.

떨리는 마음으로 인생 첫 입찰에 도전했다. 결과는 2등과 350만 원 차이로 낙찰! 법원 앞에서 기다리던 영업사원들에게 대출 명함을 잔뜩 받아 집으로 향했다. 너무나 행복했던 나머지 지하철을 반대로 탄 줄도 몰랐고, 개화산까지 찍고 집으로 돌아왔다.

경매의 꽃이라는 명도를 진행하게 됐다. 사람을 만나고 대하는 것에 두려움이 없는 편이지만, 왠지 명도는 그 이름부터 부담스러웠다. 용쌤이 가르쳐준 대로 포스트잇을 붙여놓고 왔더니, 얼마 후 채무자라며 연락이 왔다. 욕심을 부리기보다는 서로 윈윈하는 것이 좋으니 잘 해결해나가면 좋겠다는 뜻을 비쳤고, 채무자도 호의적인 자세로 나와 이사 일정 등을 합의했다.

현관문에 붙인 쪽지

그런데 이사 나가기 일주일 전, 실거주 중이라고 주장하는 채무자의 전처에게 연락이 왔다. 이때까지 나와 연락한 사람은 채무자가 아니라 실거주 중인 자신의 남동생이고, 이런 상황이 무섭고 무지하여 동생한테 대신 협의해달라고 부탁했다고 한다. 이때까지 통화한 사람을 채무자라고 철석같이 믿고 협상을 진행했던 터라 당황스러웠다. 더 당황스러운 것은 본인은 동생에게 들은 내용도 없고 약속한 날짜에 맞춰 이사를 나갈 수도 없다며 버틴다는 것이다. 그뿐만이 아니다. 채무자인 전남편과 계속 얽히는 것 자체가 스트레스라며 오히려 나에게 성질을 부리기까지 했다. 이제는 방법이 없다, 법대로 해결하는 수밖에……

모든 일이 술술 풀려 빠르게 끝나기를 바랐다. 하지만 이렇게 된 이상, 끝까지 가서 제대로 경험해보기로 마음먹고 용쌤과 양쌤에게 조언을 구하여 소송을 진행했다.

강제집행은 신청해둔 상태이고, 지금부터 진행할 소송은 점유이전금지가처분과 부당이득반환청구소송이었다. 채무자인 정○에게 모든 소송을 진행했고, 결과를 기다리던 중 법원으로부터 예상치 못한 연락을 받았다. 내가 진행한 모든 소송의 대상은 정○이나 실거주 중인 사람은 박○○이기 때문에 소송 대상+을 박○○으로 해야 한다는 것이었다.

✚소송 대상
강제집행과 점유이전금지가 처분은 실제 점유하고 있는 사람을 상대로 진행해야 하므로 실제 점유자를 확인해야 한다. 해당 부동산을 방문해서 우편물, 관리비 고지서, 공과금 고지서 등으로 확인해볼 수 있다.

다시 모든 피고를 박○○으로 변경하여 소송을 진행했고, 채무자와 실거주자를 협상 테이블로 끌어들이기 위해 노력했다. 그러던 중 드디어 채무자인 정○로부터 연락이 왔다. 양쌤이 직접 채무자와 협상했는데, 정해진 날짜에 이사를 나갈 테니 이사비 500만 원을 달라고 하는 것이었다. 하지만 난 그들이 약속을 지키지 않았기 때문에 이사비를 지급하고 싶은 생각이 없었다. 이를 양쌤에게 부탁했고 채무자에게 전달해서 최종 50만 원으로 합의했다.

물건지의 실내 모습

기다리고 기다리던, 낙찰받은 집 문이 열리는 날이다. 집에는 아직 치우지 않은 짐들과 쓰레기가 가득 차 있었고, 채무자는 처리할 수 없다는 입장이었다. 현장에 함께 와준 용쌤이 바로 유체동산포기각서+를 받았고, 미납공과금+이 있다는 사실을 듣고 이를 제하고 이사비를 지급함으로써 길고 긴 명도가 끝이 났다.

2022년 말 이른바 '빌라왕' 사건이 터지면서 부동산 시장이 얼어붙었다. 처음 계획했던 매도는 어렵다는 판단하에 전세를 맞추는 것으로 결정하고 진행했다. 전세 세입자도 구하기 어려울 거라고 말하는 사람들이 많았지만 지하철역에서 3분 거리, 넓은 평수, 깔끔한 인테리어 등 내 물건에 자신이 있었기에 당당하게 물건을 내놓았다. 집을 보러 온다는 연락은 수없이 받았지만 계약은 쉽게 되지 않았다. 그렇게 3주가 지난 뒤 계약을 원한다는 연락을 받았고, 공시지가 126%에 전세를 맞출 수 있었다.

+ **유체동산포기각서**
임차인, 점유자와 협의한 후 이사를 했어도 일부 짐을 놓고 가는 경우 또는 내부 짐들을 처리해달라고 요구하는 경우에 작성한다. 내부의 짐들에 대한 소유권을 주장하거나 중요한 물품을 잃어버렸다며 손해배상을 청구하는 사태를 미리 차단하기 위해서다.

+ **미납공과금**
가스·수도·전기가 해당하며 해당 지역 도시가스, 상하수도 사업소, 한국전력공사로 전화하면 미납공과금 액수와 납부 여부를 확인할 수 있다.

💲 경매로 돈 버는 투자자의 한 끗

꾸준히 협상을 진행했는데, 알고 보니 상대방이 엉뚱한 사람이었다는 사실을 알게 될 수도 있다. 그리 드문 일은 아니니 놀라거나 상심할 필요 없다. 배운 대로 협상과 절차를 동시에 차근차근 진행하면 된다.

낙찰자 ▸ 유근용, 박성찬(즐부, 라이프체인징 강사)

문을 열었더니
엄청난 쓰레기가!

반드시 받아야 하는 유체동산포기각서

경락대출이라는 말도 처음 듣고, 경매입찰도 할 줄 모르던 초보 시절의 이야기다. 몇 억이나 되는 돈을 사기당한 후 힘든 시간을 보내다 용쌤이 쓴 책 〈1일 1행의 기적〉을 읽고 그를 만나게 되었다. "지금부터 제가 도와드릴 테니 부동산 경공매를 제대로 공부하고 투자해보시죠. 사기당한 돈의 몇 배는 벌 수 있을 겁니다"라는 용쌤의 말이 굉장히 큰 위로가 되었다. 그 이후로 우린 정말 바쁘게 경매법정을 종횡무진하며 거의 매주 경매법정과 관련된 준비 업무와 실행 작업을 해내가고 있었다. 돈이 들어가지 않는 투자를 기본값으로 설정했기 때문에 최대한 싸게 낙찰받아야 했다.

이런 열정의 시기를 보내던 2019년 3월, 인천 마전동의 43평 아파트를 유찰 최저가에서 900만 원 더 쓴 1억 7,500만 원 정도에 낙찰받았다. 지금과 비교하면 정말 낮은 가격 아닌가? 20분 이내에 서울로 진입할 수 있는 지역의 43평 아파트가 1억 7,500만 원이라니……. 하지만 처음에는 이 아파트를 낙찰받을 생각이 없었다. 다른 물건에 입찰하러 인천지방법원에 갔는데 경매 정보지

해당 물건의 경매 정보

<table>
<tr><td colspan="2">인천지방법원 대법원바로가기 ⚲법원안내</td><td colspan="3">가로보기 세로보기 세로보기(2)</td></tr>
<tr><td colspan="2">2018 타경 ▨▨▨▨ (임의)</td><td colspan="2">매각기일 : 2019-03-11 10:00~ (월)</td><td>경매12계 032-▨▨▨</td></tr>
<tr><td>소재지</td><td colspan="5">(22632) 인천광역시 서구 ▨▨▨ ▨▨ ▨▨▨▨▨, ▨▨▨▨ ▨▨ ▨ ▨▨▨
[도로명] 인천광역시 서구 ▨▨▨ ▨▨▨▨▨</td></tr>
<tr><td>용도</td><td>아파트</td><td>채권자</td><td>광0000000</td><td>감정가</td><td>238,000,000원</td></tr>
<tr><td>대지권</td><td>70.4198㎡ (21.3평)</td><td>채무자</td><td>오00</td><td>최저가</td><td>(70%) 166,600,000원</td></tr>
<tr><td>전용면적</td><td>119.0162㎡ (36평)</td><td>소유자</td><td>오00</td><td>보증금</td><td>(10%)16,660,000원</td></tr>
<tr><td>사건접수</td><td>2018-07-20</td><td>매각대상</td><td>토지/건물일괄매각</td><td>청구금액</td><td>220,587,527원</td></tr>
<tr><td>입찰방법</td><td>기일입찰</td><td>배당종기일</td><td>2018-10-04</td><td>개시결정</td><td>2018-07-23</td></tr>
</table>

기일현황

회차	매각기일	최저매각금액	결과
신건	2019-01-30	238,000,000원	유찰
2차	2019-03-11	166,600,000원	매각
	▨▨▨/입찰2명/낙찰175,000,000원(74%) 2등 입찰가 : 168,879,980원		
	2019-03-18	매각결정기일	허가
	2019-04-18	대금지급기한 납부 (2019.04.01)	납부
	2019-05-22	배당기일	완료
	배당종결된 사건입니다.		

에서 이 물건을 발견했다. 임장도 가본 적이 없고 시세 파악도 해본 적이 없는 물건이었다. 하지만 인천까지 왔는데 하나만 입찰하기 아쉽다는 생각이 들었다. '최저가에서 조금 높인 가격으로 한번 입찰이나 해보자. 설마 낙찰되겠어?'라는 마음으로 입찰했는데, 원래 낙찰받으려 했던 물건은 패찰하고 이 물건을 낙찰받았다. 입찰자는 두 명이었고 2등과는 약 600만 원 차이가 났다.

낙찰을 받은 후 뒤늦게 해당 지역으로 가서 인근 공인중개사 사무소를 돌며 시세를 조사했다. 해당 아파트 관리실에도 들러 확인했는데 미납관리비 액수가 컸다. 이 모든 것을 미리 확인한 후에 입찰했어야 하는데……. 진짜 낙찰되리라고는 생각도 못 했기 때문에 조금 당황스러웠다.

이제 대출을 알아봐야 했다. 낙찰가 기준으로 대출을 해주는 곳도 있고 KB 시세를 기준으로 대출해주는 곳도 있었는데, 우리는 가능한 한 여러 은행을 알아본 뒤 1억 7,100만 원을 대출받았다. 낙찰을 받고 법원을 나서면 영업사원들이 주위를 둘러싸고 명함을 나눠주는데, 그곳들에 연락해서 가장 유리한 은행을 선택하면 된다.

용쌤과 함께 현장으로 향하면서 문을 어떻게 열지 궁리했다. 내부의 짐은 함부로 옮기면 안 되고, 소유권이전을 완료하지 않은 상황에서는 강제 개문을 할 수도 없기 때문에 방법을 찾아야 했다. 다행히도 집에 있던 아주머니가 문을 열어줬다. 우리가 명도 과정과 이후의 처리 과정을 설명하는데, 아주머니는 두려움이 가득한 얼굴이었다. 그러면서 미납관리비도 낼 수 없는 형편이라고 말했다. 그렇게 이야기를 나누는 도중 집 안 풍경이 눈에 들어왔다.

싱크대는 물이 터져 있고, 화장실 두 개는 썩어 있었으며, 강마루는 파여 있고, 20년간 거주하며 쌓인 짐들이 멋대로 널브러져 있었다. 한 가정의 파산 이후 모습, 가족이 뿔뿔이 흩어진 사정을 유추해볼 수 있는 풍경이었다. 귀신이라도 나올 것 같았다. 이런 곳에서 1년여 동안 불안하게 쪽잠을 청했을 한 가정의 나이 든 안주인을 보고 있자니 마음이 아팠다. 무리한 빚으로 일으킨 사업은 노후의 삶을 황폐하게 한다는 교훈도 마음에 깊이 새겼다.

그래도 현실의 사건은 시간의 흐름에 맞춰 흘러간다. 비밀번호를 받고, 마스터키도 하나 건네받았다. 이제 잔금 전까지 집을 잘 수리해서 팔거나 세를 줄 수 있게 됐다. 집의 소유주는 장남으로 되어 있었는데, 지난 법률 서류상에서 전화번호를 찾아내 전화를 걸었다(관련 내용은 372쪽 참고). 오래 통화하고 싶어 하지 않는 날카로운 목소리였다. 사정을 설명하고, 우리는 짐을 함부로 옮길 수 없으니 빨리 처리해줄 수 없겠느냐고 물었다. 그는 이 집과 관련된 문제로 너무 고생했고 가족을 뿔뿔이 흩어지게 한 아버지에 대한 원망이 가득해서, 그 집을 다시 보기도 싫다고 했다.

이제 가장 큰 문제는 쓰레기 처리였다. 우리는 두 가지 선택을 할 수 있었다.

물건지의 실내 모습

첫째, 유체동산포기각서를 받고 우리가 처리한다.

둘째, 채무자가 계속 나 몰라라 한다면 강제집행을 통해 폐기물들을 유체동산경매✦로 넘긴 후 우리가 다시 낙찰받아 폐기 처리한다.

✛유체동산경매
유체동산(有體動産)은 동산
을 가리키는 옛 법률 용어로,
부동산과 대비해 움직일 수
있는 재산을 의미한다. 집이
나 사무실의 가구, 가전제품,
비품, 집기 등이 그 예다. 유
체동산경매는 미납된 채무
를 회수하기 위해 채권자가
채무자의 유체동산을 압류
하는 절차를 말한다.

두 번째 상황으로 간다면 우리에겐 최악이었다. 쓰레기 양이 엄청나서 비용이 얼마나 들지 감이 잡히지 않았기 때문이다. 게다가 아무짝에도 쓸모없는 폐기물들을 유체동산경매 진행 후 낙찰될 때까지 최소 3개월 동안 물류창고에 보관해야 한다. 그 비용 또한 한 달에 최소 70만 원(컨테이너 두 대 물량)이다. 채무자는 전화를 계속 피했고, 우리는 돈을 아끼기 위해서는 끈질기게 전화를 해야 하는 상황이었다.

간청도 해보고 약간의 협박성 멘트, 즉 폐기물 처리에 대한 모든 비용을 끝까지 채무자에게 청구하겠다는 내용을 전하며 유체동산포기각서를 받기 위해 고군분투했다. 몇 번의 줄다리기 끝에 채무자는 모든 쓰레기와 짐들의 처분 권한을 위임하고, 포기하겠다는 각서에 서명했다. 우리는 그 대신 미납관리비를 모두 납부해주기로 했다. 채무자는 앞으로 더는 연락을 받고 싶지 않다는 말과 함께 유체동산포기각서를 작성해주었다.

만약 채무자가 유체동산포기각서를 써주지 않았다면 어떻게 됐을까? 일단 채무자의 허락 없이 유체동산을 임의로 처분할 수는 없다. 내 맘대로 버렸다간 형사 처벌을 받을 수 있다. 결국 집을 수리하려면 짐을 모두 빼야 하니 울며 겨자 먹기로 강제집행을 하여 유체동산경매까지 진행해야 했을 것이다. 그러자면 시간과 돈이 추가로 들어가는데, 이 과정에서 들어간 모든 비용은 채무자에게 청구할 수 있다. 이런 사실을 알리면 채무자는 이전보다는 좀 더 적극적으로 협의에 응한다.

43평에서 나온 20년간의 짐은 그 가정의 모든 추억을 반영하고 있었다. 사진과 앨범, 메모, 보험증서들, 업무 서류, 옷가지, 자녀들의 어린 시절부터 성

인기까지의 변화를 볼 수 있는 문구류, 가정불화의 흔적이 담긴 한쪽 문이 떨어져 나간 냉장고와 파괴된 싱크대……. 이 모든 짐을 처리하고, 부서지고 고장 난 곳을 철거하고 수리하는 데 400만 원이 들었고 이틀이 걸렸다. 밀린 관리비는 600만 원 정도였는데 공용부만 인수한다는 법조문을 들고 가서 합의했고, 절반 정도만 부담했다. 명도할 때의 이사비보다 더 많은 돈이 들었지만, 강제 개문을 하지 않고 바로 명도할 수 있었던 것만으로도 행운이라고 생각하며 마음을 달랬다.

　인테리어를 하는 데는 1,500만 원이 들어갔다. 43평을 수리하는 비용으로는 저렴한 편이다. 화장실 두 개를 완전히 수리하고, 바닥재를 다 갈고, 싱크대와 보일러를 교체하는 비용까지 포함됐으니 최저가에 수리한 셈이다. 용쌤의 아버지께서 수고해주신 덕분이다. 지방 아파트를 낙찰받아 누수 공사를 할 때도 직접 가셔서 비용을 절약해주셨다. 경매 투자를 할 때 인테리어 전문가가 곁에 있다는 것은 매우 중요한 경쟁 우위라는 생각이 든다.

　매매·전세·월세 중 가장 빠른 것으로 맞춰달라고 부동산에 의뢰했는데, 내놓은 당일 신혼부부가 수리된 상태를 보고 바로 계약하고 싶다고 했다. 보증금

인테리어 완료 후 모습

2,000만 원, 월 60만 원에 계약을 마치고 나니, 대출 이자를 내고도 20만 원이 남았다. 400만 원 투자해서 매달 20만 원을 남기는, 수익률 50%의 무피에 가까운 투자를 할 수 있었다.

비용이 많이 든 것이 아니기 때문에 팔지 않고 계속 보유하면 어떨까 생각해 보기도 했다. 그렇지만 이때는 수익보다 여러 번의 매매를 통해 경험을 쌓고 지식을 확장하는 것이 목표였기 때문에 다시금 바쁘게 움직이기로 했다. 매수자가 나타나자 2억 1,500만 원에 매도했다. 1년이 지나기 전에 매도했기에 세금도 많았고 들어간 비용 대비 수익이 크지 않았다. 임대사업자로 두고 계속 가져갔다면 오히려 더 나았을 것이다. 투자금 대비 50% 수익이 난다면 굳이 팔지 않아도 되기 때문이다. 투자는 항상 아쉬움과 뿌듯함이라는 감정을 반복하면서 근육을 다져가고, 그 근육들이 모여 성공을 만들어내는 것 같다.

💰 경매로 돈 버는 투자자의 한 끗

처음 문을 열고 집 내부를 살펴봤을 때 엄청난 쓰레기를 접하고 입이 다물어지지 않았다. 눈앞이 캄캄했다. 하지만 경매·공매로 낙찰받은 후 해결하지 못할 문제란 없다. 오히려 아무도 손을 못 대고 해결하기 어려워하는 일들을 낙찰자만이 해결할 수 있는 경우가 대부분이다. 경매와 공매 낙찰을 통해 지저분하게 얽혀 있는 권리들을 깔끔하게 정리할 수 있고, 상품성이 하락한 물건들도 새롭게 재탄생시켜 가치를 높일 수 있다. 경매·공매의 순기능을 익힌다면 해결사로서의 역할을 충분히 해낼 수 있을 것이다.

경매를 인정하지 못하는 최악의 점유자

어떤 상황이라도 정해진 절차로 풀 수 있다는 믿음

2023년 1월 의정부역과 가능역 사이의 빌라를 낙찰받았다. 감정가는 1억 3,800만 원이었고 1회 유찰되어 9,660만 원까지 떨어진 상태였다. 특수물건이 아닌 일반물건이라 초보인 내가 경매로 첫 경험을 해보기에 딱인 물건이었다. 초보자의 눈이라 그런지 깨끗해 보였고, 엘리베이터도 있고 주차 공간도 여유로워서 무척 마음에 들었다.

일단 현관문 앞까지 가봤는데 TV 소리가 들려 안에 사람이 사는구나 정도만 생각하고 입찰했다. 드디어 입찰 당일! 떨리는 마음으로 입찰 서류를 제출하고 결과를 기다리고 있는데 내 이름이 불렸다. 입찰자는 총 아홉 명으로, 여덟 명의 경쟁자를 물리치고 낙찰받은 것이다. 첫 낙찰이라 정말 심장이 터지는 줄 알았다. 낙찰영수증을 받고 바로 물건지로 향했다. 배운 대로 메모지에 연락처를 써서 문에 붙이고 왔지만 끝내 연락은 오지 않았다.

며칠 후 사건기록열람+을 위해 의정부지방법원에 다녀왔다. 서류를 보고 알아낸 번호로 연락을 해봤지만 잘못 걸었다고 했다. 채무액이 크지 않고 배

해당 물건의 경매 정보

2021 타경 ▓▓▓▓ (강제) 2021타경		매각기일 : 2023-01-31 10:30~ (화)			경매10계 031-▓▓-▓▓▓▓
소재지	(11664) 경기도 의정부시 ▓▓▓▓▓▓▓▓▓▓▓▓▓ [도로명] 경기도 의정부시 ▓▓▓▓▓▓▓▓▓▓▓				
용도	다세대(빌라)	채권자	우000	감정가	138,000,000원
대지권	15.36㎡ (4.65평)	채무자	김00	최저가	(70%) 96,600,000원
전용면적	31.57㎡ (9.55평)	소유자	김00	보증금	(10%) 9,660,000원
사건접수	2021-11-26	매각대상	토지/건물일괄매각	청구금액	3,512,478원
입찰방법	기일입찰	배당종기일	2022-02-14	개시결정	2021-11-29

기일현황

회차	매각기일	최저매각금액	결과
신건	2022-12-13	138,000,000원	유찰
2차	2023-01-31	96,600,000원	매각
▓▓▓▓/입찰9명/낙찰122,999,900원(89%)			
	2023-02-07	매각결정기일	허가
	2023-03-17	대금지급기한 납부(2023.03.06)	납부
	2023-04-19	배당기일	완료
배당종결된 사건입니다.			

감정평가현황 ▶ ▓▓▓▓ . 가격시점 : 2021-12-06   지도 지도 감정평가서

당을 받는 상황이었기 때문에 쉽게 연락이 닿을 줄 알았는데 점유자의 개인 연락처를 알아내기가 쉽지 않았다.

다시 현장에 가는 길에 이웃집 주민을 만나게 되어 물어보니 국가유공자인 아버지와 딸이 산다고 했다. 관리비도 미납하고 문제가 많아서 얼른 다른 사람이 이사 왔으면 좋겠다면서 여러 가지 이야기를 해줬다.

낙찰받은 집 문 앞에 가보니 TV 소리가 나서 초인종을 눌렀는데 대답이 없었다. 그 후 TV 소리가 안 나 조용해졌지만 안에 사람이 있다는 확신에 벨을 또 눌렀다. 도와 드리려고 왔다고, 나와서 대화하자고 한 후 조금 기다렸더니 남자가 문을 열었다. 다리가 좀 불편하신 것 같아 진심으로 안쓰러워 정말 도와드리고 싶다고 말했다. 그러

➕ **사건기록열람**

점유자 또는 임차인의 연락처를 알아야 할 때 신청한다. 연락처를 알아야 그들과 협의·협상을 해서 언제 이사를 나갈지, 앞으로는 어떻게 하고 싶은지, 재계약을 할 의사가 있는지 등을 확인할 수 있기 때문이다. 사건기록을 열람하려면 재판기록열람, 복사 신청서 양식과 500원짜리 수입인지, 신분증을 준비하여 해당 경매계에 제출해도 좋고 전자소송사이트에서도 열람이 가능하다(372쪽 참고).

자 "내가 국가유공자라 집에 총과 폭탄이 있어. 이 집에 해코지하면 총과 폭탄을 터뜨릴 거야!"라고 소리를 질렀다. 일단은 물러나야겠다 싶어서 "받으실 돈이 있으니 소리만 지르지 마시고 따님한테 제 전화번호를 꼭 전해주세요"라고 하고는 돌아왔다.

저녁에 점유자한테 전화가 와서 좋게 대화를 하려고 했으나, 아버지와 마찬가지로 소리소리 지르며 어쩌자는 거냐고 난리를 쳤다. 본인이 경매 취소했는데 무슨 소리냐며, 가만있지 않겠다고 했다. 도저히 대화하기가 어렵다고 판단하여 일단 잔금을 치르고, 소유권이전 즉시 인도명령을 신청한 후 바로 내용증명을 보냈다. 하지만 예상대로 반응이 없었고, 계고까지 가겠구나 하는 생각이 들었다.

계고 날짜가 잡혀 집행관들과 물건지에서 만나 초인종을 눌렀는데, 또 무시할 줄 알았던 점유자가 문을 열었다. 법원에서 왔다고 하니 얼굴을 비친 것이다.

집행관이 서류를 내밀며 이 날짜까지 안 나가면 강제집행을 실시한다고 통보하니, 점유자는 받자마자 소리를 지르면서 찢어버렸다. 그냥 경매 자체를 인정하지 못하는 상황으로 보였다. 집행관들은 더 이상 관여하기 싫은지 둘이서 해결하라며 부랴부랴 떠났다. 그러자 점유자가 함께 경찰서로 가자면서 따라오라고 했다.

바로 옆이 의정부경찰서였고, 나로서도 꺼릴 게 없으니 그냥 따라갔다. 점유자는 경찰서 정문에서부터 눈에 보이는 사람들을 향해 같은 말을 반복했다. 경매를 취하했는데 이 사람이 사기 쳐서 자기 집을 가져가려고 한다고 말이다. 안쓰럽기도 하고 어찌해야 하나 싶었다. 이미 경찰서에서도 유명 인사로 통했다. 경찰들이 그냥 얘기 들어주고, 알겠으니 일단 집으로 가시라고 하는데도 계속 하소연을 했다. 사업이 망했다고 하던데 그 때문에 정신적으로 불안해진 것 같았다.

그리고 열흘 후쯤 문자 한 통이 날아들었다.

> [Web발신]
>
> 귀하의 사건(의정부 지방검찰청 2023 형제 ○○○호) 처분결과를 알려 드립니다. 자세한 사항은 형사사법포털 사이트(www.kics.go.kr)에서 확인하실 수 있습니다.
>
> — 사기: 타관이송(경기의정부경찰서)

사기! 점유자가 사기로 나를 고소한 것이다. 의정부경찰서에 전화해보니 타관이송이고, 어차피 고소는 제기되면 받아줄 수밖에 없는 것이니 그냥 있으라고 했다. 이후 사기로 고소됐다는 내용의 문서가 집으로도 왔다.

'정말 이분 잠옷 입고 강제집행 당하지 않을까?' 하고 걱정했는데 내 예상이 맞았다. 강제집행까지는 가고 싶지 않아 연락하고 찾아가고를 반복했지만, 내

낙찰자를 사기로 고소한 문서

피 의 사 건 결 정 결 과 통 지 서

███ 에 대한 사기 피의사건에 관하여 아래와 같이 결정하였으므로 알려드립니다.

2023 년 04 월 13 일
의정부지방검찰청
검사 ███ ███ ███

사 건 번 호	2023 년 형제 ████ 호
결 정 일 자	2023 년 04 월 12 일

결 정 죄 명	결 정 결 과
사기	타관이송(경기의정부경찰서)

물건지의 강제집행 모습

말을 듣기는커녕 사기꾼 취급만 할 뿐이었다. 더 이상 대화로 풀기는 어렵다고 판단해 절차대로 강제집행을 진행했다.

강제집행 날 점유자는 정말로 잠옷바람이었고, 집행관들이 짐을 빼는 와중에도 아버지만 집에 두고 경찰서에 가서 경찰과 형사들을 데리고 왔다. 그때까지도 경매를 인정하지 못한 것이다. 답답하기도 하고 불쌍하기도 하면서 여러 가지 감정이 들었다. '배당받아서 집 빨리 구하면 되는데……' 배당도 거부한 사람이다.

짐이 거의 빠질 무렵, 집 앞이 시끄러웠다. 가만 보니 아버지가 딸에게 소리를 지르고 있었다.

"아니, 집이 경매로 넘어갔으면 넘어갔다고 말을 해야 할 것 아니냐. 배당인가 뭔가 받아 가라고 법원에서 연락도 했다며! 도대체 오늘까지 뭐 하고 있다가 길바닥에 나앉게 만든 거야!"

얼마 안 되는 채무액이었는데 딸의 무지와 고집이 이 상황을 초래한 것 같아 너무 안타까웠다.

강제집행 후 3개월이 지나 유체동산경매를 진행 중인데, 생활은 이어가야 하니 짐을 찾아갈 줄 알았으나 연락 한번 없었다. 법원에 여러 번 확인했는데, 다행히 나중에 배당은 받아 갔다고 한다. 해당 물건은 명도 완료 후 수리를 거쳐 빠르게 매도하려고 했지만, 전국적으로 빌라 거래가 침체돼서 현재는 세를 주고 있다.

> ### 💲 경매로 돈 버는 투자자의 한 끗
>
> 경매를 하다 보면 다양한 사람들을 만나 제각각의 사연을 접하게 된다. 낙찰받고 이해관계인을 만나기 전까지 어떤 상황이 벌어질지 누구도 알 수 없다. 모든 일이 내 뜻대로 흘러가지는 않는다. 경매를 하겠다고 마음먹었다면 항상 최악의 상황을 생각하고 움직이는 것이 좋다. 사기죄로 고소까지 당할 줄 누가 알았겠는가. 중요한 건 법은 낙찰자의 편이라는 것이다. 법의 테두리 안에서 정해진 절차에 따라 인도명령 및 강제집행, 유체동산경매를 진행한다면 어떤 문제도 생기지 않는다. 무턱대고 모든 일이 잘 풀리리라고 기대하지 말고, 어떤 문제도 모두 풀 수 있다는 생각으로 경매·공매에 접근하기를 바란다.

명도에 감정이 개입하면 생기는 일

점유자와 임대차계약 맺은 후 명도하는 법

2018년, 인천시 남구 주안동에 있는 전용면적 10평 남짓의 빌라를 낙찰받았다. 이 물건을 통해 강제집행, 명도소송을 처음으로 경험했다. 개발 가능성이 크다는 이야기를 듣고 입찰했는데, 남들도 같은 생각인지 입찰자가 다섯 명이나 됐다. 3,379만 200원을 써냈는데, 2등과 29만 200원 차이로 낙찰됐다. 금액 차이가 매우 적어서 낙찰의 기쁨이 컸다.

처음 낙찰받고 물건지를 방문했던 날이 생생히 기억난다. 점유자는 매우 점잖은 사람이었다. 본인 집이고 경매로 넘어가게 됐다면서 아들이 고3이라 아직은 이사를 안 했으면 한다고 이야기했다. 나도 학생들을 가르치는 입장인지라 마음이 약해졌다. 원래 계획은 명도 협의를 잘 마치고 깨끗하게 인테리어를 한 뒤 전세 세입자를 구해 다음 투자를 위한 목돈을 마련하는 것이었다. 1년만이라도 본인이 월세로 살게 해주면 안 되겠냐고 이야기했다. 나는 약한 마음에 주변 시세보다 저렴하게 월세계약을 약속했다. '고3 아들이 있다는데…. 1년 뒤에 인테리어하고 그때 전세를 구해야지' 생각했다.

인천지방법원	대법원바로가기	법원안내			가로보기 세로보기 세로보기(2)	
2017 타경 ▨▨▨▨ (임의)		매각기일 : 2018-07-05 10:00~ (목)			경매3계 032-▨▨-▨▨	
소재지	(22239) 인천광역시 남구 ▨▨▨, ▨▨▨ 4층 ▨▨▨▨호, 제이동, 지하2층호 ▨▨호 [▨▨▨▨▨▨▨▨▨▨호 ▨▨▨] [도로명] 인천광역시 남구 ▨▨▨▨ ▨▨, ▨▨▨ ▨▨▨▨ ▨▨▨▨ ▨▨호					
용도	다세대(빌라)	채권자	국〇〇〇	감정가		50,000,000원
대지권	22.83㎡ (6.91평)	채무자	이〇〇	최저가		(49%) 24,500,000원
전용면적	34.83㎡ (10.54평)	소유자	이〇〇	보증금		(10%) 2,450,000원
사건접수	2017-04-11	매각대상	토지/건물일괄매각	청구금액		20,689,807원
입찰방법	기일입찰	배당종기일	2017-06-19	개시결정		2017-04-12

기일현황 ▾간략보기

회차	매각기일	최저매각금액	결과
신건	2018-04-16	50,000,000원	유찰
2차	2018-05-23	35,000,000원	유찰
3차	2018-07-05	24,500,000원	매각
▨▨▨/입찰5명/낙찰33,790,200원(68%) 2등 입찰가 : 33,500,000원			
	2018-07-12	매각결정기일	허가
	2018-08-13	대금지급기한 납부 (2018.08.03)	납부
	2018-08-30	배당기일	완료
배당종결된 사건입니다.			

주변 시세는 보증금 500만 원에 월 35만 원 정도였는데 보증금 200만 원에 월 30만 원으로 월세를 주기로 했다. 그리고 보증금 200만 원은 지금 없으니 60만 원만 주고 다음 달에 차액을 주겠다는 조건 역시 수락했다. 그러나 지금 와서 생각해보면 감정적으로 이해하고 양보하는 것은 옳지 않았다. 정확한 것이 오히려 좋은 결과를 만든다는 것을 알게 됐다.

한 달이 지나 보증금 차액 140만 원과 첫 달 월세를 주기로 한 날이 됐다. 입금이 되지 않았다. 전화를 해봤는데 역시나 받지 않았다. 이때 무엇인가 잘못됐음을 직감했다. 전화를 계속 받지 않으니 문자를 남겼다.

'약속한 날짜가 됐습니다. 입금 부탁드립니다.'

답변이 오지 않았다. 정말 답답하고 속상했다. 방법을 모르니 계속 문자 보내고 전화를 했다. 문제를 해결할 방법을 찾아야 했는데, 당시 나는 미련하게도 이렇게 연락하는 방법 말고는 알지 못했다. 물론 찾아도 가봤다. 문을 두드

려도 나오지 않았고 인기척도 느껴지지 않았다.

　더는 기다릴 수 없어서 월세를 내지 않는 세입자를 어떻게 해야 하는지 인터넷을 찾아보고 공부하기 시작했다. 경매로 집을 낙찰받았고 채무자가 그대로 살기로 해서 월세계약을 했으나 월세를 지급하지 않을 경우에는 명도소송을 해야 한다는 것을 알게 됐다. 보통 경매로 낙찰받은 집은 인도명령과 강제집행을 통해 채무자를 내보낼 수 있지만, 나는 채무자와 월세계약을 맺었기 때문에 인도명령은 할 수 없다. 계약을 이행하지 않았다고 집주인이 마음대로 세입자를 내보내는 것은 불가능하다. 주거 안정을 위한 보호 정책이 있기 때문에 법적 근거 없이 세입자를 강제퇴거시킬 수 없다. 소송을 통해 내보내는 것이 임대인이 할 수 있는 최선의 방법인 것이다. 이제 세입자를 강제퇴거시켜야 하는데 혼자서는 할 엄두가 나지 않았다. 결국 법무법인을 통해 소송을 시작했는데, 비용이 생각보다 컸다. 속이 타들어 갔다.

　인생 첫 내용증명을 쓰고, 인생 첫 고소장을 작성했다. 나는 좋은 마음으로 여러 가지를 배려했는데 연락을 딱 끊어버린 세입자가 너무나 미웠다. 소송의 판결이 나고, 강제집행일이 잡혔다. 이 과정은 기다림과의 싸움이다. 매달 대출 이자가 나가는 날이면 속이 쓰렸던 기억이 난다. 재산세도 납부하고 이자도 매달 내는데, 연락조차 없는 세입자가 너무나 원망스러웠다.

　강제집행일이 정해졌다. 나는 마지막으로 문자를 보냈다.

'○월 ○○일, 강제집행이 진행됩니다.'

　절대 답장이 없고 전화도 받지 않던 세입자한테서 갑자기 전화가 왔다. 울리는 전화벨 소리에 깜짝 놀랐고 복합적인 감정이 올라왔지만 꾹 누르고 전화를 받았다.

"여보세요?"

"야, 이 ×××야! 너 ○○○아파트 살지? 내가 너 죽이고 나도 죽는다. 이 ××
×야!"

살면서 처음 들어보는 욕설들과 살해 협박을 듣고 겁에 질려 전화를 끊었
다. 지금도 생각하면 너무나 무섭다. 그날 저녁 집에 가는 길에 주변을 계속
살폈다. 무서웠고 공포에 떨며 집에 들어갔다.

강제집행날이 됐다. 집행관과 인부 여덟 명, 참고인 세 명, 변호사 등 함께
가야 하는 인원이 정해졌다. 나는 너무 무서웠지만 함께 가겠다고 하고 방문
했다. 변호사가 옆에서 잘 지켜줄 테니 걱정하지 말라고 했다.

도착했더니 세입자(전 주인)는 미리 이사 준비를 하고 있었다. 나를 보더니
무거운 냉장고와 같은 것들은 인부들을 써서 옮겨줄 수 없냐고 부탁했다. 그
러고는 그동안의 일을 사과하기 시작했다. 너무 힘들었다며 눈물까지 흘렸다.

물건지의 강제집행 모습

이때의 감정을 묘사할 자신이 없다.

'내가 사람을 이렇게 미워했던 적이 있던가? 안쓰러운데도 원망스러울 수 있구나.'

이렇게 지나갈 것을 왜 나는 모든 에너지를 여기에 쏟았을까. 허탈하고 원망스러웠으며, 안타깝고 화가 났다. 허탈, 원망, 분노, 얄미움, 안쓰러움이 한꺼번에 몰아치는, 태어나 처음 겪는 감정이었다. 나를 인간으로서도 성장시켜주는 경험이었다고 생각한다.

이 빌라는 명도 후 수리를 하려는 과정에서 매도했다. 공인중개사 사무소에서 연락이 왔고, 이 물건에 이미 지칠 대로 지쳐버린 나는 당장 팔겠다고 했다. 매매가는 3,800만 원이었다.

마음고생이 컸고 차액이 적다는 점을 생각하면 성과가 크다고 보긴 어렵지만, 나에겐 경험이라는 값진 선물을 안겨준 투자였다. 가장 어려운 경매를 마치고 나니 그다음부터는 용기가 생기고 더 어려운 경매에도 자신감이 생겼다.

💰 경매로 돈 버는 투자자의 한 끗

이 경매를 통해 많은 것을 배웠다. 내용증명 보내는 법, 소송하는 법, 명도소송과 강제집행 과정을 배웠고 아무리 심각한 문제도 해결할 방법이 있다는 것을 배웠다. 그리고 무엇보다 경매는 감정으로 하는 것이 아니라는 걸 배웠다. 경매에서 명도는 거의 불가피하게 따라온다. 가장 힘들었던 명도를 진행하고 나니 그 이후의 명도는 어렵다고 느낀 적이 없었다. 결국 해결된다는 것을 알게 됐기 때문일 것이다.

3장

소유자가 두 명 이상일 때
공유물분할청구소송

아찔했던 분묘 토지
낙찰의 경험

경매로 넘기기보다 협상으로 매도할 것

용쌤의 지분물건 강의를 듣고 뭐라도 입찰해서 경험해봐야겠다고 생각했다. 일단 처음에는 리스크를 조금이라도 줄이기 위해 비교적 저렴한 임야묘지물건을 중점적으로 찾아보기로 했다. 전·답은 농취증 발급 심사가 엄격해졌으니 임야로 한정한 것이다.

검색 중 임야이고 지상에 분묘가 있는 2분의 1 공유지분물건을 발견했다. 감정료 427만 5,000원이고 2회 유찰되어 최저가가 209만 5,000원이었다. 재매각된 물건으로, 보증금은 41만 9,000원이었다.

경매정보지에 올라온 현장 모습

물건명세서상 분묘는 화려하진 않았지만 웬만큼 관리가 되고 있는 것으로 보여 '누군가에게는 꽤 소중한 토지겠구나' 생각했다. 이 물건에는 공유자가 한 명 있었는데, 내가

해당 물건의 경매 정보

입찰하려는 토지는 상속등기가 마쳐지지 않아 공유자우선매수는 할 수 없는 상태였다. 현물분할이 가능하기에 현물분할 가능성에 대해서도 조사해봤다. 묘지 부분만 따로 현물분할을 주장할 수도 있다면 공유자나 분묘 수호자들에게 매도한다는 계획이 무산되고 만다. 시청 주무관에게 문의하여 더는 분필+될 수 없는 땅이라는 사실을 확인받고 입찰하기로 마음먹었다.

첫 입찰인 데다 혹시 협상이 잘 안되면 어떡하나 걱정도 많이 됐지만, 경험을 쌓자는 생각으로 입찰을 결심했다. 입찰 직전까지 입찰가를 얼마로 적을까 무척 고민이 됐다. 양쌤과 용쌤에게 조언을 구해 270만 원가량으로 정

+ 분필(토지분할)
지적공부에 등록된 1필지를 2필지 이상으로 나누는 것을 말한다. 건축물이 있는 토지의 최소분할면적과 건축물이 없는 토지의 최소분할면적이 다르므로, 세부면적은 해당 지자체 토지정보과 지적팀에 문의하는 것이 바람직하다.

했지만, 막상 경매법정에 도착하니 꼭 낙찰받아야겠다는 욕심이 생겨 290만 원을 적어내기로 했다. 입찰가를 조금 높여도 감정가보다 한참 낮으니 손해는 보지 않겠지 생각했다.

안성시는 평택지원 관할이라 아침 일찍 평택지원으로 향했다. 평택지원 건물을 리모델링 중인지 여기저기 공사를 하고 있었고, 컨테이너 같은 건물을 입찰법정으로 쓰고 있었다. 관심이 집중된 물건의 입찰기일이었는지 사람들이 너무도 많았다. 내 사건의 최고가매수인을 호명하기까지 몇 시간이나 걸렸다.

드디어 내 물건의 차례가 왔고 최고가매수인을 호명하는데 가슴이 두근두근했다. 드디어 내 이름이 불렸다. 1등이었다! 그런데 갑자기 공유자라는 사람이 나타나 공유자우선매수를 하겠다고 밝혔다. 내가 파악한 바로는 공유자가 없었기에 당황스러웠다. 사실 그는 내가 파악한 것과 같이 공유자가 아니었고, 나머지 2분의 1 지분권자의 아들 김○○였다. 공유자가 아니기 때문에 공유자우선매수는 할 수 없었다. 어쨌든 그 사람이 경매법정에 왔다는 것은 그 땅에 대한 애정이 있음을 보여준 것 아니겠는가. 그 사람의 연락처를 받아 들고 경매법정을 나왔다.

낙찰받은 임야를 길게 소유할 생각은 없었고 필요로 하는 사람에게 바로 매도할 계획이었다. 그래서 김○○에게 잔금납부 포기 조건으로 협상을 하고자 했으나, 그는 일단 잔금부터 납부하고 등기를 한 후 이야기하자고 배짱을 부렸다. 그래서 나도 아쉬울 것 없다는 뉘앙스로 알겠다고 했다.

잔금을 납부하러 해당 경매계에 갔다(잔금납부 방법은 214쪽 참고). 관련 일을 하고 있어서 절차는 웬만큼 알고 있었으나 직접 하려니 조금 복잡했다. 은행, 경매계, 등기과를 몇 번 왔다 갔다 하며 법원 관련 일을 모두 마쳤다. 셀프등기까지 처리하려고 했지만, 하루에 모두 하기에는 역부족이었다. 지자체 공무원에

주요 등기사항 요약 (참고용)

[주 의 사 항]

본 주요 등기사항 요약은 증명서상에 말소되지 않은 사항을 간략히 요약한 것으로 증명서로서의 기능을 제공하지 않습니다.
실제 권리사항 파악을 위해서는 발급된 증명서를 필히 확인하시기 바랍니다.

고유번호 ▨▨▨ ▨▨▨ ▨▨▨▨

[토지] 경기도 안성시 ▨▨▨ ▨▨▨ ▨▨▨ 임야 173㎡

1. 소유지분현황 (갑구)

등기명의인	(주민)등록번호	최종지분	주 소	순위번호
김▨▨ (공유자)		2분의 1	서울특별시 성북구 ▨▨▨ ▨▨▨	1
김▨▨ (공유자)		2분의 1	서울특별시 성북구 ▨▨▨ ▨▨▨	1

게 연락하여 위택스에서 내야 할 세금에 대한 안내를 받고, 양쌤에게 관련 서류 양식을 받아 작성하여 법원 경매계로 등기로 송부했다(셀프등기 방법은 448쪽 참고). 드디어 2023년 5월 8일, 내 이름으로 등기가 됐다.

김○○와 매도 협상을 시작했다. 등기까지 마쳐 2분의 1에 대한 온전한 소유자가 됐기 때문에 당당하게 협상을 했다. 그런데 아뿔싸! 그가 분묘기지권✚을 주장하겠다고 했다. 내가 파악한바 분묘기지권 주장은 충분히 할 수 있는 물건이었다. 최악의 상황이었다. 만약 분묘기지권이 받아들여져 지료 납부로 결정된다면, 나는 매달 1만 원도 안 되는 돈밖에 받을 수 없다. 큰 면적의 땅도 아니었고 분묘가 여러 개 있는 것도 아니어서 지료가 무척 적었다. 290만 원에 낙찰받았으니 매달 1만 원씩 받으면 24년이 지나야 겨우 본전이다. 시간을 고려한다면 당연히 손해이고 말이다.

최악의 상황을 맞이해서 양쌤에게 도움을 요청했다. 조급함을 보이면 휘둘리기 마련이다. 우리도 당당하게 "그럼 평생 지료를 내세

✚ **분묘기지권**
타인의 토지에 분묘를 설치한 자가 그 분묘를 소유, 수호하기 위해 타인의 토지를 사용할 수 있는 권리를 말한다. 분묘기지권 성립 요건은 다음과 같다.
1. 토지 소유자의 승낙을 얻은 후 분묘를 설치한 경우
2. 자기 토지에 분묘를 설치한 후 분묘 이전 특약 없이 양도한 경우
3. 타인 토지에 승낙 없이 분묘를 설치한 후 20년간 평온, 공연하게 점유한 경우

요. 곧 공유물분할과 부당이득반환청구 소장을 제출하겠습니다"라고 맞받아 쳤다.

그렇게 말은 했지만, 고민이 많아졌다. 공유물분할청구소송을 하면 현물분할은 할 수 없고 가액배상과 경매 두 가지 방법만 남는다. 만약 경매의 방법으로 판결이 난다면 단 1회만 유찰돼도 마이너스가 된다. 공유물분할청구소송을 통한 경매보다는 협상으로 매도하는 것이 최고의 전략이었다.

김○○도 고민스럽기는 마찬가지였다. 간혹 전화해서 낙찰비용과 등기비용 정도 주고 매수하겠다는 의견을 비쳤다. 나도 마음은 조급했지만 배짱을 부렸다. 그렇게는 안 팔겠다고. 가끔 한 번씩 전화를 한다는 것도 그 땅을 필요로 한다는 방증이라고 생각했다.

협상에 진척이 없어 양쌤에게 도움을 요청했고, 양쌤이 협상을 이어나갔다. 매도 금액을 놓고 줄다리기를 했는데 김○○는 320만 원에 매수하길 원했고, 나는 최소 350만 원 이상으로 매도하길 원했다. 가격 협상 끝에 최종 345만 원에 매도하기로 하고 직장 근처 카페에서 만나서 매매계약서를 작성했다. 양쌤이 서식 등 여러 가지를 도와주서서 무사히 매도 완료했다.

> **실전Tip**
>
> **가격 협상의 꿀팁**
>
> 이 사례에서는 최초 낙찰금과 더불어 추가로 지출된 취득세, 등록세와 소유권이전 비용까지 이야기하면서 협상 가격을 조정할 수 있었다. 매도할 때 가격 협상에는 기술이 필요한데, 가장 중요한 팁은 처음에는 조금 높게 부르는 것이다. 상대방은 절대 처음 말한 가격에 매수하려고 하지 않는다. 조금이라도 더 깎으려고 하는 게 사람 마음이다. 이를 염두에 두고 받고 싶은 금액보다 조금 더 높게 부르는 전략으로 협의를 이끌어가길 권한다.
>
> 또 중요한 건 한 번에 많이 깎아주면 안 된다는 것이다. 400만 원을 제시한 후 380만 원, 360만 원, 그리고 최종적으로 345만 원을 이야기한 다음 더 이상 깎는 건 안 된다고 하면 된다. 이쪽에서 세 번이나 깎아준 것이기 때문에 상대방도 더 깎기는 미안해지는 상황이 된다.

💰 경매로 돈 버는 투자자의 한 끗

분묘가 있는 토지를 낙찰받을 때는 좀 더 세심히 분석해야 할 것 같다. 분묘가 소중한 사람이라면 그 분묘를 지키기 위해 내가 낙찰받은 땅을 사줄 가능성이 있지만, 분묘가 소중한 사람일지라도 분묘기지권을 주장한다면 고민스러운 상황이 생길 수 있다. 물론 분묘를 소중하게 생각하지 않는 가족을 만난다면 최악의 상황일 것이다.

분묘가 토지 전반에 걸쳐 있고 토지 지가가 높은 곳이라면 상대가 분묘기지권을 주장한다고 해도 높은 지료를 받을 수 있기 때문에 좋은 투자일 수도 있다. 하지만 작은 땅에 분묘가 한두 개 있고 분묘 수호자들이 분묘기지권을 주장한다면, 미미한 지료만을 받을 수밖에 없어 투자금이 묶일 수 있다. 또한 공유물분할을 할 경우 경매에 의한 분할 판결을 받는다면 분묘가 있어 감정가가 낮게 책정되고 여러 번 유찰될 가능성이 있다. 그러면 투자 원금을 회수하지 못할 수도 있으니 유의하자.

사례로 배우는 실전 투자 팁

✅ 농취증은 어떻게 발급받나요?

농취증은 '농지취득자격증명'을 줄여 이르는 말이다. 농지를 취득하고자 하는 자는 원칙적으로 농취증을 발급받아야 한다.

1. 일반 매매뿐만 아니라 경매와 공매로 농지를 취득하고자 하는 경우에도 무조건 받아야 한다.

2. 농취증 발급은 정부24에서 인터넷으로 신청하여 발급하거나 해당 지역 지자체 산업계 담당자에게 우편으로 접수하여 받을 수 있다.

3. 농취증은 토지를 구입할 때마다 건별로 신청해야 한다.

4. 경매를 통해 농지를 낙찰받았을 경우 매각허가기일까지 농취증을 제출(매각기일로부터 1주일)하지 못하면 입찰보증금은 몰수된다.

5. 발급에 걸리는 시간
   - 주말농장(관리지역): 4일
   - 일반적인 농지취득 또는 농업경영 계획서 작성(1,000m² 이상)이 필요한 농지취득일 경우: 6일
   - 농지위원회의 심의 대상인 경우: 14일

✅ 농지위원회 구성 및 심의 대상 농지는 무엇인가요?

1. 구성: 시·군·구(위원장 1인, 위원 8인), 읍·면(위원장 1인, 위원 7인), 위원 3분의 2 이상 참석, 과반수 의결

2. 심의 대상 농지
   - 토지거래허가구역 내 농지
   - 3인 이상 공동 농지취득
   - 농업법인의 농지취득
   - 외국인의 농지취득

- 취득 농지 소재지나 연접 시·군·구 내에 거주하지 않고 농지에서 30킬로미터 이상 떨어진 곳에 거주하는 자가 최초 농지를 취득하고자 할 때

기획부동산에 속아 산 토지의 공유자들과 협의하는 법 1

소송은 공유자와 소통하고 협의하는 통로

용쌤 강의를 들은 후, 어떤 물건에 입찰해야 소액으로 경매 사이클을 한 바퀴 돌려볼 수 있을까 고민하며 매일 새벽까지 두 눈 부릅뜨고 검색을 했다. 이미 전남 목포까지 왕복 여덟 시간을 오가며 입찰과 패찰을 경험하면서 에너지와 시간, 부대비용을 지출하는 상황이었다. 내가 정말 잘하고 있는 것인지, 뭔가를 잘못하거나 미흡한 사항이 있는 건 아닌지 불안감도 있었다. 그렇지만 교육을 들었으니 실전에 꼭 적용해보면서 나만의 방법을 만들고 싶었다. 반드시 나도 지분물건을 낙찰받아 형식적경매신청과 배당까지, 소송과 협상을 통해서 작은 수익이라도 경험하고 싶다는 생각이 강했다. 일단 수익이 나지 않더라도 반드시 모든 절차(소송, 협상)를 경험한다는 마음가짐으로 임했다.

새벽까지 물건을 검색하던 중 충남 서천에 있는 토지지분물건이 눈에 들어왔다. 감정가 706만 8,000원에서 5차까지 유찰됐는데, 한 차례는 낙찰자가 나왔으나 잔금이 미납돼 유찰 처리됐다고 한다. 6차에 입찰해서 399만 9,900원에 경쟁자 한 명을 물리치고 낙찰받았다.

해당 물건의 경매 정보

대전지방법원 홍성지원	대법원바로가기	법원안내			가로보기 세로보기 세로보기(2)
2021 타경 ▒▒▒▒ (강제)		매각기일 : 2022-03-15 10:00~ (화)			경매5계 041-▒▒▒-▒▒▒
소재지	충청남도 서천군 ▒▒▒ ▒▒▒ ▒▒▒ 외1필지				
용도	답	채권자	기OOOOO	감정가	7,068,000원
지분토지	33㎡ (9.98평)	채무자	김OO	최저가	(49%) 3,464,000원
건물면적		소유자	공OOOO	보증금	(10%)346,400원
제시외		매각대상	토지지분매각	청구금액	10,000,000원
입찰방법	기일입찰	배당종기일	2021-04-12	개시결정	2021-01-21

기일현황 ▽간략보기

회차	매각기일	최저매각금액	결과
신건	2021-06-29	7,068,000원	유찰
2차	2021-08-10	4,948,000원	유찰
	2021-09-14	3,464,000원	변경
신건	2021-10-19	7,068,000원	유찰
2차	2021-11-23	4,948,000원	매각
▒▒▒▒▒/입찰1명/낙찰6,010,000원(85%)			
	2021-11-30	매각결정기일	허가
	2021-12-30	대금지급기한	미납
2차	2022-02-08	4,948,000원	유찰
3차	2022-03-15	3,464,000원	매각
▒▒▒▒/입찰2명/낙찰3,999,900원(57%)			
	2022-03-22	매각결정기일	허가
	2022-04-21	대금지급기한 납부 (2022.04.04)	납부
	2022-05-18	배당기일	완료
배당종결된 사건입니다.			

　　집행관이 나와 다른 한 사람을 앞으로 부르고는 각자 작성한 입찰표를 보여주며 최고가매수인은 양진노 씨라고 말했다. 너무나 기뻤다. 옆에 서 있던 입찰자의 아쉬워하던 표정이 아직도 기억난다.

　　낙찰영수증을 받자마자 사진을 찍어서 용쌤에게 보냈다. 용쌤도 즉시 축하메시지를 보내줬다. 입찰법원에서 낙찰받은 토지의 물건지까지 내비게이션으로 확인해보니 40분 정도가 걸렸다. 즉시 출발해서 도착해보니, 토지 인근 밭에서 일하는 할머니가 계셨다.

　　"할머니, 저 토지는 누가 사용해요?"

　　"응. 그거 김말숙이가 사용하지. 그 땅은 내가 ○○○ 회사에 팔았어."

　　알고 보니 내가 낙찰받은 토지의 전전 소유자였다.

"아, 그러세요? 그럼 그 매매계약서 좀 보여주실 수 있어요?"

"어딨는지 몰러."

매매계약서를 볼 수 없어 아쉬웠지만, 토지의 스토리를 어느 정도는 파악할 수 있었다. 이 땅은 기획부동산이 작업한 토지인데 할머니가 기획부동산에 매도했고, 기획부동산은 불특정 다수에게 평당 무려 137만 원에 매도했고 공유자가 22명이었다.

여기에서 나의 실수를 발견했다. 공유자가 22명이라는 사실을 낙찰 후 알게 된 것이다. 경매지에 '103번지 외 1필지'라고 표시되어 있으니 103번지와 104번지, 즉 2필지가 경매로 나온 것인데, 나는 토지 등기부등본을 103번지만 확인한 것이다. 103번지의 공유자는 일곱 명이었고, 그래서 그렇게만 알고 있었다. 뒤늦게 토지 등기부등본을 확인해보니 동일 인원 제외하고 공유자가 22명이나 됐다. 현장 조사 후 집으로 돌아오는 길에 휴게소에서 밥을 먹는데, 밥이 입으로 넘어가는지 코로 넘어가는지 모를 정도였다. '하, 망했다!' 한숨이 절로 나왔다.

집에 들어서니 아내가 고개를 갸우뚱하며 물었다.

"아까는 낙찰받았다고 그렇게 좋아하더니, 지금 표정이 왜 그래?"

"뭐…… 그럴 일이 좀 있어."

그날은 잠까지 설쳐가며 어떻게 하면 좋을지 계속해서 고민했다. 잔금납부를 포기할까 생각도 해봤다. 하지만 결심했다. 이건 전시 상황이다. 이겨내야 한다. 극복해야 한다. 그렇게 굳게 마음을 먹고 소유권이전까지 셀프로 진행했다(셀프등기 방법은 448쪽 참고). 그리고 등기필증을 받자마자 공유물분할청구소송을 진행했다(공유물분할청구소송 신청 방법은 228쪽 참고).

용쌤 교육 내용을 토대로 열심히 소장을 작성해 접수한 후 여러 가지 보정

전자소송 사건 진행 내용

일자	내용	결과
2022.04.11	소장접수	
2022.04.11	원고 ▨▨ 접수증명	2022.04.11 발급
2022.04.18	피고1 ▨▨에게 소장부본/소송안내서/답변서요약표 송달	2022.04.20 도달
2022.04.18	피고2 ▨▨에게 소장부본/소송안내서/답변서요약표 송달	2022.04.19 도달
2022.04.18	피고3 ▨▨에게 소장부본/소송안내서/답변서요약표 송달	2022.04.21 도달
2022.04.18	피고4 ▨▨에게 소장부본/소송안내서/답변서요약표 송달	2022.04.19 도달
2022.04.18	피고5 ▨▨에게 소장부본/소송안내서/답변서요약표 송달	2022.04.19 도달
2022.04.18	피고6 ▨▨에게 소장부본/소송안내서/답변서요약표 송달	2022.04.20 도달
2022.04.18	피고7 ▨▨에게 소장부본/소송안내서/답변서요약표 송달	2022.04.21 도달
2022.04.18	피고8 ▨▨에게 소장부본/소송안내서/답변서요약표 송달	2022.04.21 도달
2022.04.18	피고9 ▨▨에게 소장부본/소송안내서/답변서요약표 송달	2022.04.21 폐문부재
2022.04.18	피고10 ▨에게 소장부본/소송안내서/답변서요약표 송달	2022.04.19 도달
2022.04.18	피고11 ▨▨에게 소장부본/소송안내서/답변서요약표 송달	2022.04.20 도달
2022.04.18	피고12 ▨▨에게 소장부본/소송안내서/답변서요약표 송달	2022.04.19 도달
2022.04.18	피고13 ▨▨에게 소장부본/소송안내서/답변서요약표 송달	2022.04.19 도달
2022.04.18	피고14 ▨▨에게 소장부본/소송안내서/답변서요약표 송달	2022.04.19 도달
2022.04.18	피고15 ▨▨에게 소장부본/소송안내서/답변서요약표 송달	2022.04.19 이사불명
2022.04.18	피고16 ▨▨에게 소장부본/소송안내서/답변서요약표 송달	2022.04.19 이사불명
2022.04.18	피고17 주식회사 ▨▨에게 소장부본/소송안내서/답변서요약표 송달	2022.04.20 수취인불명
2022.04.18	피고18 ▨▨에게 소장부본/소송안내서/답변서요약표 송달	2022.04.20 도달
2022.04.18	피고19 ▨▨에게 소장부본/소송안내서/답변서요약표 송달	2022.04.20 도달
2022.04.18	피고20 ▨▨에게 소장부본/소송안내서/답변서요약표 송달	2022.04.22 폐문부재
2022.04.18	피고21 ▨▨에게 소장부본/소송안내서/답변서요약표 송달	2022.04.20 도달
2022.04.18	피고22 ▨▨에게 소장부본/소송안내서/답변서요약표 송달	2022.04.22 폐문부재

명령을 거쳤다. 이윽고 소장이 모든 공유자에게 발송됐다. 얼마 후 피고 중 한
명에게 연락이 왔다.

"아니, 토지를 낙찰받았으면 가만히 갖고 계시면 되지 무슨 소송을 하고 그
래요?"

"네, 지분으로 나온 토지가 매우 저렴해서 낙찰받았어요. 기존 공유자들과 대화를 하고 싶은데, 연락처도 모르고 등기부등본에 표시되어 있는 주소에 거주하고 계신지도 불투명해서 부득이하게 소를 제기했습니다. 그러니 너무 기분 나빠하지 마시고요. 혹시 이 토지는 어떻게 구매하신 거예요?"

"나중에 개발이 된다고 하던데요? 그래서 샀지."

아파트가 들어설 거라는 등의 말에 속은 거라는 느낌이 들었다.

"아, 그러셨군요. 그럼 그때 지분을 매매한 공인중개사하고는 연락이 되나요?"

"연락도 안 돼서 미치겠어요. 좀 해결해주실 수 있어요?"

이 사람들도 뭔가 해결하고 싶은데 어떻게 해야 할지 몰라서 언제 개발될지 모르는 땅을 계속 세금만 내며 보유하고 있었던 것이다.

그렇게 몇 명과 더 통화를 해봤는데 협상은 어려울 것 같았다. 소송을 진행하던 중 피고의 준비서면+이 도착했다. 준비서면을 보니 다시 한번 '하, 망했다!' 싶어졌다. 피고들이 충남 지역에서 유명하고 이름 있는 변호사를 선임한 것이다. 그러나 끝날 때까지는 끝난 게 아니기에, 준비서면을 꼼꼼히 읽은 뒤 곧바로 기일지정신청+을 했다. 기일지정신청 후 변론기일이 2회나 있었는데 변호사는 한 번도 출석하지 않았고, 화해권고결정이 내려왔다. 화해권고결정이란 '사건을 이렇게 양보해서 해결하는 건 어떻겠소?'라는 취지로 하는 결정이다. 그러나 결정문이 2주 후 확정되면 단순한 권고가 아니라 확정판결문과 동일한 효력을 갖는다. 화해권고결정 후 변호사가 이의신청을 제기했고, 이후 조정기일이 잡혔다.

+준비서면
보통 실무에서 원고의 주장은 소장의 청구취지, 청구원인에 대부분 포함되어 있다. 그러나 변론기일 전에 재판장에게 소장에 작성된 내용 외에 추가로 보완해야 할 쟁점과 근거에 따른 입증 서류들을 요약하여 제출할 수 있는데 이를 '준비서면'이라고 한다.

+기일지정신청
소송을 제기한 원고와 피고들이 해당 재판부에 모여 소송을 진행하는 날을 '기일'이라고 한다. 재판이 빨리 진행되도록 해당 재판부에 기일을 지정해달라고 요청하는 것을 '기일지정신청'이라고 한다.

조정기일은 원고와 피고가 대화와 협의를 진행하는 날이다. 지금까지 두문불출이던 피고 측 변호사가 조정기일에는 나타났고, 조정실에서 조정이 시작됐다. 조정위원이 먼저 따로 이야기하고 싶다면서 나를 조정실 밖으로 불러냈다. 이야기는 간단했다. 혹시 피고들에게 지분을 매도할 생각이 있느냐는 것이었고, 나는 평당 110만 원에 매도할 생각이 있다고 답했다. 조정위원이 피고 측에 전달하겠다며 조정실로 들어간 뒤 다시 나오더니, 가격을 조금만 내려줄 수 있느냐고 묻기에 평당 100만 원까지는 내리겠는데 그 이하로는 힘들다고 의사를 확실히 밝혔다. 조정위원이 나를 조정실로 부르더니, 원고가 제시한 가격으로 매매하고 협의하는 걸로 조정됐다고 했다.

이윽고 판사가 입장했다. 자리에서 일어나 판사에게 가볍게 고개를 숙여 인사한 뒤 다시 앉았다. 판사도 합리적인 가격을 잘 제시했다며 칭찬했고, 조정은 종료됐다. 그 후 변호사와 대화를 해보니 피고들이 기획부동산에 속아서 매수한 토지들이 여러 건인데, 이를 해결하려면 시간이 오래 걸릴 것 같다며 안타까워했다. 나는 다른 지분권자의 지분이 공매로 또 진행되고 있으니 꼭 공유자우선매수를 신청해서 이런 상황을 예방하면 좋겠다고 귀띔해줬다.

피고 중 매수인이 지정됐고 해당 지역 법무사를 통해서 매매를 진행하기로 했다고 연락이 왔다. 나는 필요서류들을 법무사에게 전달한 후 1,000만 원이 입금된 것을 확인했다.

부 동 산 매 매 계 약 서

매도인과 매수인 쌍방은 아래 표시 부동산에 관하여 다음 계약 내용과 같이 매매계약을 체결한다.

1. 부동산의 표시

소 재 지	1. 충청남도 서천군 ▓▓▓ ▓▓ 답 631㎡ 　　[순위번호 32번 양진노지분 631분의10 전부이전] 2. 충청남도 서천군 ▓▓▓ ▓▓ 답 341㎡ 　　[순위번호 11번 양진노지분 341분의23 전부이전] .끝.

2. 계약내용

제 1 조 (목적) 위 부동산의 매매에 대하여 매도인과 매수인은 합의에 의하여 매매대금을 아래와 같이 지불하기로 한다.

매매대금	금	일천만원	원정 (₩ 10,000,000)
계 약 금	금	일천만원	원정은 계약시에 지불하고 영수함. 계좌이체
중 도 금	금		원정은 　　년 　월 　일에 지불한다.
잔 금	금		원정은 　　년 　월 　일에 지불한다.
입금계좌	▓▓▓-▓▓-▓▓▓▓ ▓▓ ▓▓▓		

제 2 조 (소유권 이전 등) 매도인은 매매대금의 잔금 수령과 동시에 매수인에게 소유권이전등기에 필요한 모든 서류를 교부하고 등기절차에 협력하며, 위 부동산의 인도일은 __2022년 12월 16일__ 로 한다.

제 3 조 (제한물권 등의 소멸) 매도인은 위의 부동산에 설정된 저당권, 지상권, 임차권 등 소유권의 행사를 제한하는 사유가 있거나, 제세공과 기타 부담금의 미납금 등이 있을 때에는 잔금 수수일까지 그 권리의 하자 및 부담 등을 제거하여 완전한 소유권을 매수인에게 이전한다. 다만, 승계하기로 합의하는 권리 및 금액은 그러하지 아니하다.

제 4 조 (지방세 등) 위 부동산에 관하여 발생한 수익의 귀속과 제세공과금 등의 부담은 위 부동산의 인도일을 기준으로 하되, 지방세의 납부의무 및 납부책임은 지방세법의 규정에 의한다.

제 5 조 (계약의 해제) 매수인이 매도인에게 중도금(중도금이 없을 때에는 잔금)을 지불하기 전까지 매도인은 계약금의 배액을 상환하고, 매수인은 계약금을 포기하고 본 계약을 해제할 수 있다.

제 6 조 (채무불이행과 손해배상) 매도인 또는 매수인이 본 계약상의 내용에 대하여 불이행이 있을 경우 그 상대방은 불이행한 자에 대하여 서면으로 최고하고 계약을 해제할 수 있다. 그리고 계약당사자는 계약해제에 따른 손해배상을 각각 상대방에게 청구할 수 있으며, 손해배상에 대하여 별도의 약정이 없는 한 계약금을 손해배상의 기준으로 본다.

특약사항

본 계약을 증명하기 위하여 계약 당사자가 이의 없음을 확인하고 각각 서명·날인 후 매도인, 매수인은 매장마다 간인하여야 하며, 각각 1통씩 보관한다.

2022년 12월 16일

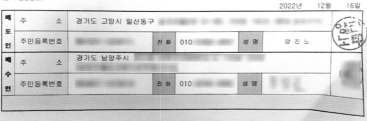

매도인	주　　소	경기도 고양시 일산동구 ▓▓▓▓▓ ▓ ▓ ▓▓ ▓▓ ▓▓ ▓▓▓▓▓					
	주민등록번호	▓▓▓▓▓ ▓▓▓	전화	010 ▓▓▓ ▓▓▓	성명	양진노	
매수인	주　　소	경기도 남양주시 ▓▓▓▓▓▓▓▓▓▓▓					
	주민등록번호	▓▓▓▓▓ ▓▓▓	전화	010 ▓▓▓ ▓▓▓	성명	▓▓▓	

108

내가 살고 있는 곳과 멀리 떨어진 곳이라 법원에 입찰하러 가기도 쉽지 않았고 공유자도 많아 걱정이 앞섰다.

'멀리까지 갔는데 패찰하는 거 아니야?'

'공유자도 많아 골치 아플 것 같은데······.'

이런 생각들이 나를 사로잡았다. 하지만 배운 대로 실천하겠다는 마음을 먹고 무거운 몸을 이끌고 새벽부터 법원으로 향했다. 그리고 낙찰을 받은 뒤 닥친 문제들을 하나씩 해결해 수익이라는 달콤한 열매를 얻었다. 안 해보고 포기하는 것보다 해보고 경험치를 쌓는 게 무엇보다 중요하다.

사례로 배우는 실전 투자 팁

◎ 지분 매매는 어떤 절차를 밟게 되나요?

　보통은 공인중개사 사무소 소장님의 도움으로 매매계약을 체결하는 것으로 알고 있지만, 매매계약 후 실제로 소유권이전을 할 때는 법무사가 위임받아 진행한다. 따라서 공인중개사가 개입하지 않고 바로 법무사를 통해 매매계약서를 작성할 수 있다. 지정된 법무사에게 연락해 매도인에게는 어떤 서류가 필요한지 확인한 뒤 그 서류들을 우편등기로 법무사 사무실로 보내면 된다. 서류에서 미흡한 사항이 발견되지 않는다면 매도인은 법무사 사무실까지 가지 않고도 매매계약을 완료할 수 있다. 이후 매수인에게 협의된 금액을 계좌이체로 받으면 매도인의 역할은 끝나고, 법무사가 소유권이전에 관한 절차를 진행하게 된다.

기획부동산에 속아 산
토지의 공유자들과 협의하는 법 2

공유자들과 협의가 지지부진할수록 마음의 여유를

짧은 투자 인생 중 가장 기억에 남을 만한 물건이다. 경주에 있는 임야로 감정가는 2,400만 원 정도였으며, 일곱 번 유찰돼 최저가가 280만 원까지 떨어진 상태였다. 맹지이고 지분물건인데 공유자가 23명이나 돼 유찰이 많이 됐다. 감정가 대비 12% 수준까지 떨어졌으니 대부분 사람은 쓸모없는 토지라고 생각했을 것이다.

임야나 전, 답, 과수원에 입찰할 때는 손품은 열심히 팔되 임장은 따로 가지 않는다. 가봤자 산이요, 풀이요, 밭일 테니 말이다. 자칫 잘못하면 길을 잃을 수도 있고, 입찰하려는 땅이 어디인지 몰라 엉뚱한 곳만 바라보다 돌아올 수도 있다. 그래서 보통 유료 경매 사이트에 올라온 사진과 자료들 그리고 네이버 지도 등을 통해 얻은 정보를 기반으로 입찰한다.

사진상으로는 분묘가 안 보이고 일반적인 임야다. 위성사진으로 봐도 특별할 것 없는 긴 직사각형 모양의 토지였다. 토지 아래쪽에는 토목 공사를 한 흔적이 보이지만, 위쪽까지 공사할 가능성은 없어 보였다.

해당 물건의 경매 정보

대구지방법원 경주지원	대법원바로가기	☞법원안내			가로보기	세로보기	세로보기(2)
2018 타경 ▨▨▨▨ (강제)		매각기일 : 2019-11-18 10:00~ (월)			경매2계 054-▨▨-▨▨		
소재지	경상북도 경주시 ▨▨▨ ▨▨▨ ▨▨▨-▨						
용도	임야	채권자	울○○○○○○	감정가			23,925,000원
지분토지	165㎡ (49.91평)	채무자	서○○	최저가		(12%) 2,815,000원	
건물면적		소유자	서○○○○	보증금		(20%)563,000원	
제시외		매각대상	토지지분매각	청구금액			11,650,056원
입찰방법	기일입찰	배당종기일	2018-07-03	개시결정			2018-04-18

기일현황 ▽간략보기

회차	매각기일	최저매각금액	결과
신건	2019-03-18	23,925,000원	유찰
2차	2019-04-22	16,748,000원	유찰
3차	2019-05-20	11,724,000원	유찰
4차	2019-06-17	8,207,000원	유찰
5차	2019-07-22	5,745,000원	유찰
6차	2019-08-19	4,022,000원	유찰
7차	2019-09-16	2,815,000원	매각
▨▨▨▨/입찰2명/낙찰3,879,990원(16%)			
	2019-09-23	매각결정기일	허가
	2019-10-22	대금지급기한	미납
7차	2019-11-18	2,815,000원	매각
▨▨▨▨/입찰2명/낙찰3,611,000원(15%)			
	2019-11-25	매각결정기일	허가
	2019-12-30	대금지급기한	미납
	2020-01-20	매각결정기일	차순위 매각허가
배당종결된 사건입니다.			

공유자가 23명인 만큼 정상적인 상황으로는 보이지 않았다. 이럴 때는 등기부등본을 살펴봐야 한다. 유료 경매 사이트에서 등기부등본을 확인해봤더니, 예상한 대로 기획부동산에 속아 시세의 몇 배나 되는 가격으로 23명이 각각 토지를 매입한 것이었다. 2014년 9월 15일 어떤 법인이 토지를 매입한 후 짧은 기간에 불특정 다수에게 지분을 팔아버린 것이다. 전형적인 기획부동산 사기다.

안타깝게도 23명의 공유자가 피해를 봤다. 기획부동산에 송금을 하고 본인의 이름이 등기사항전부증명서에 올라간 순간 더는 돌이킬 수 없는 상황이 되어버린다. 이런 상황에서 한 명이 채무를 변제하지 못해 그의 지분만 경매로 나온 걸 내가 낙찰받은 것이다.

도대체 시골 마을 야산이고, 길도 없고, 개발 계획도 없고, 애초에 개발하기

물건지의 위성사진

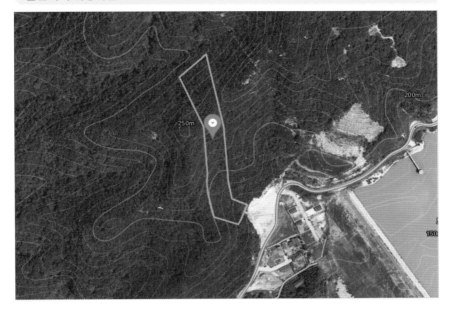

도 어려운 땅을 이들은 왜 매입했을까? 그것도 시세의 몇 배나 되는 가격으로 말이다. 솔직히 이런 땅은 아무리 가격을 낮추더라도 매도하기가 어렵다. 도로와 연결된 임야의 소유자가 뒤쪽 땅까지 매입한다면 모르겠지만, 그럴 가능성은 매우 희박하다.

시세만 제대로 파악했어도, 현장에 한 번만 가봤어도, 부동산을 조금이라도 아는 사람에게 물어만 봤어도 이런 어이없는 사기에 당하지는 않았을 것이다.

토지이용계획확인원에 '추가 기재'로 '도시관리계획(재정비) 입안 중(2018. 08. 17)'이라고 적혀 있는데, 아마 기획부동산은 이 문구를 보여주고 강조하며 곧 개발이 될 거라고 현혹하지 않았을까 생각된다.

7회차 매각기일이 2019년 9월 16일이었다. 이 물건이 가장 기억에 남는 이유는 2등으로 패찰했기 때문이다. 공유자도 많고, 맹지이고, 개발이 어려운 곳이라 아무도 입찰하지 않을 거란 생각에 입찰가를 조금 낮춘 게 그런 결과를 만들었다. 나는 속이 쓰렸는데, 정작 낙찰자는 잔금납부기한까지 잔금을 납부하지 않았다.

2019년 11월 18일, 재매각 사건으로 매각기일이 잡혔다. 하지만 운이 없게도 또 2등으로 패찰했다. 한 물건에 두 번이나 패찰하다니……. 속이 부글부글 끓었다.

"차순위 신고하시겠습니까?"라는 집행관의 질문에 나도 모르게 "네"라고 대답했다. 돌이켜보니 화가 나서 오기가 발동했던 것 같다. 같은 물건에 두 번이나 2등으로 패찰했으니 말이다. 차순위 신고를 하니 낙찰자와 똑같이 보증금을 돌려주지 않고 영수증을 줬다.

법원에서 나와 식당에서 밥을 먹는데 후회가 됐다.

'무엇하러 차순위 신고를 했지? 낙찰자가 잔금을 납부하면 보증금 찾으러 또 와야 하는데…….'

하지만 그 차순위 신고가 신의 한 수가 되리라는 건 꿈에도 몰랐다. 한 달이 지나자 최고가 낙찰자가 또 미납한 것이다.

해당 경매계에서 낙찰자가 잔금을 미납했는데 잔금납부를 하겠냐며 연락이 왔다. 하지만 차순위도 매각허가결정을 받아야 해서 시간이 조금 걸렸다. 그리고 매각허가결정 전까지 최고가 낙찰자가 잔금을 납부하면 차순위 신고는 없어진다는 이야기를 들었다. 혹시나 최고가 낙찰자가 잔금을 납부할까 봐 계속 조마조마했는데 다행히 낙찰자가 끝내 잔금을 납부하지 않아 빠르게 잔금을 납부하고 소유권이전까지 끝냈다.

잔금납부 후 협의를 하고자 공유자 23명에게 우편을 보냈지만 누구도 회신하지 않았다. 그래서 바로 공유물분할청구소송을 진행했다. 공유자가 많고 소장을 한 번에 받지 못한 사람도 있었기 때문에 송달료만 200만 원 정도가 들었다. 처음부터 예상했던 결과라 개의치 않았다. 충분히 저렴한 가격에 낙찰받았으니 말이다.

소장을 접수하고 5개월 후 첫 변론기일이 잡혔다. 공유자들이 꽤 많이 참석한 것을 보고 긴장이 돼 우황청심원을 먹고 법정에 들어갔다. 경주법원은 매우 작아서 다른 사건 때문에 온 사람들과 겹쳐 법정이 꽉 찼다. 드디어 내 차례가 왔다. 판사가 내 이름을 부르자 원고석에 앉았다. 판사가 공유자들을 향해 "사람이 많으니 나오지 말고 제자리에 앉아서 말씀해주세요"라고 한 후 출석을 부르기 시작했다. 어림잡아 15명 정도가 출석했다.

판사는 협의가 안 되면 토지 전체가 경매로 진행될 수 있으니 서로 협의를 잘해보라고 얘기했다. 그렇게 1차 변론기일이 종료됐고 2차 변론기일이 잡혔다. 법정에서 나오자마자 15명이 우르르 내 앞으로 몰려왔고, 드디어 공유자들과 대화를 할 수 있었다. 나는 감정가에 매도할 마음이 있다고 밝히고 연락처를 알려준 뒤 법원에서 나왔다.

한 달 후 2차 변론기일에 참여했는데 이때는 7~8명만 참석했다. 공유자들끼리 협의가 안 되는 상황이라 시간을 더 달라고 하기에 두 달을 더 줬다. 하지만 3차 변론기일 때까지 합의점을 찾지 못했다.

판사는 이 이상 변론기일을 잡는 건 무의미하니 변론을 종결하고 최종 판결을 하겠다고 했다. 3차 변론기일에 참석한 공유자들과도 다시 한번 협의했지만 구체적인 협의 없이 시간만 흘러갔다.

공유자들에게 판결문까지 송달되자 그제야 공유자 몇 명이 연락을 줬다. 다섯 명이 1,500만 원에 매입하기를 희망한다는 내용이었다. 매매계약까지는 빠르게 진행됐다. 하지만 약속된 날짜까지 돈이 입금되지 않았다. 매수자들끼리 또 의견이 맞지 않아 3개월이란 시간이 흘렀다. 결국에는 한 명이 매입하는 것으로 하고 다시 계약서를 작성했다.

공유자가 많다 보니 소송 시작 후 1년이 넘은 시점에 매도할 수 있었다. 361만 1,000원에 낙찰받아 18개월 만에 1,500만 원에 매도했다. 법원에 세 번이나 가는 상황이 흔치 않긴 하지만 경험치도 쌓고 큰 수익도 얻고 일석이조의 효과를 얻었다.

💰 경매로 돈 버는 투자자의 한 끗

지분경매·공매의 핵심은 누군가에게 꼭 필요한 물건을 저렴하게 낙찰받은 후, 협의 또는 소송을 통해 마무리한다면 반드시 수익을 얻을 수 있다는 점이다. 투자하지 않을 이유가 없다. 해당 물건을 진행하면서는 긴장도 많이 하고 스트레스도 많이 받았다. 1차 변론기일 때는 공유자들이 많이 참석했지만 2차, 3차 때는 참여자 수가 확연히 줄었다. 그리고 최종적으로 매입하겠다던 사람이 약속된 시간까지 입금을 해주지 않아 애가 타기도 했다. 상황이 내 맘과 달리 흘러갈 때도 여유롭게 기다릴 줄 알아야 한다. 내가 조급해하면 분명 말과 표정에 드러날 수밖에 없고, 상대방은 다급해 보이는 나의 심리 상태를 이용해 주도권을 잡으려 할 것이다. 느긋하게 기다리면서 상대방과 윈윈할 방법을 모색한다면 쉽게 해결할 수 있을 것이다.

사례로 배우는 실전 투자 팁

✅ 법정에서 처음 만난 공유자들과는 어떤 대화를 할까?

연세가 있으신 공유자들은 대체로 나를 보면 "아니, 이렇게 뜬금없이 소송을 걸면 안 되지. 젊은 친구가 말이야", "이 땅을 우리가 그동안 어떻게 지켜왔는데, 무슨 소송이야?"라고 얘기하곤 한다. 이럴 때는 정중하게 "지분으로 나온 토지를 여러분께 온전히 돌려드릴 마음으로 낙찰받았습니다. 서로 협의해서 시세보다 저렴하게 드릴 생각입니다. 그리고 소송을 제기한 이유는 등기부등본상의 주소지에 선생님들이 거주하지 않을 수도 있고 연락처도 모르기 때문이었습니다. 소를 제기하면 기존 소유자 및 공유자들을 찾을 수 있고, 법원을 통해서 만날 수 있기 때문입니다. 그러니 너무 기분 나빠하지 마시고, 앞으로 이 토지를 어떻게 해야 할지 서로 의논하면 좋겠습니다"라고 얘기한다. 그러면 대개는 그 토지의 역사가 쫘악 나온다. 그 땅을 물려받은 이야기나 사업 실패로 경매에 부쳐졌다는 등의 이야기가 나오면서 대화를 이어나가게 된다. 이럴 때 깊이 공감하고 경청하는 자세가 필요하다. 사람은 이해받았다고 느낄 때 마음의 문을 활짝 열기 마련이다.

매도를 원하지 않는 공유자, 연락두절되다

재산권 행사 반대에 부딪히면 공유물분할청구소송

온비드 공매를 통해 파주에 있는, 농사를 지을 수 있는 토지를 낙찰받았다. 이 물건을 낙찰받은 이유는 크게 세 가지다. 첫째, 가격이 저렴해서다. 감정가는 1억이었지만 4회 유찰되어 6,000만 원대까지 떨어졌다. 주변 시세를 조사해보니 시세가 감정가보다 조금 더 높은 수준이었다. 해당 토지를 저렴하게 낙찰받는다면 감정가 정도에만 매도한다고 해도 수익을 낼 수 있으리라고 판단했다. 둘째, 농사짓고 있는 토지는 누군가에게 꼭 필요한 토지이기 때문이다. 사진상으로만 봐도 농사를 짓고 있음을 확인할 수 있다. 공유자 중에 농사를 짓는 사람들이 있을 수도 있고, 공유자들이 이 토지에 관심이 없다면 인근에서 농사를 짓는 사람들과 협의해도 충분히 팔 수 있다는 확신이 있었다.

셋째, 금촌역과 가까워서다. 농사를 지을 수 있는 토지라고 하면 대부분 지방에 있는 토지를 떠올릴 것이다. 하지만 이 토지는 경의중앙선 금촌역과 직선으로 668미터 거리에 있다. 역과 가까운 곳에 있는 토지이고 주거와 상업시설이 공존하는 곳이기 때문에 시간이 흐르고 금촌역 주변이 꾸준히 개발된다

해당 물건의 공매 정보

2018-_____ ___			입찰일자 : 2018-12-31 10:00 ~ 2019-01-02 17:00		
집행기관	한국자산관리공사	담당자	인천지역본부 / 조세정리팀 / _____		
소재지	경기도 파주시 ___ __ ____				▷지도 Ⓝ지도
유찰횟수	4 회	물건상태	낙찰	감정가	100,665,660원
물건용도	답	입찰방식	일반경쟁(최고가방식)	최저가	(60%)60,400,000원
위임기관		공고일자	2018-10-02	배분종기일	2018-11-19
납부기한	낙찰금액별 구분			종류/방식	압류재산 / 매각
면적(㎡)	답 333.3333㎡				

낙찰정보

집행완료일시	입찰자수	입찰금액	결과	낙찰금액
2019-01-03 11:07	유효 1명 / 무효 0명	67,900,000원	낙찰	67,900,000원

면 이 토지도 반드시 수혜를 볼 것으로 판단했다.

경쟁은 없었고 단독으로 낙찰받았다. 금액대가 조금 커서 수강생들과 공동투자로 낙찰받았다. 해당 물건은 6분의 1 지분만 나왔다. 낙찰 후 소유권이전을 하기 전 기존 공유자 다섯 명에게 매매의뢰서를 발송했다. 다음처럼 정말 심플한 내용이다.

'낙찰자입니다. 매매 관련 협의를 하고자 하니 연락 부탁드립니다.'

며칠 뒤 한 명에게 연락이 왔고, 이 토지의 역사를 들을 수 있었다. 상속받는 과정에서 이른바 '형제의 난'이 일어났다고 했다. 여섯 명 중 다섯 명은 상속받은 뒤에 바로 매도해서 현금을 확보하고 싶어 했지만, 한 명이 반대해서 어쩔 수 없이 계속 보유하고 있었다. 매도를 원하지 않는 한 명과 나머지 형제는 서로 원수처럼 지낸다고 했다. 지분물건을 낙찰받고 해결하다 보면 이런 사연을 많이 접한다. 누구는 팔고 싶어 하고 누구는 보유하고 싶어 해 의견이 맞지 않아서 감정이 틀어지는 경우가 대부분이다. 그리고 이런 상황은 풀어나가기가 참 난감하다. 공유물분할청구소송을 통해 해결하는 방법이 있지만, 보통 이런 소송이 있다는 것 자체를 모른다. 이렇게 한 명 때문에 팔고 싶어도 못 파는 입장이라면 정말 화가 날 것이다. 이 때 얽힌 실타래를 풀어줄 수 있는 사람이 바로 낙찰자다. 공유물분할청구소송을 통해 해결할 수 있으니 말이다.

낙찰 후 소유권이전을 마친 뒤 바로 공유물분할청구소송을 진행했다. 모두에게 소장이 도달됐는데 공유자 네 명이 변호사를 선임했다. 솔직히 말하자면, 공유물분할청구소송을 진행할 때 변호사를 선임하는 건 그야말로 돈을 버리는 일이다. 변론기일 때 한 번 참석해서 본인은 이렇게 하길 원한다고 한마디만 하면 끝이기 때문이다. 그러니 변호사를 선임해 몇백만 원을 쓰는 건 정말 아깝지 않은가?

아무튼 네 명은 변호사를 선임했고, 매도를 원하지 않는 한 명은 아무런 행동도 취하지 않았으며 끝까지 어떤 움직임도 보이지 않았다. 생각해보면 형제들과 연을 끊으면서 이 토지에 더는 관심을 두기 싫었던 것 같다.

소장 접수 후 3개월이 지나 1차 변론기일이 잡혔다. 상대 측 변호사는 피고들이 내 지분을 매입할 마음이 없고 한 명이 반대해 일반 매매로 전체를 팔 수도 없는 상황이니 전체를 경매에 넘길 수 있게 판결해달라는 의견을 제시했다. 나 또한 이 의견에 동의해 이번 소송은 1차 변론기일을 끝으로 마무리됐다.

공유물분할청구소송의 장점은 공유자 중 한 명 또는 그 이상의 인원이 매도를 원하지 않는다고 하더라도 판결문만 있으면 전체를 경매로 넘길 수 있다는 것이다. 경매로 넘기는 것을 원치 않는 공유자가 있다면 낙찰자의 지분을 인수하는 방법밖에 없다. "나는 끝까지 소유하기를 원합니다. 그러니 경매로 원하는 사람의 지분만 경매로 진행해주세요" 같은 말은 통하지 않는다.

소송을 진행하는 동안 매도를 원하지 않는 공유자의 집에 두 번이나 찾아갔다. 갈 때마다 집에는 아무도 없었고, 쪽지를 붙이고 왔지만 끝내 연락은 오지 않았다. 법원에도 출석하지 않고, 답변서✛도 없었으며, 붙이고 온 쪽지를 봤을 텐데도 전혀 연락이 없었다. 이 물건에 아예 관심이 없어 보였다. 만약 공유물분할청구소송이라는 제도가 없었다면 나머지 공유자들은 정말 환장할 노릇이었을 것이다.

✛답변서
소송을 진행 중인 원고와 피고가 상대방이 작성한 소장을 받고 반대의견이 있을 경우, 그에 대한 주장을 작성하여 제출하는 문서를 말한다.

판결문을 받고 시간이 조금 더 흐른 뒤 셀프소송을 통해 형식적경매를 접수했다. 형식적경매를 신청한 후 법원 경매에 해당 물건이 올라오기까지는 7~9개월 정도가 걸린다. 그동안 묵묵부답이던 공유자에게 연락이 오면 경매를 취하하고 일반 매매로 팔 생각도 있었다. 기존 공유자 네 명도 일반 매매로 팔기

형식적경매로 올라온 해당 물건의 경매 정보

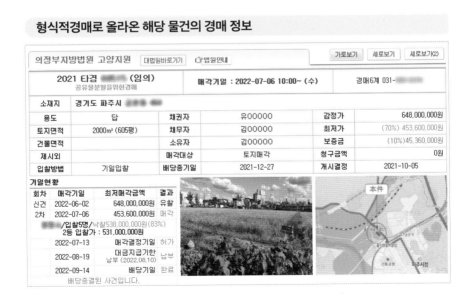

의정부지방법원 고양지원	대법원바로가기	법원안내			가로보기	세로보기	세로보기(2)
2021 타경 ▨▨▨▨ (임의) 공유물분할을위한경매		매각기일 : 2022-07-06 10:00~ (수)			경매6계 031-▨▨▨▨		
소재지	경기도 파주시 ▨▨▨ ▨▨						
용도	답	채권자	유00000		감정가		648,000,000원
토지면적	2000㎡ (605평)	채무자	김00000		최저가		(70%) 453,600,000원
건물면적		소유자	김00000		보증금		(10%)45,360,000원
제시외		매각대상	토지매각		청구금액		0원
입찰방법	기일입찰	배당종기일	2021-12-27		개시결정		2021-10-05

기일현황

회차	매각기일	최저매각금액	결과
신건	2022-06-02	648,000,000원	유찰
2차	2022-07-06	453,600,000원	매각
	▨▨▨▨/입찰5명/낙찰538,000,000원(83%) 2등 입찰가 : 531,000,000원		
	2022-07-13	매각결정기일	허가
	2022-08-19	대금지급기한 납부 (2022.08.10)	납부
	2022-09-14	배당기일	완료

배당종결된 사건입니다.

를 원했지만 한 명이 반대해 어쩔 수 없이 전체를 경매에 넘겨야 했으니 말이다. 하지만 형식적경매가 진행되는 동안에도 끝까지 연락이 없었다.

결국 형식적경매를 접수하고 7개월 뒤에 해당 물건은 법원 경매 사이트에 모습을 드러냈고, 1회 유찰 후 바로 낙찰됐다. 감정가가 6억대였는데 낙찰가는 5억 초반이었다. 일반 매매로 매도했다면 최소 두 배 이상의 수익을 얻었을 텐데 아쉬웠다. 6,000만 원대에 낙찰받아 8,900만 원 정도의 배당을 받았으니 약 2,900만 원의 수익을 거둔 셈이다.

형식적경매를 통해 낙찰을 받았다면 낙찰자는 5주 이내에 잔금을 납부해야 한다. 잔금이 납부되면 한 달 이내에 배당기일이 잡힌다. 배당기일은 받아야 할 돈이 있는 사람들이 법원에 가서 돈을 받는 날이다. 배당기일에 배당이 이뤄지는 법원에 참석했고 공유자 네 명도 왔다. 이날 공유자들을 처음 만났는데 나에게 계속 고마워했다.

"이 땅 팔지도 못하고 울며 겨자 먹기로 계속 가지고 있으면서 재산세만 냈어요. 이렇게 해결해줘서 정말 고맙습니다."

💲 경매로 돈 버는 투자자의 한 끗

공유자 중 한 명이 전혀 협조를 하지 않는 상황이었다. 나머지 공유자들은 부동산에 내놓고 팔고 싶어 했지만 한 명이 요지부동이었다. 일산에 있는 집으로 두 번이나 찾아갔고 쪽지도 붙여놓았지만 연락은 단 한 번도 오지 않았다. 공유자가 여럿인 부동산일 때 이런 상황이 종종 발생한다. 중요한 건 처음부터 이런 상황이 펼쳐질 수 있다는 것을 인지하고 낙찰받는 것이다. 협의가 안 될 경우 공유물분할청구소송을 통해 판결문을 받고 전체를 경매로 넘긴 후에도 수익이 날 만한 물건을 고르는 것이 무엇보다 중요하다. 한 사람 때문에 질질 끌려다닐 필요가 없는 것이다. 특수물건에 입찰할 때는 협의가 잘 되지 않으면 끝까지 갈 수 있다는 마음을 갖는 것이 중요하다.

관리 잘된 납골당 토지 최고의 매도 시나리오

더 이상 분할될 수 없는 크기인지 확인

관리가 잘된 분묘가 있는 토지를 법인으로 낙찰받아 수익을 낸 사례다. 2021년 3월 11일 경북 성주군에 있는 지분토지를 낙찰받았다. 경쟁자는 세 명이었고 2등과의 차이는 2만 1,000원이었다. 워낙 소액으로 낙찰받은 터라 2등과의 입찰가 차이가 매우 적었다.

지금까지 지분경매·공매를 해오면서 가장 짜릿했던 순간은 1,000원 차이로 낙찰받았을 때다. 1,000원, 1만 원, 1만 1,000원 차이로 낙찰받은 경험이 있는데 금액 차이가 적을수록 더 짜릿한 것 같다. 물론 매번 짜릿하게 낙찰받을 수만은 없다. 1만 7,000원 차이로 패찰한 적도 있으니 말이다. 용쌤 또한 1,000원 차이로 패찰한 뼈아픈 기억이 있다고 했다.

해당 물건은 납골당으로 운영 중이었다. 낙찰받은 토지 위에 가족 납골당이 있는데 관리가 굉장히 잘되어 있었다. 앞의 사례에서도 이야기했듯이, 임야 및 농지는 현장을 가지 않고 입찰하는 경우가 대부분이다. 해당 필지의 지도를 보면 689-1번지 안에 689번지가 정사각형으로 있다. 위성사진으로 확인하

니 정사각형의 689번지 위에 가족납골당이 있었다. 689번지의 면적은 불과 30제곱미터다. 2분의 1 지분이 경매로 나왔으니 15제곱미터를 낙찰받은 것이다.

이 정도의 면적은 최소분할면적 조건인 60제곱미터 이하이기 때문에 공유물분할청구소송을 진행해도 현물분할은 불가능하다. 현물분할이 불가능하다는 것은 원고에게 더 유리한 상황이다. 만약 2필지가 아니라 1필지로 이 토지가 나왔다면 입찰하지 않았을 것이다. 1필지라면 면적이 넓어 현물분할이 될수 있었을 테니 말이다.

공유물분할청구소송 진행 후 변론기일 전에 협의가 될 수도 있지만, 협의가안될 경우 판사의 재량에 따라 현물분할 판결이 나올 수도 있기 때문에 투자자는 항상 보수적으로 생각하며 움직여야 한다.

등기부등본을 확인해본 결과 2001년 공유자 두 명이 매입한 것으로 확인됐다. 맹지에 개발 가능성이 희박한 이 토지를 공유자 두 명은 왜 매입했을까?

해당 물건의 등기사항전부증명서 확인

【 갑 구 】 (소유권에 관한 사항)				
순위번호	등 기 목 적	접 수	등 기 원 인	권리자 및 기타사항
1 (전 1)	소유권이전	2001년10월17일 제12313호	2001년10월12일 매매	공유자 지분 2분의 1 이 330610-******* 지분 2분의 1 이 360210-******* 분할로 인하여 순위 제1번을 경상북도 성주군 용암면 에서 전사 접수 2002년11월26일 제13529호
2	1번이 지분가압류	2008년10월22일 제17811호	2008년10월22일 대구지방법원의 가압류 결정(2008카단1	청구금액 금11,165,546 원 채권자 농업협동조합중앙회 110136-0027690 서울특별시 중구 충정로1가 75 (경북지역보증센터)
3	2번가압류등기말소	2009년2월19일 제2398호	2009년2월6일 해제	
4	1번이 지분강제 경매개시결정	2020년3월13일 제3624호	2020년3월13일 대구지방법원 서부지원의	채권자 서울특별시 서초구

선산으로 이용하기 위해서 매입했을 가능성이 90% 이상이다. 그렇게 토지 매입 후 조상을 모시던 땅인데 20년이 지나 공유자 한 명의 지분이 경매로 진행된 것이다.

낙찰 후 잔금을 납부하고 소유권이전등기를 마친 후 공유자에게 내용증명을 보냈다. 하지만 송달되지 않아서 2021년 5월 7일에 공유물분할청구소송을 접수했다. 공유자는 이사를 가서 등기사항전부증명서상 주소에 살고 있지 않았는데, 법원의 힘을 빌려 공유자가 거주하는 주소로 소장을 도달시킬 수 있었다.

> **실전Tip**
> 공유자의 실제 주소와 연락처를 알아내는 방법은 10장에서 자세하게 다룬다.

소장을 받은 공유자(피고)가 할 수 있는 행위는 세 가지다.

첫째, 원고에게 연락하여 협의한 다음 소를 취하한다.

둘째, 소장을 송달받고 30일 이내에 법원에 답변서를 제출한다.

셋째, 원고에게 연락도 하지 않고 법원에 답변서도 제출하지 않고 변론기일에도 참석하지 않는다.

세 번째의 경우 원고 승으로 재판이 종결되기 때문에 소송비용을 공유자가 물어야 할 수도 있다. 2분의 1을 소유한 공유자에게 소장이 송달된 후 바로 연락이 왔다.

"제가 공유자의 아들입니다. 이게 무슨 내용인가요?"

나는 공유자의 지분이 경매로 나왔고 그 지분을 낙찰받은 낙찰자이며, 현재 지분을 소유하고 있는 공유자에게 협의 후 필요하면 매도하고 싶다고 이야기했다. 아들은 상의한 뒤에 연락을 다시 준다고 했다. 며칠 뒤 채무자의 사위에게 연락이 왔다.

"저희 장인이 사고를 치신 것 같은데요. 장모님 돌아가시고 집사람이 얼마나 울었는지 모릅니다. 적당한 선에서 제가 처리하고 싶습니다. 얼마 정도면 협의하시겠습니까?"

어차피 조금은 깎아줄 생각으로 감정가 정도에 매도를 원한다고 말했는데, 단 한 번의 가격 조정 없이 바로 받아들였다. 누군가에게 꼭 필요한 땅을 저렴하게 낙찰받아 시세 또는 시세보다 저렴하게 협의한다면 반드시 팔릴 수밖에 없다는 것을 다시 한번 깨달았다.

경북 영천에 있는 법무사 사무실에서 채무자의 사위를 만나 매도계약을 작성했다. 낙찰 후 5개월 만에 매도까지 완료했다.

💰 경매로 돈 버는 투자자의 한 끗

지분경매·공매를 할 때는 항상 역지사지하는 마음을 가져야 한다. 지분으로 되어 있는 물건을 낙찰받아 수익을 높이기 위해 상대방을 불편하게 하고 짜증 나게 한다면 당연히 욕을 먹을 수밖에 없다. 투자는 즐겁게 해야 한다. 원래 소유하고 있던 이들이 경매·공매 절차를 몰라 공유자우선매수를 하지 못해 이런 상황이 벌어진 건데 내가 낙찰받아 다시 돌려드린다는 마음으로 지분경매를 즐긴다면 더 재밌고 즐겁게 수익을 얻으며 투자할 수 있을 것이다. 역지사지하는 마음, 잊지 말자.

공유자가 사망했더라도
당황하지 않기

상속자를 찾을 수 있도록 법원에 보정명령 요청

온비드 공매를 통해 가산동에 있는 도로를 낙찰받았다. 지목은 대지로 되어 있는데 도로로 사용되고 있었다. 이 물건을 낙찰받은 이유는 세 가지다. 첫째 는 감정가 대비 35%까지 떨어졌다는 점이다. 감정가는 1억 6,698만 원이었지 만 9회 유찰되어 5,844만 3,000원까지 내려와 있었다. 당시 해당 물건 공시지 가가 1억 1,361만 2,400원이었으니 공시지가의 절반 가격 정도에 낙찰받을 수 있다는 얘기다. 경매·공매를 통해 토지를 저렴하게 살 수 있긴 하지만 공시지 가보다 이만큼이나 떨어진 물건은 그렇게 많지 않다.

해당 물건의 주변 환경

해당 물건의 공매 정보

2015-░░░░░ ░░░		입찰일자 : 2017-09-25 10:00 ~ 2017-09-27 17:00			
집행기관	한국자산관리공사	담당자	서울서부지역본부 / 조세정리1팀 / ░░░-░░░		
소재지	서울특별시 금천구 ░░░ ░░-░░			D지도 N지도	
유찰횟수	9 회	물건상태	낙찰	감정가	166,980,000원
물건용도	대지	입찰방식	일반경쟁(최고가방식)	최저가	(35%)58,443,000원
위임기관		공고일자	2016-07-06	배분종기일	2016-08-22
납부기한	낙찰금액별 구분			종류/방식	압류재산 / 매각
면적(㎡)	대151.8㎡				

낙찰정보

집행완료일시	입찰자수	입찰금액	결과	낙찰금액
2017-09-28 11:10	유효 1명 / 무효 0명	60,100,000원	낙찰	60,100,000원

둘째는 해당 토지가 연립주택의 주차장과 관리사무소로 사용되고 있다는 점이다. 낙찰받은 토지 위에는 주차 차단기, 관리사무소, 쓰레기 분리수거장 등이 있었고 나머지 공간이 주차장과 통로로 사용되고 있었다.

셋째는 노후화된 연립주택이 바로 옆에 있다는 점이다. 낙찰받은 토지 옆에 연립주택 네 채가 있는데, 25년이나 된 건물이라 조만간 개발할 거라는 생각이 들었다. 해당 연립주택을 개발한다면 이 토지가 반드시 필요할 거라고 판단했다.

너무 탐이 나는 물건이었지만 당시 입찰할 수 있는 돈이 부족했다. 6,000만 원은 넘게 써야 할 것 같은데 가진 돈은 1,250만 원 정도였다. 이대로 포기할 수 없었다. 지인들을 끌어모아 총 다섯 명이 공동 투자로 진행했다. 제발 단독으로라도 낙찰받게 해달라고 빌고 또 빌었다. 내 기도가 통했는지 결과

발표를 보니 단독 낙찰이었다. 살짝 아쉬운 마음이 들었다. '그냥 최저가 쓸 걸…….' 사람 마음이 이렇게 간사하다. 최저가에서 200만 원 조금 넘게 입찰 가를 적었고 최종 6,010만 원에 낙찰받았다.

해당 물건은 두 명이 소유하고 있었고 지분은 각각 15분의 10, 15분의 5였다. 우리는 15분의 10을 낙찰받았고 추후 15분의 5를 소유하고 있는 사람과 협의해서 그 지분까지 매입할 생각이었다.

낙찰을 받고 몇 년 동안 아무런 액션도 취하지 않았다. 워낙 많은 물건을 낙찰받고 해결하다 보니 이 물건에 신경을 쓰지 못한 것이다. 그런데 중간에 공동 투자자 한 명이 빠져야 하는 상황이 발생하면서 몇 년 동안 잊고 지내던 이 물건에 관심을 갖게 되었고, 이제는 공유자를 찾아야겠다는 생각이 들었다.

등기부등본상에 공유자가 1924년생으로 되어 있어서 돌아가셨으리라고 판단했고 공유물분할청구소송을 통해 공유자의 상속자를 찾기 위한 준비(상속자 찾는 법은 380쪽 참고)를 했다.

✚ 주소보정명령
최초 소장 접수 시 등기부등본에 나와 있는 피고의 주소를 입력해 제출하면 그 주소로 소장을 송달한다. 그러나 피고가 그 주소에 실제 거주하지 않아 송달되지 않으면 주소보정명령이 내려온다. 이 명령서를 들고 주민센터를 방문하면 피고의 초본을 발급받을 수 있다. 초본 맨 마지막에 있는 주소로 소장을 송달할 수 있도록 피고의 주소를 찾아 보정하라는 명령이다.

2022년 공유물분할청구소송을 진행했다. 소장이 발송되고 상대방 주소를 찾지 못해 주소보정명령✚이 떨어졌다. 정확한 주소 및 초본을 떼기 위해 주민센터에 갔는데, 아니나 다를까 공유자는 사망한 상황이었다. 이럴 경우 민사과 담당자에게 전화해서 "초본상에서 공유자가 사망한 것으로 확인됩니다. 공유자의 상속자를 찾아야 하니 그에 따른 보정명령을 내려주시면 감사하겠습니다"라고 이야기하고 공유자의 초본을 법원에 제출하면 상속자를 찾을 수 있는 보정명령을 내려준다.

해당 보정명령서 원본을 출력해 다시 주민센터로 가면 사망자의 상속자들

서 울 남 부 지 방 법 원

보 정 명 령

사   건   2022가단░░░░ 공유물분할
          [원고   : 유근용 / 피고   : ░░░]

원고   귀하
이 명령을 송달받은 날부터 7일 안에 다음사항을 보정하시기 바랍니다.

보정할 사항

피고 ░░░░░░░ ░░░░░는 이미 사망하였으므로 상속관계를 증명하는 서류(피상속인의 기본증명서, 가족관계증명서, 친양자입양관계증명서, 제적등본, 혼인관계증명서, 입양관계증명서, 상속인의 기본증명서 등)를 첨부하여 피고의 상속인으로 당사자 표시를 정정하고, 피고의 상속인들의 주민등록초본을 첨부하시기 바랍니다. (모든 증명서는 상세증명서로 제출하시기 바랍니다.).

2022. 10. 7.

법원주사보   ░░░

◇ 유 의 사 항 ◇

1. 이 사건에 관하여 제출하는 서면에는 사건번호를 기재하시기 바랍니다.
2. 이 보정명령은 재판장의 명에 따른 것으로 위 기한 안에 보정하지 아니하면 소장이 각하될 수 있습니다(민사소송법 제254조 제2항).

- 1 -

1 / 2

을 찾을 수 있는 서류들을 모두 발급해준다. 다행히도 상속자는 한 명으로 확인됐고, 초본 확인 결과 평택 지역에 거주 중인 것으로 나타났다. 상속자의 주소를 확인했으니 이제 그 사람과 만나 토지에 대한 매매 관련 협의만 하면 끝이다.

그런데 평택에 직접 갈 수 없는 상황이 생겨서 수강생 중 평택 사는 분에게 도움을 요청했다. 수고비를 드리고 해당 주소에 쪽지를 한 장 남겨달라고 요청했더니 다음 날 바로 가서 미션을 완료해줬다. 단독주택이라 1층에 두 집이 있었는데 상속자의 집이 아닌 다른 집에 쪽지를 붙이고 와서 당황스러운 일이 잠깐 있었지만, 결국 상속자를 찾아냈다.

상속자는 그렇게 여유 있어 보이지 않았다. 우리 지분을 매입할 마음이 있느냐고 물었더니, 본인은 돈이 없고 그런 땅은 필요가 없다고 했다. 보통 사람들은 도로에 관심이 없기 때문에 매입하려는 마음은 거의 갖지 않는다. 그래서 땅을 팔 마음이 있냐고 물었더니 그렇다고 했다. 이제 가격 협상만 남았다. 15분의 10의 낙찰가가 6,010만 원이었으니 15분의 5 지분은 3,000만 원이면 매입하겠다고 밝혔다. 피고는 이런 토지가 있는 줄도 몰랐는데 갑자기 3,000만 원이 생긴다고 하니 이 토지를 안 팔 이유가 없었다.

하지만 상속자가 바로 매도하고 싶다고 해서 할 수 있는 건 아니다. 아직 상속자에게 등기가 안 된 상태이기 때문에 상속등기를 해야 했다. 상속등기도 셀프로 할 수는 있으나 쉽게 할 수 있는 건 아니기 때문에 법무사를 통해 완료했다. 비용이 200만 원 넘게 들었는데 내가 납부해주는 것으로 합의했다.

그리고 얼마 뒤 약속한 대로 3,000만 원에 15분의 5 지분을 가져왔다. 토지든 집이든, 나와 일면식도 없는 사람과 공유하고 있다는 것이 찜찜할 때는 공유물분할청구소송을 진행해 전부를 내 것으로 만들 수 있다.

도로 같은 경우에는 사람들의 관심이 없기 때문에 시세보다 훨씬 저렴하게 매입할 수 있다는 장점이 있다. 공유물분할청구소송 및 소송 후 상속자들을 찾는 과정까지 익혀둔다면 내가 모르는 공유자들 때문에 발생할 수 있는 불편한 상황을 예방할 수 있다.

변호사인 공유자 덕에
지옥과 천당을 오가다

법이 보장하는 낙찰자의 재산권

2019년, 용쌤의 토지지분 강의를 듣고 전국의 토지를 검색했다. 내가 원하는 토지의 조건은 두 가지다. 첫째, 묘지 관리가 잘되어 있을 것. 이는 상속인들이 관리를 잘하고 있음을 의미한다. 둘째, 공유자가 다섯 명 이하일 것. 공유물분할청구소송을 할 때 협상하기가 비교적 쉽기 때문이다. 몇 시간의 검색 끝에 전라북도 김제시에 있는 묘지지분물건을 찾았다.

처음 해보는 지분토지 입찰이라서 긴장 반 기대 반이었다. 혹시 실수하지 않을까 싶어 전날 법원 근처에 도착해서도 관련 서류를 계속 검토했다. 드디어 입찰을 했고, 당당하게 단독으로 낙찰받았다. 다행히 공유자들이 나타나지 않아 공유자우선매수는 들어오지 않았다.

토지지분은 처음 낙찰이라서 그저 멍한 기분이었는데, 집에 오는 길에 덜컥 겁이 났다.

'내가 잘할 수 있을까? 소송은 처음인데 공유자와 합의가 잘 안되면 어떡하지?'

낙찰 전날에는 기대감에 잠을 설쳤고, 낙찰 후에는 걱정으로 밤을 지새웠다.

경매 **2019타경**▮▮▮▮

진행내역 : 경매개시 90일 | 배당요구종기일 187일 | 최초진행 84일 | 매각 21일 | 납부 30일 | 배당종결 (412일 소요)

전주지방법원 5계 (063-▮▮▮▮-▮▮▮▮)

매각일자 2020.08.03 (월) (10:00)
종국일자 2020.09.23

묘지	토지만매각,지분매각(건물X)				
전라북도 김제시 ▮▮▮▮ ▮▮▮ ▮ 새주소검색					
토지면적	278㎡(84.095평)	소유자	▮▮▮▮	감정가	5,671,200
건물면적		채무자	▮▮▮▮	최저가	(49%) 2,779,000
개시결정	2019-08-08(강제경매)	채권자	▮▮.▮.▮▮▮▮▮ ▮▮▮	매각가	(50%) 2,810,000

오늘: 1 | 누적: 0 | 평균(2주): 0 | 차트

구분	매각기일	최저매각가격	결과
1차	2020-05-11	5,671,200	유찰
2차	2020-06-22	3,970,000	유찰
3차	2020-08-03	2,779,000	

매각 2,810,000원 (49.55%) / 입찰 1명 / 제주시 이타▮▮▮
매각결정기일 : 2020-08-10 - 매각허가결정
지급기한 : 2020-09-18
납부 : 2020-08-24

전경도　　　　　　전경도　　　　1 / 21

일단 내용증명부터 작성해야 하는데 눈앞이 캄캄했다. 살면서 내용증명 받은 일도 없고, 보내본 일도 없다. 인터넷으로 찾아보니 내용증명은 본인이 하고 싶은 말을 글로 써서 보내면 된다고 간단히 설명되어 있었다.

'그래! 내가 하고 싶은 말을 최대한 정중하게 써서 보내면 되지.'

그렇게 마음먹고 천천히 작성했다.

내용증명을 보낸 지 며칠 후 집에 등기우편이 왔다. 봉투에 '법무법인 ○○○'이라고 인쇄돼 있는데 보낸 사람이 '담당 변호사 ○○○'이라고 돼 있었다. 변호사 이름이 어딘지 낯익었다. 인터넷으로 등기 서류를 열람해봤더니 공유자 중 한 사람의 이름이었다. 아뿔싸, 그 사람이 실제 법무법인의 대표 변호사였던 것이다.

다음은 변호사이자 공유자가 쓴 내용증명이다.

내 용 증 명

수 신 인   LF가치투자
          대표 이 태 현
          ▓▓▓▓ ▓▓▓▓ ▓ ▓▓▓▓▓▓ ▓▓ ▓▓▓▓

발 신 인   ▓ ▓ ▓
          ▓▓ ▓▓▓ ▓▓▓ ▓▓, ▓▓▓▓▓, ▓▓▓▓▓

제목 : 경매 낙찰 토지지분에 대한 매수의뢰에 대한 답변 및 법적조치 예고

1. 귀하의 무궁한 발전을 기원하며, 발신인은 다음과 같이 본 내용증명을 보냅니다.

2. 본인은 2020. 9. 10.경 귀하가 2020. 9. 2.자로 발신한 내용증명을 수령하였습니다. 본인은 전북 김제시 ▓▓▓ ▓▓▓-▓ ▓▓ ▓,▓▓㎡(이하 '이 사건 부동산')에 대한 ▓▓▓▓의 지분 1/12(이하 '이 사건 지분')에 대해 강제경매절차(전주지방법원 2019타경▓▓▓▓)가 진행된 사실과 경매절차가 2번의 유찰 후에 귀하가 이 사건 지분을 금 2,810,000원에 낙찰받았고 2020. 8. 26. 이 사건 지분에 대한 이전등기를 경료한 사실을 귀하가 보낸 내용증명을 통해 처음 알게 되었습니다.

   귀하가 낙찰받은 이 사건 부동산은 1968년경부터 조상의 묘를 모신 선산으로 사용되고 있으며, 귀하 역시 이러한 사실을 잘 알면서 이 사건 지분을 낙찰받은 것으로 보입니다. 본인은 후손들에 의해 공유되고 있는 이 사건 부동산의 특수한 성격과 사용목적 등을 고려하지 않고 이 사건 지분을 낙찰받은 의도가 무엇인지 이해할 수 없으며, 낙찰을 받아 이전등기를 경료하자마자 본인에게 내용증명을 보내 지분 매수제의 또는 이 사건 부동산에 대한 매각을 통한 분할방안을 제의한 의도 역시 그 순수성을 의심하지 않을 수 없습니다.

   이에 본인은 귀하가 진행할 것으로 주장한 법적 절차에 대해 향후 적절히 대응함으로써 귀하가 이루고자 하는 투기적 목적이 쉽게 달성되지 못하도록 할 예정입니다.

참고로 귀하가 내용증명에서 언급한 부당이득 반환청구소송은 상대방이 법률상 원인없이 이득을 얻고 있는 경우에 가능한 소송의 한 형태입니다. 소송의 성격과 내용이 무엇인지 정확히 인지하시고 본 사안에 적용될 수 있는 내용을 주장하셨으면 합니다.

3. 한편, 본인은 귀하가 2020. 9. 2.자로 본인에게 보낸 내용증명과 관련하여 본인의 '현 주소지'를 어떻게 알았고, 왜 여러 공유자들 중에서 유독 본인에게만 내용증명을 보냈는지에 대해 강한 의문을 가졌습니다.

이에 본인이 알아본 바로는, 귀하가 이 사건 지분에 대한 이전등기를 경료한 직후인 2020. 9. 2. 제주시 █████████ 에서 본인에 대한 '주민등록초본'을 발급받은 사실을 확인하였습니다. 귀하가 본인에게 내용증명을 발송한 날짜도 같은 날인 9. 2.인 것으로 보아 귀하가 위 주민센터에서 본인에 대한 주민등록초본을 발급받은 후에 그 정보를 활용하여 내용증명을 본인의 현 주소지로 보낸 것으로 보입니다.

그런데 귀하는 이 사건 부동산에 관한 등기부등본이나 경매관련 매각결정만으로는 이 사건 부동산의 공유자인 본인에 대한 주민등록초본을 발급받을 수 있는 자격이 없습니다. 당사자 본인이나 위임을 받은 경우를 제외하고 제3자가 다른 사람의 주민등록등·초본의 발급을 허용하고 있는 현행 〈주민등록법 제29조 제2항 단서 각호 및 동법 시행령 별표2〉 어디에도 본인에 대한 주민등록초본의 발급이 가능한 규정은 없습니다.

그럼에도 귀하는 2020. 9. 2. 본인에 대한 주민등록초본을 발급받았고 본인에 대한 현 주소지를 알아내어 본인에게 내용증명을 보낸 것입니다.

본인이 제주시 █████████ 담당자와 직접 통화한 바에 의하면, 귀하는 2020. 9. 2. 위 주민센터에 방문하여 본인에 대한 주민등록초본의 발급을 신청하였는데, 본인에 대한 주민등록초본이 발급되었다가 바로 담당자에 의해 회수된 것으로 확인되었습니다.

본인은 귀하가 2020. 9. 2. 본인에 대한 주민등록초본을 발급받는 과정에서 부정한 방법을 사용하였거나 발급사유가 없어 주민등록초본이 회수되는 과정에서 알게 된 본인에 대한 주소지와 주민등록번호 등을 내용증명 발송이라는 목적에 부정하게 사용된 것으로 판단하고 있습니다.

그런데 귀하의 위와 같은 행위는 주민등록법 제37조 제5항(거짓이나 그 밖의 부정한 방법으로 다른 사람의 주민등록표를 열람하거나 그 등본 또는 초본을 교부받은 자), 제10항(다른 사람의 주민등록번호를 부정하게 사용한 자)에 해당되며 '3년 이하의 징역 또는 3천만원 이하의 벌금'에 처해질 수 있는 행위라고 생각하고 있습니다.

이에 본인은 귀하가 본인에 대한 주민등록초본을 발급받는 과정과 이를 사용하여 본인에게 내용증명을 발송하는 과정에서 위 주민등록법을 위반한 것이라는 강한 확신을 가지고 있는바, 2020. 10. 8.까지 귀하의 합당한 해명을 기다리겠습니다.

만일 위 기한까지 귀하의 합당한 해명이 없다고 한다면 바로 귀하에 대해 주민등록법위반 등 관련 형사고소 및 민사상 손해배상소송 등 법적 조치를 취하도록 하겠습니다.

이와 같이 발신인은 위와 같은 사실을 귀하에게 확인시키고자 이렇게 내용증명을 발송하게 된 것이니 귀하의 원만한 협조를 부탁드립니다.

2020년 9월 22일

발신인
● ● ● 辯護士

이런, 세상에! 잘못 걸렸다. 공유자 중 한 사람이 변호사라니. 일순간 심장이 쿵쾅거리면서 세상에 나 혼자만 남겨진 것 같았다. 그 공유자는 내가 자신의 초본을 발급받았다는 사실을 들면서 형사소송을 하겠다고 심리적 압박을 가했다. 인간이 궁지에 몰리면 가장 쉽게 취하는 방어기제가 '회피'다. 어디 숨을 만한 곳이 있다면 기어들어 가고 싶고, 모든 것을 처음으로 되돌리고 싶어진다.

정신을 차리고 용쌤에게 SOS를 쳤다. 용쌤은 간단히 정리했다. '공유물분할청구소송은 민사소송이기 때문에 결론은 현물분할 또는 대금분할 중 하나로 결정된다. 그 결과는 변호사 할아버지가 와도 바뀌지 않으니 무조건 직진해라!'

용쌤과 통화한 후 무너진 정신을 다잡았다. 내 뒤에 용쌤이 있다고 믿으며 받은 내용증명을 천천히 살펴보고 반박할 수 있는 근거를 모조리 찾아서 나도 내용증명을 보냈다. 처음 보낸 내용증명이 순한 맛이었다면, 이번에 보내는 내용증명은 매운맛 버전이었다.

공유자인 변호사에게 보낸 내용증명

내용증명

제목 : ▓▓▓님께서 보내신 등기번호 313▓▓▓▓▓▓▓의 내용증명에 대한 답변.

발신인 : LF가치투자 대표 이태연 ▓▓▓-▓▓▓-▓▓▓▓

주소 : ▓▓▓▓ ▓▓▓▓ ▓ ▓▓▓▓▓▓ ▓▓ ▓▓▓▓

사건번호 : 2019타경 ▓▓▓▓

목적물 : 전라북도 김제시 ▓▓▓ ▓▓▓ ▓▓▓ ▓▓, ▓▓ ▓▓▓

1. 본인의 이름은 '이태연' 입니다. '이태현'이 아닙니다.

2. 내용증명을 잘 읽어보았습니다. 귀중한 선산이지만, 잘 관리하지 못하고, 친인척간 교류도 없이 해당 목적물이 경매절차가 진행중이라는 것도 모르는 공유자분들이 오히려 민사집행법에서 낙찰받은 최고가 매수인에게 왜 낙찰받았냐고 그 책임을 묻는 것에 대해서는 안타깝지만, 제가 답변해 드릴 것은 없습니다.

날짜를 착각하고 계시는데, 해당 목적물의 낙찰일은 2020년 08월 03일입니다.
첫 지분의뢰서를 보낸 날짜는 2020년 08월 03일입니다.

공유물분할소송은 공유자들끼리 서로 충분한 협의가 되면 언제든지 소를 취하할 수 있습니다.

저를 '부동산 경매를 통한 차익 실현을 전문으로 하는 사람'이라고 하셨는데, 최고가 매수인은 민사집행법의 경매라는 방법을 통해 꼬여 있는 채권, 채무관계를 최종적으로 풀기위한 사람이라고 생각합니다. 그 법적진행 절차를 위해서 노력해 주시는 많은 분들이 수익만 창출하기 위한 것이 아닙니다. ████ 변호사님께는 법적약 자들에게 법적지식을 제공해주고 오직 수임료만을 목적으로 하시는 분이 아니라고 믿고싶습니다.

3. 주민등록법 제29조 제2항 제6호에서 ████님과 저는 채권.채무관계의 당사자가 아니라, 이해관계인 입니다.

해당 목적물 지분 소유자인 저는 내용증명을 통해서 ████님과 나머지 지분권자들에게 해당 부동산의 처분 의뢰를 할 수 있고, 공유자분들의 초본을 발급 받을 수 있는 이해관계인 입니다.

주민등록등.초본 발급을 담당하는 다수의 담당자들에게 문의를 하셨다고 하셨는데 정확한 문서가 있는지요?
본인은 행정안전부의 지침에 따라서 정당하게 ████님의 초본을 발급받았습니다.
부정한 방법을 통해서 주민등록초본을 발급받지 않았습니다.

아래에 행정안전부의 주민등록관련 질의 응답 부분을 첨부하오니 참고하시길 바랍니다.

발간 등록 번호
11-1741000-000073-12

 행정안전부

 107 토지공유자의 주민등록표 초본 발급

☞ 토지공유자 중 1인이 토지매매를 위하여 등기부등본 상 토지공유자의 주민등록표 초본발급 신청 시 가능 여부

> **회신**
>
> • 수인의 토지공유자 중 1인이 토지매매 등을 위하여 등기부등본에 토지공유자임이 기재된 대상자의 주민등록 초본교부를 신청하는 경우, 토지의 공유자임을 입증할 수 있는 등기부등본과 부동산의 처분행위에 관한 의사표시를 입증할 수 있는 내용증명을 첨부하여 신청하면, 부동산의 권리설정 · 변경 · 소멸에 관계되는 자에 해당하므로 공유대상자의 초본교부 신청 가능

법무법인 ████ 변호사이시고 사회적 지위가 높으신 분께서 정확한 근거 없이 죄가 없는 사람에게 형사고소 를 운운하는 것은 바람직하지 않다고 생각합니다.

4. 법적인 지식은 ████ 변호사님께서 훨씬 뛰어나다는 것을 인정합니다. 하지만, 세상일을 모두 법으로만 해 결하려고 하기보다는 원만하게 해결하는 방법도 있다고 생각합니다.
저는 꼬여있는 공유관계를 원만하게 풀었으면 좋겠습니다.

2020년 10월 08일

이제 더는 내용증명으로 기 뺄 것 없이 공유물분할소송에 집중하기로 했다. 공유물분할청구소송의 소장이 공유자들에게 도달했고, 드디어 변론기일이 잡혔다.

변론기일, 전주지방법원에 일찍 도착했다. 범죄를 저지른 것도 아닌데 괜스레 긴장되고 떨렸다. 판사한테 할 말을 계속 연습하면서 가슴을 진정시키려고 수차례 심호흡을 했다. 몇 분 뒤, 누가 봐도 변호사임을 알아볼 만한 차림의 남자가 법정으로 들어왔다. 그리고 나의 사건 차례가 됐다. 변호사는 나를 향해 눈을 흘기며 변론 당사자석에 앉았다. 판사는 나에게 왜 이런 토지를 낙찰받았냐고 물었고 나는 경매에 나와서 받았다고 당당히 말했다.

이어 판사는 변호사에게 질문했다.

"원하는 바가 뭔가요?"

변호사가 주장한 내용을 요약하면 이렇다.

- 토지분할은 현물분할이 원칙이다.
- 낙찰자는 묘지가 있는 선산인 줄 알면서 낙찰받았기 때문에 불순한 사람이다.
- 묘지가 없는 쪽 토지를 분할하겠다.

역시 예상한 바였다. 나는 몇 날 며칠 고민하면서 내 권리를 어떻게 방어할지 지속적으로 생각했고, 변호사가 주장할 내용도 예상해봤다. 내 주장을 요약하면 다음과 같다.

- 공유물분할은 현물분할이 원칙이다. 그러나 한쪽 공유자의 토지 가치가

현저하게 떨어진다면 현물분할은 불가하다.

- 굳이 피고가 현물분할을 원한다면 나는 도로 쪽 땅만 분할해서 가지고 가겠다.

내 주장을 듣자마자 변호사는 당황해서 "그럼 나머지 공유자들의 땅은 맹지가 되는데요?"라고 판사에게 말했다. 판사는 더 이상 합의가 되지 않자 다음 변론기일을 잡아주며 그때 다시 오라고 했다.

내가 낙찰받은 토지는 아래의 동그라미 친 부분이다.

이 땅의 지적도를 보면 도로에 접한 부분이 우측 한 곳밖에 없다. 그래서 나는 현물분할을 할 경우 도로 쪽 땅을 가지겠다는 주장이 먹힐 것 같았고, 분명

해당 물건의 지적도

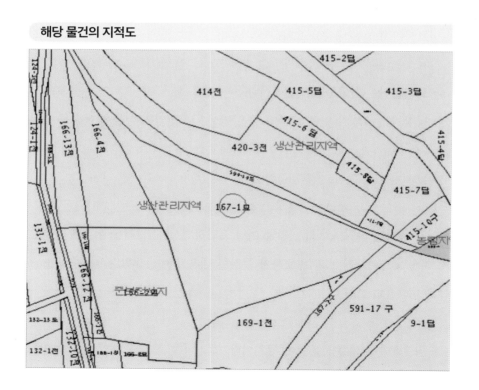

히 공유자들은 내 지분을 살 수밖에 없을 거라고 믿었다.

법정 밖으로 나오니 굳은 표정의 변호사가 서 있었다. 용기를 내서 말을 걸었다.

"변호사님, 언짢게 해서 죄송합니다. 그런데 이 지분을 낙찰받은 사람이라면 누구나 저처럼 처리했을 겁니다. 너무 기분 나빠하지 마세요. 그리고 다음 변론기일이 잡혔는데 변호사님은 서울에서 오셔야 하고 저는 제주도에서 와야 하니 서로 얼마나 피곤겠습니까? 저는 그 땅 필요 없습니다. 그러니 변호사님께서 제 땅을 감정가에 사주십시오."

고개를 끄덕이던 변호사는 다른 공유자와 상의 후 연락을 준다고 했다. 서로 명함을 주고받고 헤어졌다. 변론기일을 잘 끝냈고 변호사에게 지지 않고 내가 하고 싶은 말을 다 했다는 성취감에 날아갈 것 같았다.

며칠 후 변호사에게 전화가 왔고, 몇 번의 실랑이 끝에 감정가보다 조금 낮은 475만 원에 매도하기로 했다.

약속대로 나는 소송을 취하했고, 세금 신고 후 작지만 첫 수익을 얻었다. 첫 지분토지 낙찰에 하필 공유자이자 변호사를 만나서 지옥과 천당을 왔다 갔다 한 경험은 평생 잊지 못할 것 같다.

💰 경매로 돈 버는 투자자의 한 끗

어떤 일도 아무 이유 없이 찾아오지 않는다. 힘든 일도 결국 돌이켜보면 그만한 이유가 있어서 나에게 다가온 것임을 새삼 깨달았다. 용쌤이 강조했듯이, 변호사 할아버지가 와도 지분 토지 낙찰자의 재산권을 해할 수 없다. 그러니 어떤 상황이 닥치더라도 포기하지 말고 끝까지 가야 한다.

지분 낙찰받은 후 판결문을 근거로 나머지 지분도 경매로 넘기다
: 공유자우선매수권을 적절하게 행사하는 법

일반 지분물건의 탈을 쓴 복잡하게 꼬인 특수물건
: 주거용 지분물건에 투자할 때 필요한 마음

싸게 낙찰받아야 어떤 상황에서도 수익을 지킨다
: 부당이득반환청구는 현재 점유하고 있는 사람에게

협의는 감감무소식, 변론기일만 네 번 참석한 이유
: 부당이득반환청구 판결 이후 꼭 필요한 절차

어떤 상황에서도 대리인이 아닌 공유자와 협의해야 한다
: 부당이득반환청구소송은 원고의 주소지에서 진행 가능

4장

주거용 부동산 지분 낙찰받으면 공유물분할청구와 부당이득반환청구소송

지분 낙찰받은 후 판결문을 근거로 나머지 지분도 경매로 넘기다

공유자우선매수권을 적절하게 행사하는 법

예정된 입주 물량이 적고, 대한방직 땅의 개발 호재가 있는 전주 아파트 물건이 공매로 나왔다는 용쌤의 설레는 목소리에 나도 덩달아 기분이 좋아졌다. 경·공매에 열정적으로 몰입하던 초창기에 용쌤과 반반 지분으로 들어가기로 해서 얼마나 든든했는지 모른다.

절반 지분을 감정가에 넘기는 것이 단기 수익으로는 가장 좋을 것이다. 하지만 일이 항상 계획대로 흘러가지는 않기 때문에 향후 소송 대응과 문제 해결 중심으로 가능한 시나리오를 모두 세웠다. 들어갈 비용과 계산 수식을 넣은 엑셀 표를 작성한 후, 주거용 지분을 공매로 낙찰받았다.

투자 중인 다른 물건의 일로 서울 남부지방법원에 있었는데, 공유자로부터 전화가 왔다. 공유지분권자가 낙찰자에게 먼저 전화하는 경우가 없기에 당황했지만, 공매는 관리 담당자의 직통 전화가 잘 연결되고 시시각각의 변화 상황을 바로 물어볼 수 있는 시스템이 갖춰져 있기 때문에 자연스럽게 대화를 이어갈 수 있었다.

해당 물건의 공매 정보

2018-	입찰일자 : 2019-05-20 10:00 ~ 2019-05-22 17:00		
집행기관	한국자산관리공사	담당자	전북지역본부 / 조세정리팀 /
소재지	전라북도 전주시 완산구 전라북도 전주시 완산구		D 지도 N 지도
유찰횟수	2 회	물건상태	낙찰	감정가	154,500,000원
물건용도	아파트	입찰방식	일반경쟁(최고가방식)	최저가	(80%)123,600,000원
위임기관		공고일자	2019-03-06	배분종기일	2019-04-22
납부기한	낙찰금액별 구분			종류/방식	압류재산 / 매각
면적(㎡)	대24,6716㎡, 건물42,4582㎡				

606 605 604 603 602 601

낙찰정보

집행완료일시	입찰자수	입찰금액	결과	낙찰금액
2019-05-23 11:11	유효 2명 / 무효 1명	130,500,000원 / 124,188,380원	낙찰	130,500,000원

"안녕하세요. 이번에 저희가 입찰했어야 하는데 안타깝습니다. 낙찰받으신 지분을 저희가 인수할 수 있을까요?"

"네, 가능합니다. 전화번호는 어떻게 아셨나요?"

"공매 사이트 담당자에게 물어봐서 알았습니다. 낙찰받은 금액 그대로 넘길 수 있나요?"

일단 전화번호를 '전주 ○○ 공유자'로 저장했다. 서글서글한 남자로, 무척 밝은 목소리였다. 그런데 한편으로는 2분의 1 지분물건이기 때문에 공유자우선매수신고(나머지 지분을 가진 사람에게 주는 우선권. 다만 공유자가 두 명 이상일 때는 n분의 1로 배정할 수 있다)를 할 수 있었는데 하지 않았고, 잔금이 치러지기도 전에 직접 인수하겠다는 의사를 드러내며 낙찰받은 가격에 달라는 것이 이상했다.

"그대로 인수할 수 있는 공유자우선매수 기회가 있으셨는데요?"

"그 시기를 놓치고 말았습니다."

협상을 위해서 낙찰가 1억 3,000만 원이 아니라 감정가 1억 5,000만 원에 인수할 의향이 있는지 묻고 기다렸으나 1차 협상이 결렬됐다. 향후 과정을 어떻게 이끌어갈지 안내하는 내용을 이포스트 우편으로 보냈다. 실거주에 대한 부당이득반환청구소송과 공유물분할청구소송 이후, 경매에 나머지 지분이 넘겨질 수 있고 직접 협상에 나서지 않으면 불리할 수 있다는 내용이다. 하지만 상대방은 자신이 이런 경·공매 과정을 잘 알고 많은 경험이 있기 때문에 그냥 지분을 넘기는 것이 좋다고 계속해서 주장했다.

전화는 녹음하고, 클로버라는 음성 변환 앱을 통해 녹취록으로 작성해두고, 가능한 한 문자 기록으로 소통하며 오간 기록을 남겨뒀다. 이 모든 것을 법적 증거로 제출하기 위해 PDF 변환도 해뒀다.

협상을 진행할 때는 시간이 지연되는 것을 막기 위해 모아둔 자료들을 기반으로 법적으로도 실질 조치를 취해두는 것이 좋다. 이른바 투 트랙 전략으로, 협상과 소송을 병행하는 것이다. 실거주하는 데 대한 2분의 1 지분을 근거로 부당이득반환청구소송과 공유물분할청구소송을 신청해두면 된다. 해당 물건지는 전주였지만, 원고 측 주소지에도 신청할 수 있었기 때문에 의정부지방법원에 전주 물건에 대해 부당이득반환청구소송과 공유물분할청구소송을 함께 신청해두고 법정기일이 잡히기를 기다렸다(부당이득반환청구소송 신청 방법은 250쪽 참고).

코로나 탓에 시간이 지연되는 경우가 많았기 때문에 기일지정신청서를 함께 제출했다. 그렇게 해야 마냥 흘러가는 시간을 막을 수 있다. 한국에서의 재판은 서면주의를 택하기 때문에 큰 사건이 아니라면 피고와 원고 측의 변호사가 멋지게 대립하며 "재판장님!"을 불러대는 장면을 보기 어렵다. 대체로 법정

외부 스크린에 당일 처리되는 사건들이 표시되는데, 15분 단위로 세 개 사건을 배정한다. 즉, 5분당 한 건의 사건이 처리되는 것이다. '진짜로 5분도 안 되는 시간에 판결이 난다고?'라며 의아해하는 사람이 많겠지만 진짜 그렇다.

피고가 출석하든 하지 않든 거의 5분 이내에 끝나는데, 해당 사건에서는 지방에 있는 피고가 불출석하여 원고 승소로 결정났다. 이 부당이득반환청구소송 판결문을 근거로 나머지 지분을 경매에 넘길 수 있었다. 3개월 정도면 끝났을 소송이 코로나 탓에 6개월이나 걸렸다. 판사나 집행관이 감염되면 부재로 인한 업무 지연이 발생하기 때문이다.

1차 공매 낙찰 시 2분의 1 공유자들이 쓸 수 있었던 것과 같이, 2차 경매 낙찰 시 공유자가 된 우리도 공유자우선매수권을 쓸 수 있다. 1회차 경매입찰 당일, 우리는 유찰될 거라고 생각하면서도 법정에 출석했다. 서면으로 우선매수권을 청구해둘 수도 있었으나, 그럴 경우 개정된 공유자우선매수청구에 관한

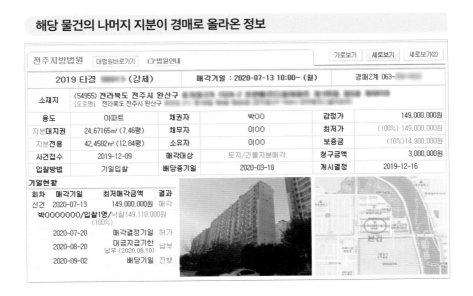

해당 물건의 나머지 지분이 경매로 올라온 정보

법률 때문에 유찰이 되면 1회 사용 제한에 걸려 다음 회차에 공유자우선매수권을 쓸 수 없기 때문에 직접 전주지방법원으로 간 것이다.

폭우가 쏟아져 운전이 너무 힘들었던 당일 새벽, 차를 몰고 도착한 법정에서 1억 5,000만 원 가까이 쓴 사람이 단독으로 낙찰받았다. 나중에 알게 된 사실이지만 우리와 협상하던 사람은 소유자가 고용한 브로커였고, 통화한 내용을 바탕으로 가족들에게 입찰하라는 조언을 준 것이었다. 그런데 그는 공유자우선매수권이나 부당이득반환청구에 의한 경매신청, 공유물분할 등을 경험하지 못한 사람이었던 것 같다. 경매에 넘겨지기 전까지 수많은 협상 기회가 있었고 심지어 1억 5,000만 원의 감정가에 넘기겠다는 협상까지 갔지만, 이를 무시하고 경매에서 낙찰받도록 조언함으로써 우선매수권을 쓴 우리에게 패찰을 당하는 결과로 이끈 것이다. 시간은 시간대로 지연됐고 결과도 예상과는 반대였으니, 실소유주인 공유자의 내면 갈등이 심했을 것으로 예상된다.

공유자우선매수권 사용 이후, 단독 물건이 된 아파트를 담보로 70% 대출을 받아서 기존의 신용대출과 지분대출의 높은 이자를 낮출 수 있었다. 그리고 인도명령을 신청했다. 점유하고 있던 소유주를 명도하기 위해 필요한 절차다. 인도명령을 근거로 강제집행을 신청할 수 있기 때문이다.

판결문에 기록된 날짜를 통해서 넘긴 강제경매였기 때문에 공유자가 거주 가능한 시간이 지났고, 이에 따라 2차 부당이득반환청구소송을 접수했다. 강제집행신청도 받아들여졌다. 지금까지 협상을 해오던 사람은 명도비용과 소송 취하를 조건으로 바로 이사를 가겠다고 연락했다. 이 과정에서 전혀 다른 번호로 연락이 왔는데, 지금까지의 과정을 브로커에게 일임한 실제 공유자였다.

협상이 지연되고 소송으로 가서 경매신청에 이르기까지 소유주는 브로커의 조언대로 행동했다. 하지만 우리가 신청한 공유자우선매수청구권으로 나머

부동산인도명령결정문

전 주 지 방 법 원
결 정

사 건 2020타인 ▨▨ 부동산인도명령
신 청 인 ▨▨▨▨ ▨▨▨▨▨▨
　　　　　남양주시 ▨▨▨ ▨ ▨▨▨▨ ▨▨ ▨▨▨▨▨

피 신 청 인 ▨▨▨▨ ▨▨▨▨▨
　　　　　　전주시 완산구 ▨▨▨ ▨▨ ▨▨▨▨ ▨▨▨▨▨▨▨▨ ▨▨▨
　　　　　　▨▨▨▨

주 문
피신청인은 신청인에게 별지목록 기재 부동산을 인도하라.
이 유
이 법원 전주지방법원 2019타경 ▨▨▨▨ 부동산강제경매에 관하여 신청인의 인도명령 신청이 이유있다고 인정되므로 주문과 같이 결정한다.

2020. 8. 26.

사법보좌관　　　　▨▨▨

지 지분을 잃고 인도명령에 의한 강제집행신청까지 당하게 되자, 그제야 브로커를 믿지 못하고 실소유주였던 공유자가 전면에 등장했다.

　살면서 경매를 당하는 상황에 마주했을 때, 반드시 소유권이 있는 사람과 직접 협상해야 한다는 사실을 기억했으면 한다. 인간은 현실을 회피하고 싶어 하고 자신은 잘 모른다는 생각 때문에 누군가에게 의존하고 싶어 하지만, 자신만큼 자기 상황을 잘 아는 사람은 없다. 또한 누군가가 대리하거나 자신의 입장을 알아주는 사람을 통해 협상하게 되면, 예상과는 완전히 반대되는 결과가 나올 수 있다는 것도 생각해야 한다. 해당 사건 공유자도 처음부터 우리와 협상했다면 입찰한 가격에 바로 집을 찾을 수 있었을 것이다. 모쪼록 나중에 받은 배당금으로 이후 일어날 인생의 결정들은 잘 해나갈 수 있기를 바란다.

지분물건은 보통 대출이 나오지 않지만 2금융권인 신협에서 아파트 지분대출을 해주는 곳을 찾아냈고, 상조 가입과 적금 가입 등을 2년 이상 유지하는 조건으로 30%를 대출받았다. 나머지 지분을 인수한 이후 단독 물건으로 잔금대출을 받아 청산하기까지 신용대출 8,100만 원과 지분대출 3,600만 원으로 1년 이자 1,000만 원 정도를 절반씩 내고, 실투자금 없이 아파트 하나를 마련했다.

과정은 복잡하지만 단순히 설명하자면 지분대출과 신용대출로 1차 공매비용을 충당했다. 소송을 통해 나머지 2분의 1 지분을 경매에 넘기고, 이때 필요한 2차 경매 인수비용은 단독 물건의 소유권을 확보해 70% 잔금대출을 통해 해결했다. 그리고 전세금 3억 1,000만 원을 받아 잔금대출을 상환함으로써 투자금을 전혀 들이지 않고 바로 수익을 냈다.

채무자인 줄 알았던 경매 브로커와의 협상 과정에서 어려움이 있었지만 용쌤과 2분의 1씩 들어갔기 때문에 지식과 경험이 쌓이면서도 예측 불가능한 리스크까지 없앨 수 있었다. 소송과 협상, 이후의 강제집행과 2차 소송, 배당금에 걸었던 가압류까지 브로커의 오판은 오히려 내게 전 과정을 아주 깊이 공부하고 경험하게 해준 기회가 됐다.

경매 브로커가 중간에 끼어 있는 상태였지만 처음에는 알지 못했다. 브로커가 대화 자체가 안 되고, 무조건 우기고, 화만 내는 성격인 데다 자기 할 말만 하고 연락을 끊는 바람에 속이 많이 상했다. 이럴 때는 감정적으로 대응하기보다 법에서 정한 절차대로 부당이득반환청구(공유자가 거주하고 있었기 때문에), 인도명령, 강제집행을 하나씩 진행해나가면 된다. 상대방에게 휘둘릴 필요도 없고 말도 안 되는 이야기를 들어줄 필요도 없다. 경매와 공매로 부동산을 낙찰받았다면 정해진 절차대로 진행하면서 소통의 창구를 열어놓으면 된다.

일반 지분물건의 탈을 쓴
복잡하게 꼬인 특수물건

주거용 지분물건에 투자할 때 필요한 마음

서울에서 비교적 가까운 위치에 있는 단독주택 주거용 지분물건을 낙찰받았다. 주택 옆에 창고와 제시 외 용도로 사용되는 건물이 있는, 전형적인 마당 넓은 시골집이었다. 계획관리지역⁺이었고 공유자 중 한 사람인 어머니가 거주하고 있었다.

단독주택이고, 주거용 물건이며, 어머니가 공유자로서 거주하는 상속지분물건이었기에 소송과 협의를 통해 쉽게 해결할 수 있으리라고 생각했다. 그러나 예상과 달리 실제로는 지분관계가 복잡하게 얽혀 있었다.

낙찰 후 공유자들에게 우편을 보냈지만 누구도 회신하지 않았다. 공유자들과 연락을 취하기 위해서는 소송을 통하는 방법밖에 없어 보였다. 공유자 중 한 명이 물건지에 거주하고 있었기 때문에 공유물분할청구소송 및 부당이득반환청구소송을 함께 진행했다. 소장이 한 명, 한 명에게 도달되는 와중에 낯선 전화번호로 전

╋계획관리지역
도시지역으로 편입이 예상되는 지역과 함께 자연환경을 고려해서 제한적으로 이용 및 개발하고자 하는 지역이다. 관리지역에는 보전관리지역, 생산관리지역, 계획관리지역이 있는데 이 중 계획관리지역이 개발 가능 행위의 범위가 제일 넓고, 토지 개발 시 일반적으로 선호된다. 계획관리지역은 건폐율이 40%이고 4층 이상의 건축도 가능하므로 토지를 매입하고자 할 때 중요한 기준이 된다.

해당 물건의 경매 정보

의정부지방법원	대법원바로가기	법원안내			가로보기	세로보기	세로보기(2)
2020 타경 ○○○○ (강제)		매각기일 : 2020-07-03 10:30~ (금)			경매17계 031-○○○-○○○○		

소재지	(12415) 경기도 가평군 ○○○ ○○○○ ○○○ [도로명] 경기도 가평군 ○○○○○○○○ ○○			
용도	주택	채권자	교○○○○○	감정가	14,640,350원
지분토지	37,69㎡ (11.4평)	채무자	봉○○	최저가	(70%) 10,248,000원
지분건물	9.45㎡ (2.86평)	소유자	봉○○○○	보증금	(10%) 1,024,800원
제시외	6.16㎡ (1.86평)	매각대상	토지/건물지분매각	청구금액	13,922,969원
입찰방법	기일입찰	배당종기일	2020-05-04	개시결정	2020-02-24

기일현황

회차	매각기일	최저매각금액	결과
신건	2020-05-29	14,640,350원	유찰
2차	2020-07-03	10,248,000원	매각
	○○○/입찰2명/낙찰11,259,000원(77%)		
	2020-07-10	매각결정기일	허가
	2020-08-18	대금지급기한 납부 (2020.08.13)	납부
	2020-09-07	배당기일	완료
	배당종결된 사건입니다.		

감정평가현황 ▶ ○○○○○○○○ 가격시점 : 2020-03-06

○지도 ○지도 ○감정평가서

물건지의 위성사진

화 한 통이 왔다. 해당 물건지에 거주하고 있는 공유자의 딸이라며 그 집의 역사를 자세히 들려주었다.

등기부등본상으로는 다섯 명이 상속을 통해 소유하는 형태였으나, 상속 배우자(즉 이 집의 어머니)가 거주하는 집의 공유자들은 그녀의 친자식이 아니었다. 사연을 들으니, 딸만 다섯을 낳은 어머니가 이혼을 당하고 봉씨 성의 남자와 재혼했다고 한다. 이후 봉씨 집안 자녀들을 도맡아 키워가며 평생 집 하나를 장만해 살아온 것이다. 집은 사망한 남편 봉씨의 명의로 돼 있었다.

봉씨 집안 자녀들만으로도 복잡한데, 당시 봉씨 집안 고모의 아들이 호적을 잠시 옮겨두고 있었고, 이 시기에 남편이 사망하면서 고모 아들에게도 지분이

해당 물건의 등기사항전부증명서 요약본

[건물] 경기도 가평군 ▒▒▒ ▒▒▒ ▒▒   고유번호 ▒▒▒-▒▒▒-▒▒▒▒

1. 소유지분현황 (갑구)

등기명의인	(주민)등록번호	최종지분	주소	순위번호
봉▒▒ (공유자)	63▒-*******	26분의 2	서울특별시 도봉구 ▒▒▒ ▒▒▒	3
봉▒▒ (공유자)	68▒-*******	26분의 2	경기도 가평군 ▒▒▒ ▒▒▒	3
봉▒▒ (공유자)	66▒-*******	26분의 2	인천광역시 남동구 ▒▒ ▒▒ ▒▒▒	3
봉▒▒ (공유자)	62▒-*******	26분의 2	경기도 광주시 ▒▒▒ ▒▒▒▒	3
봉▒▒ (공유자)	64▒-*******	26분의 2	경기도 광주시 ▒▒▒ ▒▒	3
정▒▒ (공유자)	40▒-*******	26분의 13	가평군 가평읍 ▒▒ ▒▒	2
정▒▒ (공유자)	40▒-*******	26분의 3	경기도 가평군 ▒▒▒ ▒▒▒	3

2. 소유지분을 제외한 소유권에 관한 사항 (갑구)

순위번호	등기목적	접수정보	주요등기사항	대상소유자
4	강제경매개시결정	2020년2월24일 제▒▒▒	채권자 ▒▒ ▒▒▒▒▒▒▒▒	봉▒▒

3. (근)저당권 및 전세권 등 (을구)
- 기록사항 없음

[참 고 사 항]
가. 등기기록에서 유효한 지분을 가진 소유자 혹은 공유자 현황을 가나다 순으로 표시합니다.
나. 최종지분은 등기명의인이 가진 최종지분이며, 2개 이상의 순위번호에 지분을 가진 경우 그 지분을 합산하였습니다.
다. 지분이 통분되어 공시된 경우는 전체의 지분을 통분하여 공시한 것입니다.
라. 대상소유자가 명확하지 않은 경우 '확인불가'로 표시될 수 있습니다. 정확한 권리사항은 등기사항증명서를 확인하시기 바랍니다.

상속됐다. 더 꼬인 상황은 고모 아들인 공유자가 개명을 해서 서류상으로는 존재하지 않는다는 것이다. 1980년대에 수기로 기록된 관청 서류와 주민등록번호가 일치하지 않아서 지분권자로서 소유권을 인정받을 방법이 없었다.

지자체와 등기소 모두 방법을 찾을 수 없다고 했지만, 나는 포기하지 않았다. 민사 해결사라는 생각으로 사건에 임했고, 사람이 만든 실타래는 사람이 풀어낼 수 있다는 신념을 가지고 최선을 다했다. 결국 이 문제는 소송을 제기해 판결을 근거로 해결할 수밖에 없다고 판단했다.

아들을 낳지 못해 이혼당한 한 많은 여인, 그 여인을 품고 살아가던 남편의 사망, 그로 인한 남편 측 가족들의 지분권 상속, 그리고 집이 경매로 넘어가기까지……. 법을 잘 모르는 필부로서는 감당하기 어려운 시련이었을 것이다. 어쩌면 도무지 해결책이 보이지 않는 이 복잡한 문제를 해결해줄 사람을 기다리고 있었던 건 아니었을까.

어쨌든 하나씩 해결하면 실마리가 보이게 마련이다. 일단 가장 문제가 되는, 이름과 주민등록번호가 불일치하는 공유자(고모 아들)의 지분을 해결해야 한다. 이건 내가 할 수 있는 일이 아니었고 변호사의 조력이 필요했다. 이 사건을 해결해줄 수 있는 변호사를 찾아 연결해줬다. 몇 개월이 걸리긴 했지만 마침내 판결문을 받아 고모 아들을 상속자에서 빼고 그의 지분을 어머니에게 가져올 수 있었다. 변호사는 고모 아들의 지분을 어머니가 가져와야 한다는 내용의 소장을 접수해 당사자에게 송달되게 하고, 그 사람이 이의제기를 하지 않아 원고의 승으로 판결문이 나오도록 유도한 것이다. 고모 아들의 지분을 증여한다는 계약서와 인감증명서, 소송 판결문을 통해 복잡하게 얽힌 한 가닥 실타래는 풀었다.

이 과정에서 첫째 아들은 고모 아들을 설득해준다는 조건으로 어머니에게

150만 원의 수고비를 받았다. 생활이 어렵다고 호소하며 어머니에게 자신의 지분을 시세보다 높은 가격에 매입하라고 요구하기도 했다. 물론 어머니한테 는 그럴 여력이 없었다. 그는 나머지 아들들과 달리 욕심이 있었고, 성실하게 생활해온 사람이 아니었다.

그래서 이제 이 문제를 해결하기로 했다. 첫째 아들도 지분을 가지고 있다 보니 그 지분을 가지고 계속 어머니를 위협하며 힘들게 하고 있었다. 동생들 은 본인들 지분을 어머니에게 넘겨드리고 싶어 했지만 형의 방해로 이도 저도 못 하는 상황이었다. 첫째가 원하는 건 돈이니 그 지분을 내가 사겠다고 했다. 내가 직접 협상에 나서 첫째의 지분을 1,000만 원에 매입하기로 한 뒤 내가 소 유한 법인으로 지분을 인수했다. 첫째 아들의 지분을 수익 없이 사 와서 어머 니한테 그대로 매도하기로 한 것이다. 아쉽게도 첫째 아들은 그 1,000만 원을 보이스 피싱으로 날려 먹었다. 정말이지 안타까운 일이었다.

어머니의 친딸들은 나의 지분을 1,500만 원에 매입하겠다면서, 남은 생애 동안 어머니가 그 집에서 사실 수 있게 해드리고 싶다는 의지를 피력했다. 그 리고 나머지 형제들의 지분 처리를 부탁하며 컨설팅까지 의뢰했다. 형제들의 지분을 어머니에게 넘기지 못하도록 첫째 아들이 계속 방해한다고 했다.

서류상으로는 세상에 없는 사람이 된 고모 아들의 문제를 해결하고 나니, 이 를 도와준다는 대가를 받고 지분까지 매입하라고 요구한 첫째 아들의 문제가 터졌다. 이를 해결하고 나니, 나머지 지분 증여를 방해하는 문제가 또 생겼다. 나머지 아들들은 어머니가 계속 거주했으면 하는 마음으로 나머지 상속지분 을 증여하고 싶어 하는데, 첫째 아들이 계속 막고 있다. 그렇지만 공유지분이 없는 첫째 아들은 실질적인 소유권 행사를 할 수 없기 때문에 어머니의 거주 안정은 보장됐다고 할 수 있다. 이후 어머니가 집을 물려받을 자식들의 명의로 미리 이전해놓고 싶다고 해서, 친딸의 남편 명의로 매매계약서를 작성했다.

지난한 해결 과정이었던 데 비해 수익은 크지 않았지만, 어머니와 친딸들의 진심 어린 감사를 받았다. 어머니는 직접 기른 유정란까지 선물로 보내주셨다.

이 건을 진행하면서 사람이 사는 관계의 얽힘을 법으로 풀어낼 수 있다는 사실을 절감했다. 이런 문제 앞에 어쩔 줄 모르는 사람들을 도울 수 있다는 것이 주거용 지분물건 해결의 보람인 것 같다. 부디 남은 생 동안은 어머니가 친딸들과 함께 평안하기를 바라는 마음이다.

💲 경매로 돈 버는 투자자의 한 끗

지분경매·공매 투자를 하면서 가장 뿌듯하고 기분 좋았던 물건이다. 어머니는 물론이고 딸들도 배다른 오빠 한 명 때문에 엄청나게 속앓이를 해왔다. 나서서 해결할 수 있는 사람이 있는 것도 아니었기에 오랫동안 상처가 쌓였다. 그 물건을 낙찰받고 이해관계인들과 대화를 나누면서 문제점들을 빠르게 파악했고, 모두가 만족할 만한 상황을 만들기 위해 노력했다. 역지사지하는 마음으로 상대방과 서로 이익이 될 방법들을 찾아나가다 보니 감사하다는 이야기를 들으며 매도할 수 있었다. 수익을 더 크게 낼 수도 있었지만 상대방도 이익이 있어야 기분 좋게 마무리가 될 수 있다. 역지사지, 모든 투자자가 가져야 하는 마음이다.

싸게 낙찰받아야
어떤 상황에서도 수익을 지킨다

부당이득반환청구는 현재 점유하고 있는 사람에게

주택 지분을 낙찰받고, 2021년 4월 13일에 공유물분할청구소송을 제기했다. 소가 제기되자 피고는 변호사를 선임했고, 변호사가 답변서를 제출했다. 답변서에서 주장하는 내용은 다음과 같다. 해당 물건은 현재 상속 절차가 진행 중이며 피고들을 비롯한 공동상속인 간에 상속재산에 관하여 어떤 협의도 이루어진 사실이 없고, 협의할 수 없는 상태이며, 상속재산 협의에 대한 성립이 없는 원고의 공유물분할청구는 부당하다는 것이었다. 이 답변서를 확인한 후 반박 내용을 준비하기까지 시간이 조금 걸릴 것으로 예상돼 일단 소를 취하했다.

그런 후 다시 소를 제기했다. 피고의 답변서에 대한 반박 내용을 준비한 후 공유물분할청구소송과 부당이득반환청구소송을 함께 제기했다. 소장이 접수돼 피고에게 도달하자 피고는 또다시 같은 변호사를 선임했고, 변호사는 기존의 답변서를 한 번 더 제출했다. 이에 대해 나는 상속인 중 공동상속인들과 원고의 공유물에 대한 청구이기 때문에 원고의 공유물인 부동산에 대해 공유물분할을 신청하는 것은 적법하다고 반박했다.

해당 물건의 경매 정보

수원지방법원 안양지원 | 대법원바로가기 | 법원안내 | 가로보기 | 세로보기 | 세로보기(2)

2020 타경 ■■■■■■ (강제)		매각기일 : 2021-01-05 10:30~ (화)		경매4계 031-■■■-■■■

소재지	(13935) 경기도 안양시 동안구 ■■■■, ■■■ : ■■■■■, ■■■■ ■■, ■■■ ■■ [도로명] 경기도 안양시 동안구 ■■■■■■■, ■■ ■■ ■■ ■■ ■■■ ■■ ■■			
용도	다세대(빌라)	채권자	서울보증보험	감정가	54,545,000원
대장용도	다세대 주택	채무자	■■■	최저가	(80%) 43,636,000원
지분대지권	4.91㎡ (1.49평)	소유자	■■■■ 외	보증금	(10%)4,363,600원
지분전용	8.68㎡ (2.63평)	매각대상	토지/건물지분매각	청구금액	44,007,707원
사건접수	2020-03-16	배당종기일	2020-06-01	개시결정	2020-03-17

기일현황

회차	매각기일	최저매각금액	결과
신건	2020-11-17	54,545,000원	유찰
	2020-12-15	43,636,000원	변경
차	2021-01-05	43,636,000원	매각
	■■■■■■■■■■/입찰9명/낙찰60,100,000원 (110%) 2등 입찰가 : 58,210,100원		
	2021-01-12	매각결정기일	허가

변경공고 ▶ 변경일자 : 2020-12-10

변론기일이 잡혔고, 7월 21일 법원으로 갔다. 이 자리에서도 변호사는 소의 적법 여부를 다툰다는 내용을 주장했다. 같은 소를 안양지원에서 제기했다가 취하한 후, 원고의 주소 관할법원에 부당이득까지 포함하여 동일한 내용으로 소를 다시 제기했다고 주장했다.

주장을 들은 후 판사는 원고인 나에게 부당이득은 점유하고 있는 사람에게 청구해야 하는데, 피고들 전부에게 청구했다는 점을 지적했다. 이에 따라 청구취지, 청구원인을 변경해야 한다는 것이다. 그러면서 선정당사자와 선정자*, 피고 등을 다시 한번 표로 제출하라고 했다. 또한 피고 측 변호사가 주장하는 소의 적법 여부에 대해서 다투는 내용은 준비서면을 제출했으니 참고하라고 했다.

판사가 변호사에게 점유 중인 한 사람이 누구냐고 물었

╋선정당사자와 선정자
특정 물건을 공동으로(두 명 이상) 낙찰받아 공동의 이해관계가 있는 낙찰자들이 공동소송인이 되어 소송을 할 경우 대표로서 소송을 진행하는 사람을 선정당사자라고 하고, 나머지 소송인을 선정자라고 한다. 선정당사자가 대표로서 변론기일이나 조정기일 등에 참석하여 소송을 수행하며, 선정자는 참석하지 않아도 된다.

고, 변호사는 피고 중 한 명인 신○○이라고 답변했다. 판사는 피고 신○○이 거주하고 점유하고 있다는 점에서는 다툼이 없다면서 점유 관계에 맞춰서 청구취지와 청구원인을 정리하고 별지목록2도 원고와 피고 순서대로 정리해서 제출하라고 했다. 그렇게 1차 변론기일이 종료됐다.

✚ 별지목록1·2
소장을 작성할 때 재판부에 제출하는 부동산의 표시에 대한 내용을 적은 목록이다. 토지·아파트·빌라·단독주택을 낙찰받았을 때 '별지목록1'에는 어떤 주소에 있는 물건인지 함축해서 간략하게 표시하고, '별지목록2'에는 해당 물건에 대한 소유자의 인적사항(이름, 주소, 소유자 지분)을 기록한다.

변론기일을 마치고 변호사와 다시 한번 이야기를 나눴다. 변호사가 적정한 가격을 제시하면 피고들에게 전달해보겠다고 해서 가격을 알려줬다. 그는 판사가 소의 적법 여부를 깊게 보지 않은 것 같다며 약간 불평을 했다.

며칠 후 법원에서 우편물이 하나 날아왔다. 안양지원에 소를 제기했다가 취하한 부분에 대하여 피고 쪽에서 소송비용을 신청했다는 내용이었다. 피고들은 변호사를 고용했으니, 그 비용에 대해서 소송비용확정신청을 한 것이다. 첨부된 소송비용계산서를 보니 변호사 보수 440만 원과 송달료 6만 2,400원, 인지대 600원 등 총 446만 3,300원이었다. 나는 변호사 보수를 소송비용에 어떻게 산입하는지를 검색해서 소가 기준으로 소송비용에 산입되는 변호사 보수 금액을 확인했다. 또한 피고들은 송달료와 인지대를 납부한 사실이 없는데도 소송비용액을 청구하는 것은 부당하니 인정할 수 없다고 의견서를 제출했다.

의견서를 제출하고 얼마 안 가서 결정문을 받았다. 너무나 기쁘게도, 내가 부담해야 할 소송비용은 '0'원인 것으로 확정이 났다. 그 이유는 소를 취하한 원고에게 소송비용을 부담자로 하는 건 부당하다는 것이었다. 소송비용을 각자 부담하라는 뜻이다.

며칠 뒤 2차 변론기일이 잡혔다. 2차 변론기일에도 피고 측 대리인 변호사가 출석했다. 판사는 1차 변론기일 때 요청한 대로 피고 신○○이 점유하고 있는 사실에 대해서는 다툼이 없고, 신○○에 대해서만 점유에 따른 부당이득을 구하는 것으로 청구취지와 청구원인을 잘 변경했다고 언급했다. 피고 측 변호사가 부당이득금을 과하게 청구했다고 주장하자, 판사가 나에게 임료감정을 통해서 임료를 산정할 것인지 아니면 임료 부분을 삭제할 것인지 물었다. 나는 임료 부분은 현재 시세를 근거로 해서 다시 확정하겠다고 답변했다. 내 말을 들은 변호사는 청구된 임료가 현재 시세의 4~5배에 달해 과하다고 주장했고, 나는 판사에게 피고 측이 현재 시세의 4~5배라고 주장하는 건 어떤 근거도 없으니 인정할 수 없다고 반박했다. 판사는 내가 낙찰받은 지분에 대한 임료 45만 원은 본인이 판단해도 과하게 보인다며, 객관적인 임료감정을 통해서 임료를 산정하거나 임료 부분은 철회하는 것이 어떤지 나에게 다시 물었다.

나는 최대한 임료감정을 하지 않고 임료가 결정되기를 희망했다. 임료감정을 하면 감정 금액을 먼저 납부해야 하므로 추가 비용이 들 수 있기 때문이다. 그렇다고 임료 부분을 철회하는 것도 인정할 수 없었다. 그래서 나도 한 발짝 양보해 내가 청구한 45만 원 중 낙찰받은 11분의 2 지분만큼 임료를 청구하겠다고 다시 주장했다. 판사는 피고 측 변호사에게 이 정도면 인정할 수 있지 않냐고 물었고, 피고 측 변호사도 수긍했다. 판사는 임대보증금 없는 임료는 전체 기준으로 45만 원이고, 원고는 45만 원 중 11분의 2에 상당하는 임료를 지급받는 것으로 최종 정리했다.

2차 변론기일까지 끝난 후 변호사와 다시 한번 이야기를 나눴다. 먼저 내가 말을 건넸다.

"변호사소송비용확정에 대한 결정 보셨죠? 제가 부담할 금액은 0원입니다."

변호사는 당혹스러운 표정을 지으며 말했다.

"아, 그건 피고들이 요구해서 그냥 진행한 거예요."

그러고는 1차 변론기일 때 주장한 것처럼 소가 적법하지 않기 때문에 자기 쪽이 이길 거라고 덧붙였다. 드디어 판결문이 나오는 날이 됐다. 결과는? 원고 승이다. 내가 이겼다. 판결문을 받았을 때 변호사의 표정이 어땠을지 정말 궁금했다. 2주 정도 뒤에 변호사가 항소했다는 연락을 받았다. 변호사한테 전화해 항소 이유를 물었다.

"군이 항소할 필요가 있을까요? 시간만 끌 뿐 항소한다고 해서 딱히 이길 수 있는 상황이 아닌 것 같은데요."

"의뢰인이 하라고 해서 하는 건데요. 결과가 왜 이렇게 나왔는지 모르겠네요. 저도 지인의 요청으로 사건을 맡아서 진행하기 때문에 의뢰인이 해달라는 대로 할 수밖에 없어요."

판결을 받고 공유자 한 명과 통화를 했다. 함께 부동산에 내놓고 팔면 가장 좋겠지만 공유자 한 명이 실종인 상태라 불가능했다. 그렇다면 해결하는 방법은 세 가지다. 공유자가 내 지분을 인수하거나, 공유자의 지분을 내가 저렴하게 인수해 전체를 경매로 넘긴 뒤 하나로 합치거나, 서로 사고팔고 없이 전체를 경매로 넘겨 내가 낙찰받거나 누군가가 낙찰받을 때까지 기다리는 것이다. 나로서는 첫 번째가 가장 좋은 시나리오이지만, 상대방은 돈이 없다는 말만 반복했다.

항 소 장

사　　건　　2023가단██████

항 소 인　　1. ████
(피　　고)　　안양시 동안구 ███████████ ██ ████ █████ ███████

　　　　　　2. ████
　　　　　　서울 강동구 ████████ █ ████ ██████████ █████████
　　　　　　██████████

　　　　　　3. ████
　　　　　　안양시 동안구 ███████████ ██ ████ █████████ ████
　　　　　　██████

피 항 소 인　　1. 주식회사 준민컴퍼니
(원　　고)　　서울 강서구 █████████ ██ █ ███ █████████ ███ ████████
　　　　　　█████

　　　　　　대표이사 유근용
　　　　　　(핸드폰: ███ ████ ████　　이메일: █████████████████)

위 사건에 관하여 서울남부지방법원에서 2023. 10. 13.에 선고한 판결정본
을 2023. 10. 16. 송달 받았으나 이에 불복이므로 항소를 제기합니다.

원판결의 표시

1. 별지2 부동산목록 기재 부동산을 경매에 부쳐 그 매각대금에서 경매비용을 공제한 나
머지 금액을 별지3 공유지분목록 기재 각 공유지분 비율로 원고(선정당사자) 및 선정자
들, 피고들에게 분배한다.
2. 피고 ████은

가. 원고(선정당사자)에게 2021. 2. 24.부터 별지2 부동산목록 기재 부동산에 대한 점유종료일 또는 원고(선정당사자)의 소유권 상실일까지 월 818원의 비율로 계산한 돈을 지급하고,

나. 선정자 ▨▨▨, ▨▨▨, ▨▨▨, ▨▨▨▨ ▨▨, ▨▨▨▨ ▨▨▨▨▨▨▨, ▨▨▨▨ ▨▨▨▨▨▨▨, ▨▨▨▨ ▨▨▨에게 2022. 6. 24.부터 별지2 부동산목록 기재 부동산에 대한 점유종료일 또는 위 선정자들의 소유권 상실일까지 각 월 11,571원의 비율로 계산한 돈을 지급하라.

3. 원고의 피고 ▨▨▨에 대한 나머지 청구를 기각한다.

4. 소송비용은 각자 부담한다.

5. 제2항은 가집행할 수 있다.

항 소 취 지

1. 원판결중 주문 제1항의 공유물분할 청구에 관하여 피고들 패소 부분을 취소한다.

2. 원고의 공유물분할에 관한 청구를 기각한다.

3. 소송비용은 제1,2심 모두 원고가 부담한다.

라는 판결을 구합니다.

항 소 이 유

추후 제출하겠습니다.

2023.10.27

항소인(피고) 소송대리인
변호사 ▨▨▨

서울남부지방법원 민사2단독 귀중

피고가 제기한 항소는 인지대 및 송달료를 납부하지 않아 각하[✚]되었고, 현재는 형식적경매가 진행 중이다. 다음의 이유로 해당 물건이 경매로 나오면 경쟁이 많을 것으로 예상한다. 우선, 해당 물건이 위치한 안양 종합운동장의 동측이 재개발 구역으로 지정되었고, 낙찰을 받으면 입주권을 받을 수 있

✚**각하**
민사소송법에서, 소(訴)나 상소가 형식적인 요건을 갖추지 못한 경우, 부적법한 것으로 하여 내용에 대한 판단 없이 소송을 종료하는 일

는 주택이며 월판선 안양 종합운동장역이 생기면 직선거리로 약 200m밖에 안 되는 거리이기 때문이다.

공유자 중 한 명이 행방불명이라 일반 매매로는 팔 수 없었지만 공유물분할청구소송 및 형식적경매를 통해 해결할 수 있으니 이게 바로 소송의 힘이 아닐까.

💲 경매로 돈 버는 투자자의 한 끗

지분물건을 낙찰받고 이해관계인을 찾다 보면 정말 다양한 상황을 맞이하게 된다. 처음 낙찰받았을 때 빠르게 수익을 얻을 수 있을 것 같아 다른 물건을 낙찰받았을 때보다 더 기뻐했다. 하지만 공유자 중 실종자가 있을 줄은 꿈에도 몰랐다. 소송을 진행하고 공유자들을 찾는 과정을 거치지 않으면 알 수가 없는 사정이니 말이다. 하지만 부동산을 저렴하게만 낙찰받는다면, 이런 다양한 상황이 발생하더라도 공유물분할청구소송으로 어떻게든 해결할 수 있다. 문제가 생겼을 때 겁먹지 말자. 방법을 찾고 서로에게 가장 좋은 방법을 생각하고 적용한다면, 결국 시간의 문제이지 반드시 해결되기 마련이다.

협의는 감감무소식,
변론기일만 네 번 참석한 이유

부당이득반환청구 판결 이후 꼭 필요한 절차

동두천의 한 아파트가 지분으로 경매에 나왔다. 공유자는 총 여섯 명이었고, 아버지가 사망하면서 자녀에게 상속된 물건이었다. 공유자 중 한 명인 어머니가 점유하고 있었고, 공유자인 자식들은 총 다섯 명이었는데 특이하게도 그중 한 명이 법인이었다. 등기를 확인해보니 공유자인 자식 중 한 명이 그 법인에 매각한 것이었다. 특별히 문제 될 건 없으리라고 생각했다. 어차피 다른 자식들도 있었고 어머니가 점유하고 있으니 협상하기 좋아 보였다.

입찰 당일 신건에 입찰했다. 혹시나 하는 마음에 최저가보다 11만 원 정도를 더 써서 입찰했는데, 신건 최저가에 입찰한 사람이 한 명 있었다. 그렇게 낙찰받았고, 집에서 거리가 좀 되는지라 바로 물건지로 향했다.

초인종을 누르니 공유자인 어머니가 나왔다. 이야기를 나눠보려고 했으나, 막무가내로 '모르겠다, 가라'는 말만 반복했다. 그래도 정확히 인지는 시켜드려야 하기에 설명을 하면서 슬쩍 내부 상태도 확인했다. 아쉽게도 내부는 기존 형태이고 리모델링은 되어 있지 않았다. 대화를 피하는 기색이 너무나 역

해당 물건의 경매 정보

의정부지방법원	대법원바로가기	법원안내			가로보기	세로보기	세로보기(2)
2021 타경 ■■■■ (강제)		매각기일 : 2022-05-04 10:30~ (수)			경매16계 031-■■■■		
소재지	(11358) 경기도 동두천시 ■■■■ ■■■■ ■■■■■■ ■■■■ ■■■ [도로명] 경기도 동두천시 ■■■■■						
용도	아파트	채권자	한0000000		감정가	18,000,000원	
지분대지권	2,9595㎡ (0.9평)	채무자	윤OO		최저가	(100%) 18,000,000원	
지분전용	7,6796㎡ (2,32평)	소유자	윤0000		보증금	(10%)1,800,000원	
사건접수	2021-10-22	매각대상	토지/건물지분매각		청구금액	6,087,658원	
입찰방법	기일입찰	배당종기일	2022-01-17		개시결정	2021-10-26	

기일현황

회차	매각기일	최저매각금액	결과
신건	2022-05-04	18,000,000원	매각
	■■■■■■/입찰2명/낙찰18,111,000원 (101%)		
	2022-05-11	매각결정기일	허가
	2022-06-20	대금지급기한 납부 (2022.06.20)	납부
	2022-07-18	배당기일	완료
	배당종결된 사건입니다.		

감정평가현황 ■■■, 가격시점 : 2021-11-04   [지도] [지도] [시세] [실거래가] [전월세]   [감정평가서]

토지	건물	제시외건물(포함)	제시외건물(제외)	기타(기계기구)	합계
5,400,000원	12,600,000원	×	×	×	18,000,000원
비고	※ 실측면적 : 건물면적(49,9175㎡) 토지면적(19,2373㎡)중 지분경매로 2/13만 진행합니다.				

력해서 그러면 연락처를 달라고 했으나, 휴대전화가 없다면서 자꾸 문을 닫으려고 했다. 그래도 협상의 여지를 남겨두기 위해 내 연락처를 드리면서 자식들과 상의 후 연락 주시라고 말했다. 낙찰되긴 했지만, 잔금을 납부하기 전이라 취하도 충분히 가능하다고 덧붙였다.

이틀 후 사위에게서 전화가 왔다. 장모님께 대략적인 내용은 들었는데 잘 이해가 되지 않는다며 진행 절차와 취하 절차를 물었다. 나는 차후에 어떤 식으로 진행되는지 차근차근 설명해줬다. 취하하는 데 비용은 어느 정도 생각하냐고 해서 200만 원을 제시했다. 입찰 및 취하 절차에 드는 수고비, 교통비 등을 생각하면 그 정도는 받아야 할 것 같았다.

그렇게 순탄히 협의가 되는 듯싶었다. 그런데 사위는 200만 원만 주면 경매를 취하시킬 뿐 아니라 경매신청자인 채권자에게 빚을 갚지 않아도 되는 줄로 알고 있었다. 그게 아니라고 설명해줬더니, 만약 그렇다면 자신이 혼자 처리할 수 있는 문제가 아니니 가족들과 상의한 후 연락을 주겠다고 했다.

그리고 며칠 뒤 연락이 왔다. 어머니가 아파트를 지키고자 하는 마음이 있었는지 그렇게 협의하기로 했다고 한다. 그런데 이후 며칠이 지나도 연락이 오지 않았다.

내가 조급할 필요는 없었기에 그냥 기다렸더니, 사위한테서 연락이 왔다. 원래는 가족끼리 돈을 모아서 처리하려고 했는데 아무도 협조하지 않아 진행할 수가 없다고 했다. 아버지가 돌아가신 후 자식들이 서로 연을 끊었다면서 자녀 한 명은 실종신고까지 된 상태라고 했다. 어디까지 믿어야 할진 모르겠지만, 아무튼 사위가 들려준 이야기는 그랬다.

이제 잔금기일이 얼마 남지 않아 잔금납부를 준비하려고 했는데, 법원에서 전화가 왔다. 앞서 언급했듯이 공유자 중 한 명이 법인이었다. 이 법인이 한 명의 지분을 매수한 후 바로 공유물분할청구소송을 진행했고, 전체를 경매로 진행해도 된다는 판결문까지 받은 상황이었다. 법인은 판결문을 받아놓고 가만히 있다가 또 다른 공유자의 지분이 경매로 넘어가고 그 지분을 내가 낙찰받자마자 바로 공유물분할로 인한 경매를 신청한 것이다. 이런 상황이다 보니 경매계 담당자는 법무사와 상담 후에 나에게 잔금납부를 하지 않는 건 어떠냐고 물었다. 나는 받아들일 수 없었다. 내가 잔금만 납부하면 법인이 신청한 경매는 더 이상 진행될 수가 없다. 판결문에 나와 있는 공유자 중 한 명의 소유권이 변경됐기 때문에 이제 그 판결문은 휴지 조각이나 마찬가지다. 나는 이미 낙찰을 받았기 때문에 잔금을 납부하고 부당이득반환청구소송을 통해 다른 공유자들과 협의할 생각이었다. 그래서 서둘러 잔금을 납부하고 셀프로 등기를 했다.

일자	내용	결과	공시문
2022.12.27	**소장접수**		
2022.12.28	참여관용 보정명령		
2022.12.28	피고 ▓▓에게 소장부본/소송안내서/답변서요약표 송달	2022.12.30 도달	
2022.12.28	원고 ▓▓▓▓에게 보정명령등본 송달	2023.01.05 0시 도달	
2023.01.05	**원고 ▓▓▓▓▓ 청구취지변경 신청서 제출**		
2023.02.08	피고 ▓▓에게 청구취지변경신청서(23.01.05.자) 송달	2023.02.10 도달	
2023.02.10	원고 ▓▓▓에게 변론기일통지서 송달	2023.02.13 도달	
2023.02.10	피고 ▓▓에게 변론기일통지서 송달	2023.02.14 도달	
2023.02.20	**피고 ▓▓▓▓ 답변서 요약표 제출**		
2023.02.20	**피고 ▓▓▓▓ 휴대전화를 통한 알림서비스 신청서 제출**		
2023.02.20	참여관용 보정명령		
2023.02.21	피고 ▓▓에게 보정명령등본 송달	2023.02.23 도달	
2023.03.06	원고 ▓▓▓▓▓에게 답변서요약표(23.02.20.자) 송달	2023.03.06 도달	
2023.03.07	변론기일(민사법정 410호 14:10)	속행	
2023.03.07	피고 ▓▓에게 변론기일통지서 송달	2023.03.10 도달	
2023.04.08	**원고 ▓▓▓▓▓ 청구취지변경 신청서 제출**		
2023.04.09	**원고 ▓▓▓▓▓ 서증 제출**		
2023.04.11	**원고 ▓▓▓▓▓ 서증 제출**		
2023.04.11	변론기일(민사법정 410호 14:00)	속행	
2023.04.12	피고 ▓▓에게 청구취지변경신청서(23.04.08.자)/서증(23.04.09.자)/서증(23.04.11.자) 송달	2023.04.19 폐문부재	
2023.04.12	피고 ▓▓에게 변론기일통지서 송달	2023.04.19 폐문부재	
2023.04.26	피고 ▓▓에게 청구취지변경신청서(23.04.08.자)/서증(23.04.09.자)/서증(23.04.11.자) 발송	2023.04.27 송달간주	
2023.04.26	피고 ▓▓에게 변론기일통지서 발송	2023.04.27 송달간주	
2023.05.16	**원고 ▓▓▓▓▓ 청구취지 및 청구원인 변경신청서 제출**		
2023.05.16	변론기일(민사법정 410호 14:30)	속행	

그 와중에 사위와 몇 번 통화는 했지만, 이젠 본인도 어떻게 해볼 수가 없다며 자포자기한 상태였다. 나는 부당이득반환청구소송을 신청했고, 법원에서 송달을 받은 점유자(어머니)한테 독촉을 받았다며 사위한테서 또 연락이 왔다.

그런데 계속 터무니없는 이야기만 했다.

나는 더 이상 지체할 수 없기에 소송은 계속 진행하겠다면서 가족끼리 협의가 되면 연락해달라고 이야기했다. 협의가 되기만 된다면 부당이득반환청구 소송은 취하하겠다고 밝혔다. 그런데 또 연락이 끊겼고, 변론기일이 다가왔다.

변론기일, 아무도 오지 않으리라고 생각했는데 사위가 참석했다. 하지만 실제로는 호적상으로 정리가 안 된 상태여서 법적으로는 사위가 아니고 딸의 남자친구일 뿐이었다. 가족관계임이 증명되지 않기에 대리인 참석으로 인정되지 않았다. 어쨌든 사위는 법정에서 억울함을 토로했다. 자기 아내가 카드를 썼는데 원금 300만 원짜리가 이자가 붙어서 700만 원이 됐고, 그것 때문에 아내의 지분이 경매에 나오게 됐다는 얘기였다. 딸도 그렇고 사위도 그렇고, 기초적인 금융 지식조차 갖추지 못했다는 게 느껴졌다. 게다가 그걸 왜 굳이 변론기일에 얘기하는 건지……

채무자 쪽 이야기가 끝나자, 판사는 나에게 청구취지가 틀렸다며 변경하라고 했다. 나는 이미 발생한 부당이득금에 대하여 지연손해금을 구했으나, 이를 입증하지 못했으니 청구취지 및 청구원인 변경신청서 부본이 송달된 다음 날부터의 지연손해금으로 변경하라는 것이었다.

그렇게 변론기일을 마친 후 사위가 이야기를 좀 하자면서 절차를 다시 설명해달라고 했다. 다시 차근히 설명해줬고 빠르게 협의한다면 금액도 조정하겠다고 이야기했다. 일주일 내로 연락을 주기로 했지만, 또 감감무소식이었다.

그래서 청구취지를 변경하여 전자소송 사이트에서 셀프로 다시 접수했고, 또 변론기일이 다가왔다. 그날도 어김없이 사위는 참석했고, 첫 변론기일과 똑같은 말만 반복했다. 이젠 법원에서 채무자의 이야기를 들어주지 않고, 오히려 혼(?)을 내기 시작했다. 그러곤 가족관계증명서가 없으면 대리인 자격이 없으니 불참 처리하겠다면서 서류를 바로 제출하라고 했다.

다음 변론기일엔 피고 중 누구도 참석하지 않았고, 부당이득금 판결이 내려졌다. 깐깐한 판사를 만나 변론기일을 네 번이나 참석하면서 담당 판사도 중요하다는 걸 느꼈다.

현재 해당 물건은 공유물분할로 인한 강제경매가 진행 중이다. 만약 여기서 채권압류 및 추심명령+을 하지 않는다면, 해당 물건이 낙찰된 후 점유자에게 지분만큼 배당되고 끝이 난다. 하지만 양쌤의 도움으로 채권압류 및 추심명령을 결정 및 인용받을 수 있었다. 이미 배당금을 찾아가고 나면 부당이득금을 받기가 쉽지 않기 때문에 꼭 필요한 절차라고 생각한다.

+ **채권압류 및 추심명령**
부당이득반환청구소송에서 판결이 확정되면 채무자는 판결문대로 이행해야 하지만, 실무에서는 순조롭게 이행하는 경우가 드물다. 이럴 때는 채권압류 및 추심명령을 통해 통장 계좌나 급여를 압류할 수 있고, 재산조회를 통해 부동산 또는 차량까지 압류할 수 있다.

강제경매로 올라온 해당 물건의 경매 정보

의정부지방법원 · 대법원바로가기 · 법원안내 · 가로보기 · 세로보기 · 세로보기(2)

2022 타경 ▨▨▨ (임의)
공유물분할을위한경매 · 매각기일 : 2023-10-11 10:30~ (수) · 경매9계 031-▨▨▨-▨▨▨▨

소재지	(11358) 경기도 동두천시 ▨▨▨▨ [도로명] 경기도 동두천시 ▨▨▨			
용도	아파트	채권자	▨▨▨	감정가 115,000,000원
대지권	19.2373㎡ (5.82평)	채무자	▨▨▨ 등 外	최저가 (70%) 80,500,000원
전용면적	49.9175㎡ (15.1평)	소유자	▨▨▨ 등 外	보증금 (10%)8,050,000원
사건접수	2022-05-18	매각대상	토지/건물일괄매각	청구금액 0원
입찰방법	기일입찰	배당종기일	2023-05-15	개시결정 2022-05-19

기일현황

회차	매각기일	최저매각금액	결과
신건	2023-09-06	115,000,000원	유찰
2차	2023-10-11	80,500,000원	매각
	▨▨▨▨▨/입찰6명/낙찰91,050,000원(79%)		
	2023-10-18	매각결정기일	허가
	2023-11-27	대금지급기한 납부 (2023.11.13)	납부
	2023-12-13	배당기일	진행

감정평가현황 ▸ ▨▨▨ · 가격시점 : 2023-03-10 · D 지도 N 지도 시세 실거래가 전월세 감정평가서

경매·공매를 하다 보면 당사자 외의 주변인이 나서서 협의를 하려는 경우가 많다. 이 물건도 당사자가 아닌 사위가 나서서 대화를 지속했지만 제자리를 맴돌 뿐 진척이 되는 건 아무것도 없었다. 설령 진척이 있다고 하더라도 마지막에 틀어지는 경우가 많다. 그러니 항상 당사자와 대화하기 위해 노력해야 하고, 소송도 함께 진행해야 한다. 협의할 때 상대방 말만 믿고 기다렸다가 시간만 낭비하는 사례가 굉장히 많기 때문이다. 협상과 소송은 언제나 동시 진행, 이 점 꼭 명심하자.

어떤 상황에서도 대리인이 아닌 공유자와 협의해야 한다

부당이득반환청구소송은 원고의 주소지에서 진행 가능

2020년 온비드에 부산의 주거용 지분 아파트 공매물건이 올라왔다. 이 물건에 입찰하려는 이유는 두 가지였다. 첫째는 2억에 감정평가된 아파트가 유찰돼 1억 8,000만 원까지 떨어졌다는 점이다. 3면이 초등학교로 둘러싸여 있고, 인근에 이마트가 있으며, 구서역도 가까웠다. 지역의 대장 아파트였고 당시 시세가 4억 5,000만 원이었기 때문에 감정가조차 매우 싼 편이었다.

둘째는 소유자이자 채무자가 점유하고 있다는 점이었다. 권리관계에 이상이 없고 대항력도 없기 때문에 명도가 쉬울 것으로 판단했다. 공유자 두 명이 함께 거주하니, 부부 공동명의의 한 개 지분이라고 생각했다. 이런 장점을 보고 1억 9,600만 원에 단독 낙찰받았다.

그해 부산 해운대, 수영, 동래가 조정대상지역으로 지정되면서 그 외 지역의 시세가 급등했다. 실거래가가 6억 5,000만 원을 기록하기도 했다. 이후 부산 전 지역이 조정대상지역으로 지정됐고, 그와 함께 주택 매매량이 급감했다.

일단 공유자에게 우편을 보냈고 연락은 닿았으나, 공유자에게는 여력이 없

2020-		입찰일자 : 2020-06-01 10:00 ~ 2020-06-03 17:00		
집행기관	한국자산관리공사	담당자	부산지역본부 / 조세정리팀 /	
소재지	부산광역시 금정구 부산광역시 금정구			▶지도 ▶지도
유찰횟수	1 회	물건상태	입찰	감정가	201,000,000원
물건용도	아파트	입찰방식	일반경쟁(최고가방식)	최저가	(90%)180,900,000원
위임기관		공고일자	2020-04-08	배분종기일	2020-05-11
납부기한	낙찰금액별 구분			종류/방식	압류재산 / 매각
면적(㎡)	대17.685㎡ ,건물42.49㎡				

는 것으로 판단됐다. 주거용 물건에서는 이런 경우 임료 상당의 부당이득청구와 공유물분할청구소송을 할 수밖에 없다. 그리고 소송 도중에 공유자가 바뀌는 상황을 방지하고자 부동산처분금지가처분신청서✚를 제출했다. 소송 도중 공유자가 바뀌면 소송을 다시 제기해야 하는 번거로움이 있기 때문이다. 가처분은 소유권에 관한 문제가 해결될 때까지 해당 부동산의 나머지 지분도 매매·증여·전세·저당 등을 할 수 없다는 처분을 의미한다.

부동산처분금지가처분신청 후 5일 만에 '채무자는 별지 기재 부동산에 대해 매매, 증여, 전세권·저당권·임차권의 설정 등 기타 일체의 처분 행위를 해서는 안 된다'는 결정문이 나왔다.

이후 2020년 7월 해당 부동산에 거주하는 비용을 월 80

✚**부동산처분금지가처분**
부동산에 대한 처분을 금지하는 것으로, 해당 부동산등기부등본에 '가처분'으로 기입된다. 공유자 입장에서는 가처분이 있으면 물건을 매도하기 위해 일반 매매 시장에 내놓을 수도 없고 처분할 수도 없다고 생각하기 때문에 압박감을 느끼게 된다. 이런 상황에서는 가처분 채권자에게서 협상이 들어올 확률이 매우 높다. 실무에서는 부동산처분금지가처분이 등기되어 있더라도 제3자에게 소유권은 넘길 수 있으나, 가처분 채권자가 본안소송을 통해 승소한 후 해당 부동산의 소유권을 가져올 수 있다 (신청 방법은 410쪽 참고).

만 원씩 청구하는 부당이득반환청구소송과 공유물분할청구소송을 동시에 진행했다. 소장을 송달받은 피고 측은 해당 물건의 관할지인 부산지방법원으로 이송을 요청하고, 임료는 24만 원으로 낮춰야 한다는 답변서를 제출했다. 전주에 있는 법인이 부산에 있는 지분물건을 매수해 전문적으로 이득을 취하고자 한다며 비난하는 문체로 표현하면서 말이다. 소장을 많이 받아보지 않은 사람들은 일단 기분이 나쁘기 때문에 감정을 담아서 글을 쓰는 경향이 강하다. 양측의 주장이 갈리는 상황에서 감정적 진술이 묻어나는 것은 어쩔 수 없으나, 소송과 관련해 많은 경험을 하다 보면 자신에게 유리하게 주장하되 사실관계에 기반해 객관적으로 서술하는 것이 오히려 낫다는 것을 알게 된다.

공유물분할과 부당이득반환소송을 동시에 진행하는 경우에는 금전 채무에 관한 소송 지역을 원고의 지역으로 할 수 있다는 원칙이 있으니 이송하지 않아도 된다. 답변서에 대한 대응으로 이송 신청에 대한 의견서를 먼저 접수했다. 민사소송법 제8조 '거소지 또는 의무이행지의 특별재판적'에 따라 재산권에 관한 소는 원고의 주소지에서도 할 수 있는 지참채무의 원칙이 있으니 이송 신청하지 말아 달라는 의견서를 낸 것이다.

그리고 피고가 소장을 받은 지 30일이 지나는 시점에 바로 기일지정신청서를 접수해서 시간을 절약했다. 기일이 지정되지 않고 계류 중이니 이른 시일 내에 기일을 지정해달라는 신청이다. 이에 따라 바로 조정회부결정이 나왔다.

조정기일이 되기 전 피고 측에 전화를 했고, 부산에서 전주까지 올 수 있는지 참석 여부를 확인했다. 여러 사유로 출석을 못 한다고 하기에 나도 참석하지 않았다. 그런데 피고가 조정기일에 참석하는 바람에 원고 불출석*으

+ 원고가 불출석할 경우
원고가 조정기일에 불가피하게 출석할 수 없다면 미리 기일변경신청서를 제출해 조정기일을 변경할 수 있다. 변경신청 없이 조정기일에 불출석하면, 조정기일이 한 번 더 잡히거나, 조정 불성립으로 변론기일이 다시 잡히거나, 판사의 재량으로 '조정을 갈음하는 결정'이 내려질 수 있다.

로 조정 불성립 조서가 나왔다. 피고에게 다시 전화해서 안 나온다고 했으면서 왜 나왔냐고 물었더니, 자기가 언제 그랬냐며 화를 냈다.

원고가 출석하지 않았다는 이유로, 판사는 조정을 갈음하는 결정으로 경매에 부치라는 판결을 내려버렸다. 부당이득금에 대해서는 원고 측의 80만 원과 피고 측의 22만 원의 중간 수준인 40만 원으로 결정했다. 2주 동안 어떤 이의 제기도 하지 않으면 이대로 확정판결이 나는 것이다.

사전 불출석 협의도 어기고 나와버린 피고 탓에 역세권 신축 3,000세대급 아파트 월세에 대한 부당이득금을 40만 원밖에 못 받게 된 상황이었다. 이에 대해 바로 조정갈음결정에 대한 이의신청서를 제출했다. 이에 대한 사유로 '사전에 통화하여 피고 측의 불출석 여부를 확인했고, 조정 불성립이 될 것을 예상하여 참석하지 않았는데, 실질적 소유권이 없는 남편이 실제 공유자인 아내와의 통화를 막은 것은 물론 임의로 피고만 참석한 상황이다. 이에 실제 소유권이 있는 공유자 본인과 대화를 나누고 싶다'라는 내용과 임료감정을 신청하겠다는 내용을 담았다.

임료감정에는 120만 원이 들었고, 법원에서 정한 업체가 시행했다. 비싸다고 생각할 수 있지만 임료가 올라가면 상쇄되는 비용이라고 생각했기 때문에 진행했으며, 임료감정신청 과정이 추가되면서 기일변경명령도 나왔다. 법원에서 지정한 감정평가사가 법원으로 감정평가서를 제출해야 하므로 기존에 지정했던 기일을 추후 지정한다는 내용이다. 임료감정이 확정되면 매달 들어오지는 않아도 부당이득금이 계속 쌓인다. 이 금액을 매도할 때 한꺼번에 받거나, 지급하지 않은 임료를 근거로 공유자의 2분의 1 지분을 강제경매로 진행할 수도 있게 된다. 이때 공유자우선매수 신청을 통해 상대방의 지분을 가져올 수도 있다.

조정을 갈음하는 결정문

전 주 지 방 법 원

조정을 갈음하는 결정

사　　　　건	2020머 ▨▨▨ 공유물분할
원고(선정당사자)	주식회사 준민자산관리
	대표이사 유근용
피　　　　고	▨▨▨
	부산 금정구 금강로 ▨▨▨
	송달장소 부산 연제구 ▨▨▨

위 사건의 공평한 해결을 위하여 당사자의 이익, 그 밖의 모든 사정을 참작하여 다음과 같이 결정한다.

결정사항

1. 별지 목록 기재 부동산을 경매에 부쳐 그 대금에서 경매비용을 공제한 나머지 금액을 원고(선정당사자)에게 ▨▨▨ 피고에게 50/100의 각 비율에 따라 분배한다.

2. 피고는 2020. 6. 30.부터 제1항 기재 부동산이 경매절차에서 매각되는 날 또는 위 부동산의 점유종료일 중 먼저 도래하는 날까지 매월 원고(선정당사자)에게 ▨▨▨ 원의 비율로 계산한 돈을 각 지급한다.

3. 소송비용 및 조정비용은 각자 부담한다.

이후에도 공유자의 남편이 계속 비협조적으로 나오기에 나는 강제경매로 공유자의 지분을 넘기려고 했다. 하지만 남편과 달리 공유자는 나와의 소통에 응했으며, 경매보다는 빠르게 매도하자는 데 의견의 일치를 봤다.

그즈음 시세가 6억 8,000만 원이었는데, 공유자는 7억 3,000만 원에 내놓고 싶어 했다. 시세대로 팔더라도 1억 9,000만 원에 매수한 내 지분의 세전 수익은 1억 4,000만 원에 달하니 꽤 좋은 수익률이다. 공유자 입장에서 보더라도 마찬가지다. 시세가 단기간에 4억대에서 급등했기 때문에, 조금만 욕심을 덜 부렸다면 당시 시세로 남향 최고가인 6억 8,000만 원 수준에서 사겠다는 사람에게 팔 수 있었다.

하지만 그 시기를 놓쳤고, 2021년 7월 6억에 매도계약을 체결했다. 매수는 기술이고 매도는 예술이라는 말이 있듯이 매도는 시기를 놓치면 아쉬움이 남는 것 같다. 매도계약을 체결하기 위해 2020년 7월에 신청했던 부동산처분금지가처분신청을 취하하고 집행해제신청서를 제출했다. 가처분 기입 등기에 대해 집행해제를 원인으로 한 말소등기도 촉탁한다는 내용을 넣었다. 새로운 소유주가 될 사람에게 권리관계를 다 정리하여 넘겨주기로 한 것이다. 중도금을 8월에 치르고 잔금을 10월에 완료하는 것으로, 2020년 7월에 공매로 낙찰받은 아파트 지분물건이 정리됐다.

2021년 10월 잔금 완료까지 1년여의 시간 동안 1억 9,000만 원에 매수한 2분의 1 지분이 전체 물건으로 6억에 팔림으로써 세전 1억 1,000만 원의 수익이 발생했다. 세금과 기타 경비를 합치면 좀 더 줄어들겠지만, 감정가에 가깝게 단독으로 낙찰받은 아파트로 1년 연봉보다 많은 돈을 짧은 시간 내에 벌어들일 수 있었던 건 지분물건이기에 가능했다고 생각한다.

채무자인 남편 때문에 답답한 일이 많았다. 공유자인 아내도 남편 때문에 쓸데없이 시간만 낭비하며 마음고생을 했다. 경매·공매를 통해서 지분물건을 낙찰받으면 낙찰자에게 절대적으로 유리하다. 특히 공유자가 물건지에 거주한다면 더더욱 낙찰자에게 유리할 수밖에 없다. 이럴 때는 당사자(공유자)가 적극적으로 나서서 낙찰자와 대화를 나누며 가장 좋은 방법을 찾는 것이 현명하다. 하지만 이런 상황을 받아들이려 하지 않고 피하려고만 하는 공유자가 많다. 피할수록 매달 지불해야 하는 월세(부당이득금)는 커지고, 돈을 주지 않을 경우 자신의 지분까지 경매로 넘어갈 수 있는 상황이 된다. 이런 점들을 이해관계인들에게 잘 설명하고 대화의 장으로 이끄는 것이 능력이고 노하우다. 이런 능력과 노하우는 직접 경험해봐야 쌓인다. 작은 물건이라도 낙찰받고 해결해봄으로써 능력치를 쌓아나가자. 능력치가 곧 돈이다!

사이가 좋지 않은 건물 소유자와 토지 공유자
: 내 토지 위의 타인 건물에 대한 부당이득금 청구

낙찰받은 내 땅을 무상으로 이용하겠다고 우길 때
: 협의가 수월할 법한 물건을 선별하는 안목

건물에 가압류가 걸려 있고 법정지상권이 성립하지만 괜찮아
: 지료를 받아도 좋고, 못 받아도 좋은 이유

모두가 꺼리지만 알고 보면 어렵지 않은 물건
: 상대방이 변호사를 선임했다는 건 그린 라이트

5장

낙찰받은 토지 위에
타인의 건물이 있다면
부당이득반환청구와
건물철거소송

사이가 좋지 않은
건물 소유자와 토지 공유자

내 토지 위의 타인 건물에 대한 부당이득금 청구

2020년 12월에 수강생들과 함께 법인 세 개로 공매에 공동입찰해 받은 물건이다. 수원시 장안구 영화동에 있는 토지로, 감정가가 1억 1,700만 원대였는데 2회 유찰돼 9,400만 원대까지 떨어졌다.

이 물건에는 조금 특이한 점이 있다. 토지 위에는 2층짜리 단독주택이 있었고, 토지도 2분의 1 지분만 나온 것이다. 먼저 입지를 보자면 광교역까지 3킬로미터, 화서역까지 3킬로미터, 매교역까지 3킬로미터다. 아쉽게도 가까운 곳에 지하철역은 없었다. 물론 역세권의 토지였다면 감정 가격이 더 높아졌을 것이다.

이 물건을 낙찰받은 이유는 크게 세 가지다. 첫째는 2회 유찰됐다는 점이다. 경매든 공매든 싸게 사야 한다. 그래야 수익이 어느 정도 보장되고 손해를 볼 확률은 낮아진다. 2회 유찰된 상태에서 낙찰받는다면 큰 수익은 아니더라도 감정가 정도에는 충분히 팔 수 있으리라고 생각했다.

둘째는 토지 위에 건물이 있다는 점이다. 낙찰받은 토지 위에 타인 소유의

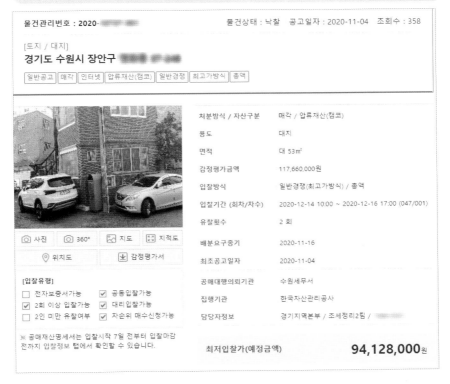

해당 물건의 공매 정보

물건관리번호 : 2020-　　　　　　　물건상태 : 낙찰　공고일자 : 2020-11-04　조회수 : 358

[토지 / 대지]
경기도 수원시 장안구　　　　　　

`일반공고` `매각` `인터넷` `압류재산(캠코)` `일반경쟁` `최고가방식` `총액`

처분방식 / 자산구분	매각 / 압류재산(캠코)
용도	대지
면적	대 53㎡
감정평가금액	117,660,000원
입찰방식	일반경쟁(최고가방식) / 총액
입찰기간 (회차/차수)	2020-12-14 10:00 ~ 2020-12-16 17:00 (047/001)
유찰횟수	2 회
배분요구종기	2020-11-16
최초공고일자	2020-11-04
공매대행의뢰기관	수원세무서
집행기관	한국자산관리공사
담당자정보	경기지역본부 / 조세정리2팀 /

[사진] [360°] [지도] [지적도]
[위치도] [감정평가서]

[입찰유형]
☐ 전자보증서가능　　☑ 공동입찰가능
☑ 2회 이상 입찰가능　☑ 대리입찰가능
☐ 2인 미만 유찰여부　☑ 차순위 매수신청가능

※ 공매재산명세서는 입찰시작 7일 전부터 입찰마감 전까지 입찰정보 탭에서 확인할 수 있습니다.

최저입찰가(예정금액)　　94,128,000원

건물이 있다면 건물주에게 토지 사용료를 받을 수 있다. 수도권 지역의 대지이기 때문에 감정가의 5~6% 정도를 받을 수 있을 것으로 판단했다. 경·공매의 장점은 감정가가 1억인 토지를 5,000만 원에 낙찰받았다고 하더라도 1억 기준으로 토지 사용료를 청구할 수 있다는 것이다.

셋째는 토지 위에 건물이 있기 때문에 토지 가치가 낮게 평가됐다는 점이다. 만약 건물이 없었다면 감정평가 금액은 더 높아졌을 것이다. 하지만 타인 소유의 건물이 있기 때문에 토지의 가치를 전부 인정받기는 어렵다. 그렇더라도 이해관계인과 협의할 때는 건물이 없는 상태로 온전한 토지만의 가치를 평가해서 가격을 제시할 수 있다.

　단독주택이므로 토지와 건물 각각의 등기부를 발급받아 확인해봤다. 토지가 처음에는 아버지 소유였다. 그 위에 건물을 지은 사람은 자식 세 명 중 첫째였고, 토지는 둘째와 셋째가 2분의 1씩 소유하고 있었다.

　낙찰을 받은 후 물건지를 방문했다. 1층에는 집을 지은 사람(첫째)이 거주했고, 2층은 토지 2분의 1 소유자(둘째)가 거주 중이었다. 서로 간의 이야기를 들어보니 둘의 사이가 너무 안 좋았다. 그래도 두 사람에게 현재 진행 상황을 설명했는데, 다음 날 채무자(셋째)에게 전화가 왔다. 채무 금액은 4,000만 원 정도라고 했다. 땅값이 채무 금액보다 훨씬 높기 때문에 가장 좋은 방법은 채무자가 채무 금액을 갚고, 나는 잔금납부를 포기하고 온비드에 매각허가결정 취소를 신청하는 것이었다. 그러면 나는 보증금을 온전히 돌려받을 수 있었다. 하지만 채무자는 현재 돈이 없어서 채무를 상환할 능력이 안 된다고 했다. 그럼 이제는 소송을 진행해야 한다.

　먼저 부당이득반환청구소송을 진행했다. 2층에 거주하고 있는 둘째를 피고로 지정하고 소송을 제기하자, 피고는 변호사를 선임했다. 첫 번째 변론기일이 다가왔다. 변론기일 때 변호사가 어떻게 대응할지 궁금했다. 그런데 변론기일에 피고의 대리인 변호사가 오지 않았다. 왜 출석하지 않았을까? 그 이유는 나중에 판결문을 받아보고서야 알게 됐다.

　판사가 조정기일을 한 번 더 잡아줬다. 조정기일도 마찬가지여서, 나는 출석했지만 변호사는 불출석했다. 피고의 대리인 변호사가 변론기일과 조정기일 모두 불출석했기에, 변론기일은 여기서 종료됐다. 드디어 판결선고기일이 내려졌고, 판결문을 받았는데 원고 패였다. 내가 패한 것이다!

　판결문에서는 건물 소유자가 아닌 사람은 실제로 그 건물을 점유하고 있다고 하더라도 그 건물의 부지를 점유하는 자로는 볼 수 없다는 대법원 판례가 있다는 점을 적시한 뒤, '이에 따라 현재 피고로 지정된 사람은 건물 소유자가 아닌 토지 지분의 공유자이고 건물 소유자였던 적은 없으므로 이 사건에서 토지를 점유하고 있다고 보기는 어렵다'고 되어 있었다. 결국 나의 청구는 모두 기각됐다.

그렇다. 피고를 건물 소유자로 지정해 소송을 진행했어야 하는데, 토지지분 소유자 겸 건물 점유자로 잘못 지정한 것이다. 그렇다고 이대로 물러설 순 없었다. 처음 부당이득 소장을 접수하고 한 달 후에 건물철거와 부당이득반환청구소송을 한 번 더 접수해 진행 중이었다.

이번에는 피고를 정확히 특정했고, 특별통합송달[+] 3회 만에 소장이 피고에게 도달됐다. 특별통합송달 2회 후 공시송달[+]을 신청하려고 했으나 집행관과 통화하니 한 번만 더 해보자고 했다. 그래서 한 번 더 보냈고, 소장이 도달됐다.

소장을 받고 피고는 법무사에게 소송 처리를 위임했다. 법무사를 통해 답변서가 제출됐는데, 내용은 '건물을 소유하려는 목적으로 토지를 사용·수익하고 있다면 건물이 존재하는 한 적법하게 토지를 사용·수익할 수 있다'는 주장이었다.

답변서를 받고 나서 한 달 후 변론기일이 잡혔다. 변론기일에는 피고(첫째 아들이 사망하고 그 부인이 상속함)와 피고의 아들이 같이 참석했다. 피고는 지료를 내는 것에 동의한다고 밝혔는데, 다만 액수는 한 번 더 협의하고 싶다는 의견을 냈다. 이에 판사는 법적 근거로만 진행할 경우 철거도 가능하고 지료도 내

＋특별통합송달
집행관이 주간, 야간, 휴일까지 3회에 걸쳐 직접 피고에게 송달하는 것을 말한다. 실무에서는 '집행관 송달'이라고 한다.

＋공시송달
피고의 주소를 알 수 없거나, 피고의 초본 주소지로 특별통합송달(집행관 송달)을 했음에도 지속적으로 소장이 도달하지 않을 경우, 그 서류를 법원 게시판에 일정 기간 게시함으로써 송달한 것과 동일한 효력을 발생시키는 것을 말한다.

변론기일 피고와의 대화

야 하니, 서로 간에 한 번 더 협의해서 조정해보라고 권했다. 그렇게 조정회부결정이 났다.

변론기일을 마치고 피고에게 다가가서 이야기를 나눌 수 있는지 물었더니, 본인도 대화를 하고 싶다며 적극적인 태도를 보였다. 내가 먼저 운을 뗐다. 2층에 거주하는 토지 공유자는 내가 낙찰받은 토지지분을 매수하고 대출을 일으켜 건물까지 매수하고 싶어 하는데 피고와의 관계가 좋지 않아서 생각대로 되지 않는다고 말했다. 피고는 2층에 거주하는 시동생과는 대화가 제대로 이루어지지 않으니 본인과 대화하면 좋겠다고 했다. 또한 좋은 방안이 있다면 언제든지 적극적으로 협조해 이 사건을 잘 해결하고 마무리하고 싶다고 이야기했다.

짧은 시간이었지만 서로의 생각을 잘 이해할 수 있었다. 돌아가는 길에 피고가 아들에게 이렇게 이야기가 잘 통하는데 법무사를 대리로 위임해서 들어간 비용이 아깝다고 말하기도 했다. 이처럼 나만 생각하지 않고 피고의 입장과 상황까지 염두에 두면서 협상을 이어나가는 것이 중요하다. 그러면 피고들도 적극적인 태도를 보이므로 윈윈할 확률이 높아진다.

이 물건은 많이 꼬여 있었다. 1층 건물 주인은 토지에 대한 지분이 전혀 없었고, 2층의 2분의 1 토지 주인은 건물에 대한 지분이 전혀 없었다. 최악이었던 건 둘의 사이가 굉장히 안 좋았다는 점이다. 이런 경우에는 일의 순서를 정해 하나씩 해결해나가야 한다. 나는 우선 부당이득반환소송을 통해 건물 주인에게 땅 사용료를 받고, 건물도 매입했다. 그런 다음 2층의 토지 공유자에게 내가 낙찰받은 토지 2분의 1 지분과 매입한 건물까지 한꺼번에 매입할 수 있게 해줬다. 2층의 공유자에게는 건물이 다른 사람 명의라는 것이 가장 큰 스트레스였다. 영영 풀지 못할 숙제라고만 생각했는데, 이제 그는 온전하게 하나 된 건물과 토지를 소유할 수 있게 됐다.

낙찰받은 내 땅을 무상으로 이용하겠다고 우길 때

협의가 수월할 법한 물건을 선별하는 안목

울산에 있는 토지를 지인과 함께 낙찰받았다. 감정가는 560만 원이었고, 여러 차례 유찰되어 280만 원까지 떨어졌을 때 311만 원에 입찰해 단독으로 낙찰받았다. 이 물건을 낙찰받은 이유는 크게 두 가지다. 말할 것도 없이 첫째는 가격이 저렴했다는 점이다. 그리고 둘째는 토지 위에 두 개의 공장이 있는데, 이 공장들은 낙찰받은 토지 위를 지나다닐 수밖에 없다는 점이다.

경매에 나온 토지는 실제로 공장 진출입로로 사용되고 있었다. 유일한 진출입로였기 때문에 낙찰만 받는다면 협의는 쉬울 거라고 생각했다. 공장도 하나가 아니라 둘이었기에 확률이 더 높아 보였다.

낙찰받고, 공장 중 한 곳에 전화해 대표와 통화했다. 그런데 그는 "지자체가 공동으로 사용할 수 있는 도로라고 했는데, 내가 왜 돈을 내야 합니까? 나는 이전처럼 토지(도로)를 무상으로 사용할 겁니다"라고 말하며 전화를 끊었다. 상대방이 비협조적으로 나온다고 해서 실망할 필요 없다. 이 토지를 매입하면 상대방이 어떤 이익을 얻을 수 있는지 자세히 설명해주면 되니 말이다.

해당 물건의 공매 정보

2018-		입찰일자 : 2018-10-22 10:00 ~ 2018-10-24 17:00			
집행기관	한국자산관리공사	담당자	부산지역본부 / 조세정리팀 /		
소재지	울산광역시 울주군			D 지도	N 지도
유찰횟수	5 회	물건상태	낙찰	감정가	5,600,000원
물건용도	도로	입찰방식	일반경쟁(최고가방식)	최저가	(50%)2,800,000원
위임기관		공고일자	2018-07-18	배분종기일	2018-08-27
납부기한		낙찰금액별 구분		종류/방식	압류재산 / 매각
면적(㎡)	도로56㎡				

이 건에서 상대방이 얻을 수 있는 이익은 크게 두 가지다. 첫째, 진출입로의 토지 때문에 더는 문제를 겪지 않아도 된다. 둘째, 지금 도로 가격으로 매수한 뒤 나중에 공장을 매각할 때 이 토지까지 대지 가격에 포함시킬 수 있다. 공장을 운영하는 사람 입장에서는 워낙 소액이고 본인이 매입해서 나쁠 건 하나도 없으니 이 점을 어필해나가면 된다.

첫 번째 통화를 끝내고 4년이라는 시간이 흘렀다. 새로운 물건들을 해결하고 끊임없이 낙찰받다 보니 소액으로 낙찰받은 이 토지는 잊어버리고 있었다. 이제는 해결을 해야 할 때라 생각하고 바로 소장을 접수했다. 바로 이 순간에도 내가 낙찰받은 토지(도로)가 무상으로 사용되고 있으므로, 부당이득반환청구소송을 준비했다.

소장을 접수하기 전, 다시 한번 협상하기 위해서 공장 한 곳에 전화를 걸었다. 이번에도 공장 대표와 통화했다.

"대표님, 안녕하세요? ○○번지 토지 소유자입니다. 그간 잘 지내셨나요?"

"네, 뭐 그럭저럭 지냈습니다."

"다름이 아니라 진출입로로 사용하고 계시는 토지를 어떻게 하면 좋을지 결론을 내고 싶어서 전화드렸어요."

"아니, 제가 몇 번이나 말씀드렸잖습니까. 당신이 낙찰받은 토지는 도로예요. 무료로 사용할 수 있게 돼 있는데 자꾸 이러실 겁니까?"

전자소송 사건 진행 내용

일자	내용	결과
2023.03.12	소장접수	
2023.03.21	피고 주식회사 █████ 에게 소장부본/소송안내서/답변서요약표 송달	2023.03.24 도달
2023.04.05	피고 주식회사 █████ 답변서 제출	
2023.04.05	피고 주식회사 █████ 송달장소 및 송달영수인 신고서 제출	
2023.04.06	원고 유근용 기일지정신청서 제출	
2023.04.06	원고1(선정당사자) 유근용에게 답변서부본(23.04.05.자) 송달	2023.04.06 도달
2023.04.17	원고 유근용 준비서면 제출	
2023.04.17	피고 주식회사 █████ 에게 준비서면부본(23.04.17.자) 송달	2023.04.20 도달
2023.04.23	원고1(선정당사자) 유근용에게 변론기일통지서 송달	2023.04.24 도달
2023.04.24	기일변경명령	
2023.04.24	조정회부결정	
2023.04.24	피고 주식회사 █████ 에게 변론기일통지서 송달	2023.04.26 도달
2023.04.25	원고1(선정당사자) 유근용에게 기일변경명령/조정회부결정 송달	2023.04.25 도달
2023.04.25	피고 주식회사 █████ 에게 기일변경명령/조정회부결정 송달	2023.04.27 도달
2023.04.26	피고 주식회사 █████ 준비서면 제출	
2023.04.27	원고1(선정당사자) 유근용에게 준비서면부본(23.04.26.자) 송달	2023.04.27 도달
2023.05.18	변론기일(별관 304호 법정 14:10) 추정기일(추정사유:조정전담재판부 회부)	기일변경
2023.07.06	원고 유근용 소취하서(추송) 제출	
2023.07.07	원고 유근용 보정서 제출	
2023.07.07	원고1(선정당사자) 유근용에게 추납통지서 송달	2023.07.07 도달
2023.07.12	원고 유근용 보정서 제출	
2023.07.12	피고 주식회사 █████ 에게 소취하서부본(23.07.06.자) 송달	2023.07.17 도달
2023.08.01	종국 : 소취하	

"대표님, 저는 지속적인 분쟁과 다툼을 없애고자 전화한 거예요. 진출입로로 사용하시는 땅의 소유권을 대표님께 넘겨드리고자 합니다. 그러면 대표님이 소유자이기 때문에 이런 분쟁을 다시는 겪을 일이 없고, 마음 편히 사용하실 수 있잖아요. 그러니 한번 생각해보시고 꼭 전화주세요."

그러나 일주일이 지나도록 전화가 오지 않아서 부당이득청구 소장을 접수했다. 소장을 받은 피고는 법무사를 통해 답변서를 제출했다. 답변서 내용을 요약하면 다음과 같다.

- 주장 1: 이 토지(도로)는 전 소유자가 임야에서 도로로 지목변경신청을 받았으므로, 일반인들이 무료로 자유로이 이용할 수 있게 됐다.
- 주장 2: 토지의 전 소유자는 해당 지자체 주관으로 공업단지를 조성할 때 토지(도로)를 기부체납받아야 했지만, 그럴 경우 해당 토지의 관리 및 유지보수 책임이 있다 보니 지목변경신청만 받은 후 토지(도로)에 포장까지 완료했다.
- 주장 3: 임야에서 도로로 지목이 변경됐으므로 일반인 누구나 무료로 사용할 수 있으며, 설사 지료를 지급해야 한다고 하더라도 원고가 제시한 금액은 터무니없이 과도하다.

이에 나도 준비서면을 제출해 다음과 같이 반박했다.

- 주장 1에 대한 반박: 지목이 '답'이나 '전'으로 변경됐다고 하여 그 토지를 모든 일반인이 무료로 자유로이 경작할 수 있게 됐다는 논리가 성립될 수 없듯이, 지목이 '도로'로 변경됐다고 하여 그 도로를 모든 일반인이 법적 권리

없이 무료로 자유로이 사용할 수 있게 됐다는 논리도 성립될 수 없다.

- 주장 2에 대한 반박: 토지의 소유자가 그 토지를 '일반 공중을 위한 용도'로 제공한 경우에만 적용되고, 그렇지 아니하고 특정승계인에 대한 특별한 사정이 있는 한 특정승계인의 그 토지에 대한 소유권 행사가 제한된다고 볼 수 없다.

- 주장 3에 대한 반박: 임료는 보증금 없는 임료로 계산했고, 다만 피고와 협의 후 조율할 의사는 있다.

준비서면을 제출한 후 조정회부결정이 됐고, 조정기일 날짜가 잡혔다. 조정기일 하루 전에 다시 한번 공장에 전화를 걸었는데, 이번에는 아예 받지를 않았다. 그래서 나는 피고가 불출석할 것으로 예상해 나도 출석하지 않았다. 그런데 반전이 있었다. 조정기일 예정 시간이 14시 20분이었는데, 14시 30분쯤에 법원에서 전화가 왔다.

"피고는 도착했는데, 원고는 불출석할 건가요?"

나의 예상과 다르게 피고가 조정기일에 출석한 것이다. 법원 담당자에게 나는 협의하여 조정할 마음이 충분히 있다는 걸 먼저 알렸다. 전날 전화를 했는데 받지 않았고 울산에서 서울까지 너무 먼 거리라 불출석할 것으로 생각했다고 밝히고, 어쨌든 조정할 마음은 있다는 의사를 전달했다.

법원 담당자와의 통화를 마친 후 공장으로 전화를 걸어 대표의 전화번호를 물어봤다. 그리고 조정기일이 끝날 시간에 맞춰 대표에게 전화를 걸었다.

"대표님, 오늘 안 오실 줄 알았는데 오셨네요."

"네, 얼굴 보고 이야기 좀 하고 싶어서 왔습니다. 울산에서 비행기 타고 옆 공장 대표님까지 모시고 왔어요."

그랬다. 낙찰받은 토지(도로)는 두 개의 공장이 주로 사용했는데, 두 공장의 대표가 함께 온 것이다.

"아, 그러세요? 오시느라 고생 많으셨습니다. 다음 조정기일 때 한 번 더 오셔야 하는데 괜찮으세요? 비행기표 값이랑 시간과 에너지도 소비해야 하는데……. 혹시 제 토지를 매수할 생각은 없으신가요?"

"만약에 우리가 산다고 하면 얼마에 파시려고 합니까?"

"네, 저는 800만 원에 매도하려고 합니다."

"800만 원이요? 그러지 말고 610만 원에 합시다."

"네? 그 가격은 힘들어요. 저도 지금까지 들어간 소송비용이나 세금, 부당이득금도 안 받으려고 하니 800만 원은 돼야 할 것 같습니다."

그 말을 듣고 피고는 멀리 울산에서 그것도 두 명이 왔으니, 비행기표 값이라도 조금 빼달라고 했다. 나도 한발 물러나서 쿨하게 100만 원을 뺀 700만 원을 제시했다. 상대방도 이 가격에 동의해서 이후 법무사를 통해 매도를 진행했다.

공장의 전화번호를 알아내는 일은 어렵지 않았다. 네이버에 회사 이름을 치니 바로 연락처가 나왔다. 그런데 처음 통화할 때는 도저히 말이 통하지 않았다. 주소를 알려주고 어떤 땅인지 검색을 해보라고 해도 "내가 왜 그래야 하는데요?"라는 말만 반복할 뿐이었다. 막혀도 이렇게 꽉 막힌 사람이 있나 싶었다. 이렇게 대화가 통하지 않을 경우 해결할 수 있는 가장 강력한 무기는 바로 소송이다. 내 토지를 사용하고 있기 때문에 부당이득반환청구소송을 진행했다. 내가 사는 곳 관할인 남부지방법원으로 말이다. 공장 대표는 울산에서 남부지방법원까지 와야 하기에 변론기일이 1차, 2차, 3차로 계속 진행될수록 피로감이 누적될 수밖에 없다. 말이 통하지 않는 이해관계인들에게는 소송이라는 무기를 사용하면 대화의 장으로 이끌 수 있다.

건물에 가압류가 걸려 있고
법정지상권이 성립하지만 괜찮아

지료를 받아도 좋고, 못 받아도 좋은 이유

여러 플랫폼을 통해서 경매에 대한 교육을 받았는데, 최소 3,000만 원은 있어야 빌라라도 투자할 수 있다고 했다. 하지만 나는 부담 가지 않게 3,000만 원 이하의 자본금으로 도전해보고 싶었다. 나름대로 방법을 찾던 중 용쌤의 지분경매 강의를 듣게 됐고, 상생하는 투자 방식을 배울 수 있었다. 예전의 나는 '경린이(경제를 모르는 사람)'라서 토지의 '토' 자도 몰랐다. 토지 시세를 파악한다는 게 너무나 어렵고, 고수들만 진입하는 분야라고 생각해왔다. 하지만 용쌤의 강의 이후 나도 충분히 할 수 있다는 자신감을 얻었고, 특히 지분경매를 해보고 싶었다. 그래서 원주 지역에 있는 소액토지를 검색하기 시작했다.

검색 도중 마음에 드는 물건이 발견됐다. 토지 전체가 나온 물건이었고, 최초 시작 가격은 3,394만 5,000원이었는데 한 번 유찰돼 2회차 때 시작 가격은 2,376만 2,000원이었다.

2회차 때 입찰하여 3,033만 원에 낙찰을 받았다. 첫 낙찰이라는 좋은 성과를 들고 기쁜 마음으로 집으로 돌아왔다.

해당 물건의 경매 정보

춘천지방법원 원주지원 [대법원바로가기] [법원앤] / 가로보기 / 세로보기 / 세로보기(2)

2021 타경 (임의)		매각기일 : 2022-03-14 10:00~ (월)		경매1계 033-
소재지	(26417) 강원특별자치도 원주시 [도로명] 강원도 원주시			
용도	대지	채권자	홍00000000	감정가	48,453,000원
토지면적	93㎡ (28,13평)	채무자	홍00	최저가	(34%) 16,633,000원
건물면적		소유자	홍00	보증금	(10%)1,663,300원
제시외		매각대상	토지매각	청구금액	14,354,307원
입찰방법	기일입찰	배당종기일	2021-07-12	개시결정	2021-04-12

기일현황 ▼간략보기

회차	매각기일	최저매각금액	결과
신건	2021-10-12	33,945,000원	유찰
2차	2021-11-15	23,762,000원	매각
	/입찰1명/낙찰30,330,000원(63%)		
	2021-11-22	매각결정기일	허가
	2021-12-29	대금지급기한	미납
2차	2022-02-07	23,762,000원	유찰
3차	2022-03-14	16,633,000원	매각
	/입찰4명/낙찰24,160,000원(50%)		
	2022-03-21	매각결정기일	허가
	2022-04-28	배당기일	완료
	2022-04-29	대금지급기한 납부 (2022.04.04)	납부

배당종결된 사건입니다.

감정평가현황 가격시점 : 2021-04-28

지도 지도 감정평가서

건축사무소 소장인 남편에게 오늘 있었던 일을 이야기했더니 "조금 더 싸게 낙찰받을 수 있었을 것 같은데……"라면서 말끝을 흐렸다. 그랬다. 감정평가서에 '제시 외 건물이 소재하나 평가 목적을 고려하여 이에 구애 없이 토지를 평가했음'이라는 문구가 있었는데 이를 간과한 것이다. 감정평가서를 자세히 들여다보니 제시 외 건물을 제외하고 토지만 감정평가를 했을 때 4,845만 3,000원이라고 되어 있었다. 그래서 깊은 고민 끝에 잔금을 납부하지 않았다.

잔금을 미납한 이유는 2회차 가격으로 재경매가 시작되니 조금 더 낮은 가격으로 낙찰받고 싶어서였다. 재경매로 3회차가 시작됐고, 나는 한 번 더 유찰되기를 바랐다. 내 바람대로 다행히 그날 아무도 입찰하지 않아 유찰됐다. 4회차 시작 가격은 1,663만 3,000원이었다. 나는 4회차 때 다시 입찰하기로 마음먹었다.

드디어 4회차가 진행되는 날, 나는 입찰가로 2,416만 원을 적어 과감히 제출했다. 과연 결과는! 네 명이 입찰했는데 그중 내가 1등을 차지하여 다시 낙찰을 받았다. 아마도 낙찰 후 잔금을 미납하고 다시 낙찰받는

현장 모습

사례가 흔치는 않을 것이다. 2회차 때보다 무려 617만 원이나 더 저렴하게 낙찰받았다. 다시 한번 낙찰영수증을 받고, 대금까지 납부해서 토지의 소유권을 가져왔다.

소유권이전 후 실제 현장에 가보기로 했다. 현장에 도착해서 보니 유료 경매지에 나온 것처럼 건물의 상태는 매우 좋지 않았다. 그래서 저렴한 가격으로 건물까지 매수하여 토지와 건물에 대한 전체 소유권을 가져오면 좋겠다는 생각이 들었다. 기척을 내봐도 응답이 없어서 울 너머로 조심스럽게 집 안을 둘러봤다. 그러던 중 옆집에서 사람이 나오기에 내 전화번호가 적힌 쪽지를 건네주고 옆집에 거주하시는 분에게 전달해달라고 부탁했다.

3일이 지난 후 내가 낙찰받은 토지 위의 건물 소유자에게 문자가 왔다. 건물에도 가압류가 걸려 있고, 대물보상이 있어야 한다는 내용이었다. 더 이상의 협상이 어려울 것으로 판단한 나는 건물철거와 부당이득 소장을 접수했다. 소장을 피고에게 지속적으로 보냈지만 피고는 그 집에 거주하지 않아서 송달은 공시송달로 진행됐다. 공시송달 이후 1차 변론기일이 잡혔고, 변론기일에 혹시나 하는 마음으로 출석했으나 역시 피고는 오지 않았다.

1차 변론기일에 판사는 애초부터 건물 소유자와 토지 소유자가 동일했으므

로 법리상 법정지상권이 성립하는 것으로 보인다고 했고, 나는 부당이득까지 같이 청구한 상태이기 때문에 지료에 대한 부분은 인정되어야 한다고 주장했다. 또한 판사는 법정지상권이 성립하기 때문에 철거에 대한 부분은 인정하기 어려울 것으로 보인다고 말했다. 그리고 공시송달이어서 피고에게 소장이 도달했는지를 확인할 수 없고, 원고가 청구한 지료에 대한 부분은 채택할 만한 증거가 없기 때문에 임료감정을 해야 한다고 했다. 만약 피고에게 소장이 분명히 도달했고, 피고가 변론기일에 불출석했다면 자백간주✚가 되어 원고가 청구한 내용을 증거로 채택 및 인정할 수 있으나, 공시송달이기 때문에 채택할 수 있는 증거가 없어 임료감정이 필요하다는 얘기다. 나는 임료감정을 신청하겠다고 밝힌 후 1차 변론을 마쳤다.

✚ **자백간주**
소장이 피고에게 도달됐고, 변론기일에 피고가 불출석했으며, 답변서나 준비서면도 제출하지 않았다면 피고가 원고의 주장을 인정 및 자백한 것으로 간주하는 것을 말한다.

임료감정신청서를 제출한 이후 기발생분 201만 1,000원과 매월 12만 3,000원의 임료가 산출됐다. 임료감정평가 후 2차 변론기일이 잡혔다. 2차 변론기일에 판사가 "건물철거에 대한 청구는 유지했네요"라고 하기에 "일단 그 부분은 변경하지 않고 유지했습니다"라고 답변했다. 이에 판사는 법정지상권 성립 여부는 재판부에서 판단한다고 했고, 2차 변론기일까지 종료됐다.

변론기일 종료 후 판결문이 나왔다. 예상한 대로 임료는 인정을 받았다. 그리고 건물철거에 대한 부분은 피고가 토지 및 건물을 함께 소유하고 있다가 근저당권 실행으로 토지 또는 건물의 소유자가 달라졌다면 법정지상권이 성립하고, 지료를 지급하면 토지를 점유할 권리가 있다고 판결했다.

현재 나는 판결문이 확정되면 부당이득금에 대한 내용을 근거로 강제경매 신청을 하려고 준비하고 있다. 판결문이 확정되자마자 강제경매를 신청하는

변론기일 종료 후 나온 판결문

수 원 지 방 법 원

판 결

사 건	2023가단▒▒▒▒ 건물등철거	
원 고	▒▒▒▒ 주식회사	
	용인시 기흥구 ▒▒▒▒▒ ▒▒ ▒▒ ▒▒▒▒▒ ▒▒ ▒▒▒▒▒	
	대표자 사내이사 ▒▒▒	
	소송대리인 ▒▒▒	
피 고	▒▒▒▒▒▒ ▒ ▒▒▒ ▒▒▒▒	
	최후주소 강원도 홍천군 홍천읍 ▒▒▒▒ ▒▒▒▒▒▒▒▒	
변 론 종 결	2023. 9. 20.	
판 결 선 고	2023. 9. 27.	

주 문

1. 피고는 원고에게,

    가. 2,011,000원 및 이에 대하여 2023. 8. 30.부터 다 갚는 날까지 연 12%의 비율로

       계산한 돈을 지급하고,

    나. 2023. 7. 26.부터 별지 목록 제2항 기재 토지에 대한 원고의 소유권상실일 또는

       별지 목록 제1항 기재 건물의 철거 완료일까지 월 123,000원의 비율로 계산한

       돈을 지급하라.

2. 원고의 나머지 청구를 기각한다.

※ 문서 좌측 상단의 바코드로 대한민국법원 앱에서 진위확인을 하실 수 있습니다. 또한 전자소송홈페이지 및 각 법원 민원실에 설치된 사건검색 컴퓨터의 발급문서(번호)조회 메뉴에서 문서 좌측 하단의 발급번호를 이용하여 위,변조 여부를 확인하실 수 있습니다.

이유는 집행문을 부여받아 채무자의 재산을 조회 및 확보한 후, 보유한 재산

중 부동산이 있다면 강제경매신청을 통해 채권만족(채권을 회수함)을 얻을 수 있

기 때문이다. 채무자의 재산 중 일부가 강제경매신청 후 경매로 진행되기 때문에 다시 한번 건물 소유자 및 공유자들과 협의·협상력을 높일 수 있다.

경매로 돈 버는 투자자의 한 끗

입찰 전에는 건물에 누가 살고 있는 것도 아니고 굉장히 낙후되어 있어서 건물 주인이 누군지만 파악된다면 쉽게 매입할 수 있을 줄 알았다. 하지만 건물에도 가압류가 걸려 있고 금액이 꽤 커서 일반적인 거래로는 매입할 수 없었다. 그래도 크게 당황하지 않았다. 법정지상권이 성립한다고 해도 내 땅을 차지하고 있는 만큼의 지료를 받을 수 있으니 말이다. 지료를 2년 동안 주지 않으면 건물을 경매로 넘길 수 있는 권한도 생기니, 조급해하지만 않는다면 결국에는 내가 원하는 방향으로 끝날 수밖에 없다.

모두가 꺼리지만
알고 보면 어렵지 않은 물건

상대방이 변호사를 선임했다는 건 그린 라이트

온비드 공매를 통해 경기도 광주시 퇴촌면의 토지를 낙찰받았다. 이 물건을 낙찰받은 이유는 네 가지다. 첫째는 가격이 저렴하다는 점이다. 감정가는 600만 원이었지만, 13회나 유찰돼서 136만 원까지 내려왔다. 둘째는 지목상 '전'이지만 도로로 사용되고 있다는 점이다. 사진으로 봐도 매우 외진 지역인데, 전으로 되어 있는 토지이므로 농지취득자격증명(농취증)이 있어야 한다. 하지만 현재 농취증 발급이 매우 까다로워졌기 때문에 이런 외진 곳에 있으면서 등기부상 용도와 현황이 다른 토지는 투자자들이 별로 관심을 두지 않을 가능성이 크다. 즉, 경쟁이 치열하지 않다는 얘기다.

해당 물건의 위성사진

셋째는 계획관리지역의 전으로 등록되어 있다는 점이다. 도시지역

해당 물건의 공매 정보

2017-▮▮▮▮ ▮▮▮		입찰일자 : 2018-02-05 10:00 ~ 2018-02-07 17:00			
집행기관	한국자산관리공사	담당자	서울동부지역본부 / 조세정리1팀 / ▮▮▮▮		
소재지	경기도 광주시 ▮▮▮ ▮▮▮ ▮▮▮-▮			D 지도 N 지도	
유찰횟수	13 회	물건상태	낙찰	감정가	6,072,000원
물건용도	전	입찰방식	일반경쟁(최고가방식)	최저가	(23%)1,367,000원
위임기관		공고일자	2017-05-24	배분종기일	2017-07-10
납부기한	낙찰금액별 구분			종류/방식	압류재산 / 매각
면적(㎡)	전66㎡				

의 전·답·과수원은 농취증이 필요 없지만, 계획관리지역은 농취증이 필요하다. 그래서 행정 업무 처리 규정상 온비드 유의사항에 언급할 수밖에 없을 것이고, 이로 인해 보통 사람이 쉽게 접근할 수 없을 것으로 판단했다. 넷째는 토지에 건물 일부가 침범해 있다는 점이다. 일반적인 지분경매는 부당이득이나 공유물분할청구소송으로 진행하지만, 이 건은 침범한 건물에 대해 철거와 부당이득청구를 할 수 있다고 판단했다.

23%까지 하락했으니 이제는 들어갈 때라고 생각했고, 최저가를 쓴 사람과 2대1의 경쟁 입찰을 거쳐 149만 원에 낙찰받았다. 단독입찰일 줄 알았는데 이런 물건을 볼 줄 아는 사람이 또 있었던 것이다. 결국 10만 원 차이로 낙찰을 받았다.

2017~2018년에 나는 소액으로 수익을 내는 물건에 집중했던 터라 일주일에 많게는 일곱 개까지 낙찰받기도 했다. 55만 원에서 500만 원 사이의 물건을

주로 손품을 팔아 검색하면서 단기간에 많은 물건의 소유권을 가지게 됐다. 이후 다른 투자들과 사업을 확장해가면서 소액이었던 물건을 잊고 지냈는데, 5년이 지나고 보니 이제는 해결해야겠다는 생각이 들었다. 그래서 공유자와 이해관계인을 만나기 위해 소장을 접수했다.

전으로 등록되어 있으나 도로로 사용되는 경우, 공매 유의사항 정보에 농취증을 발급받을 수 있는 개인과 농업법인만이 소유권이전등기를 받을 수 있다고 나와 있다. 그래서 사람들 머릿속에는 농취증의 발급 여부가 불확실하다는 점과 여러 지자체를 거쳐야 하는 행정상의 과정이나 불편함이 먼저 각인된다. 이런 경우 소액 지분 투자라고 해도 섣불리 들어가서 돈이 묶이는 것을 싫어하는 회피 반응이 방어기제로 작동되기 때문에 가격이 싸다는 것을 알아보는 것과 별개로, 이를 해결할 방법을 아는 사람만이 접근하는 토지라고 할 수 있다. 따라서 입찰 경쟁률을 낮출 수 있는 조건 하나가 갖춰진 셈이다.

일단은 지자체에 농취증을 신청한다. 정부24에서 간단히 온라인으로 진행할 수 있는데, 필요한 경우 지자체 주무관에게 전화가 온다. 공무원이 해당 토지를 살펴보면서 현황 사진과 지적도, 이전 소유관계 등을 면밀히 검토한 이후 현황상 도로로 이용 중인 토지인 경우 '이곳은 농지가 아니므로'라는 문구로 시작하는 '농지취득자격증명 반려 통지서'를 발급한다. 농취증을 신청했지만 농지가 아니라는 이유로 주무관의 반려 통지서를 받았으니, 이 서류를 근거로 등기상은 농지이지만 현황상은 농지가 아닌 토지의 소유권을 취득할 수 있는 것이다. 대부분 사람이 모르고 놓치는 사례를 경험을 통해 알고 있다면, 일단은 유리한 위치에서 이런 토지들을 볼 수 있는 눈이 생긴다.

이 도로에는 독특한 점이 또 있었다. 입찰 당시에도 지도상으로 건물의 침범 여부를 확인할 수 있었다는 점이다. 공유자들과는 전혀 상관이 없으며, 전혀 다른 제3자를 통해 물건을 해결할 수 있는 지점이 하나 더 있는 셈이다.

건물 등 철거 청구의 소를 제기하면서, 그동안 침범해서 점유한 부분에 대한 부당이득을 같이 청구했다. 공유지분권자이지만, 공유자들의 동의가 없어도 건물이 침범한 토지에 대해 소송이 가능하다는 것이 지분 투자의 매력이라고 생각한다.

소장의 청구취지에는 '10제곱미터 지상 건물을 철거하고, 토지를 인도하고, 사용료 600만 원 및 갚는 날까지 연 12% 이율로 계산한 돈을 지급하고, 이후 사용료인 2023년 3월 3일부터 기재 건물의 철거 및 토지 인도 완료일까지 각 월 100만 원의 비율로 계산한 돈을 지급하라'라는 내용을 담았다. 청구취지는 판결문의 결론을 적고 상세 이유를 청구원인에 후술한다는 것을 기억해두면 좋다.

소장 접수를 너무 어려워하지 않으려면, 소송을 통해서만 해결하겠다고 생각하지 말고 소장을 접수해 소장을 받은 이해관계인과 연락하게 되거나 법정에서라도 만나 협의하기 위한 하나의 수단으로 활용한다고 생각하면 좋다. 소장을 형식적으로라도 접수하는 이유는 협상 수단이라는 활용 가치 때문이다.

이 물건의 처리 과정에서 또 하나의 특이한 점은, 경기도 광주의 토지인데 목동에 있는 서울남부지방법원에서 조정이 진행됐다는 것이다. 재산권에 관한 소송은 주소지 관할이 원칙이지만, 받을 금전이 있는 경우에는 '지참채무의 원칙'에 따라 원고의 관할 주소지에서 재판을 받을 수 있다. 건물철거와 동시에 월임료 상당액을 청구했기 때문에 금전채무에 해당하고, 따라서 원고 관할 주소지에서 재판을 진행할 수 있었던 것이다.

소장 접수 이후 피고는 변호사를 선임했고, 원고의 청구를 기각해달라는 답변서를 제출했다. 이후 법원의 석명준비명령이 떨어지는데, 피고의 대리인이 형식적인 답변서만 제출하고 실질적 답변을 하지 않고 있으니 구체적 의견을 정리한 서면을 제출하라는 명령서다.

피고 대리인은 이후 준비서면을 제출했다. 준비서면은 각자의 주장을 진술하는 문서라고 보면 되고, 이에 답변하는 문서를 답변서로 생각하면 쉽다. 준비서면을 요약하면 원고의 청구는 침범 부위가 객관적이지 않고, 점유의 고의가 없었으며, 20년 이상 점유했으니 민법 제199조에 따라 점유 시효를 취득했다는 내용이었다. 또한 침범 여부를 확인하기 위한 측량과 원고가 주장한 임료가 객관적인지 증명하는 임료감정신청도 해야 한다고 적혀 있었다.

이후 2023년 7월에 조정회부결정이 나고, 조정기일이 9월로 정해졌다. 조정은 재판보다는 좀 더 협의에 가까운 제도로 중재인을 중간에 두고 원고와 피고의 화해를 권고하는 형식적 절차다. 판사의 판결이 중점인 재판보다 판사 또는 조정위원이 참여해서 양측의 입장을 조율하는 절차로 이해하면 쉽다. 조정 당일 조정위원 및 변호사와 대화하는 자리에서 감정가가 600만 원이었으니 지가 상승을 고려해 750만 원에 매도할 수 있다고 주장했고, 피고 측 대리인인 변호사는 700만 원 정도면 의뢰인을 설득해보겠다고 했다. 조정위원은 재감정신청까지 하면 지가 하락으로 평가될 수 있으니 700만 원이면 합리적이라고 말했다. 나와 변호사가 이에 동의함으로써 조정이 성립됐다.

2023년 10월 말까지 돈을 받고 바로 소유권이전을 한다는 '동시이행' 조항이 담긴 조정 문서가 작성됐고, 여기에 원고·피고가 서명하는 절차까지 마무리됐다.

조정 이후 조정 문서에 나온 기일까지 기다릴 필요가 없었다. 그래서 약속을 잡고 2023년 9월 22일 경기도 광주의 법무사 사무실로 가서 매매계약서를 작성하고 소유권이전 서류들을 제출한 후 수익을 확정했다. 149만 원에 낙찰받아 소송 5개월 만에 700만 원에 매도했으니 수익이 551만 원, 즉 4.7배의 수익률을 낸 것이다.

바로 팔지 않아서 5년이 걸렸다는 사실이 중요한 게 아니고, 해결하겠다고 마음을 먹은 날로부터 5개월이라는 시간 내에 해결했다는 점이 중요하다. 조정기일과 송달 날짜만 빨랐다면 2개월 내에도 해결할 수 있었을 것이다. 오래 보유했으니 장기 보유 특별공제라는 세금상 이익도 덤으로 얻었다. 이런 절차를 한 번만 진행해봐도 경매·공매에 계속 나오는 특수물건을 해결할 수 있게 될 것이다.

💰 경매로 돈 버는 투자자의 한 끗

건물 소유자는 소장을 받자마자 변호사를 선임했다. 나에게 바로 연락했다면 더 쉽고 빠르게 해결됐을 것이고, 변호사 비용을 들이는 일도 없었을 것이다. 피고가 변호사를 선임했다는 것은 무언가 지키고 싶은 것이 있다는 뜻이다. 원고 입장에서는 긍정적인 신호로 받아들이면 된다. 피고가 내 말은 듣지 않더라도 본인이 선임한 변호사의 말은 잘 듣기 때문이다. 변호사와 대화하면서 합리적인 금액을 제시하면 변호사가 알아서 의뢰인을 설득해준다. 다시 한번 말하지만 상대방이 변호사를 선임했다는 건 긍정적인 신호다.

해당 물건의 부동산 매매계약서

부 동 산 매 매 계 약 서

매도인과 매수인 쌍방은 아래 표시 부동산에 관하여 다음 계약 내용과 같이 매매계약을 체결한다.

1.부동산의 표시

소 재 지	1. 경기도 광주시 초촌면						
	전부 이전						
	전부 이전						
	전부 이전						
	- 이 상 -						
토 지	지 목	전	대지권		면 적	207㎡ 중 66㎡	
건 물	구조용도		면 적				㎡

2. 계약내용

제 1 조 (목적) 위 부동산의 매매에 대하여 매도인과 매수인은 합의에 의하여 매매대금을 아래와 같이 지불하기로 한다.

매매대금	금	칠백만원정 (금	7,000,000 원)			
계 약 금	금	없음 (금		원)을 임시불로 지불하고 영수함.		
융 자 금	금	원정(은행)을 승계키로 한다.	임대보증금	금		
중 도 금	금	없음원정 (금		원) 은 2023년 월 일에 지불한다.		
	금	없음원정 (금		원) 은 2023년 월 일에 지불한다		
잔 금	금	칠백만원정 (금	7,000,000 원) 은 2023년 09월 22일에 지불한다.			

제 2 조 (소유권 이전 등) 매도인은 매매대금의 잔금 수령과 동시에 매수인에게 소유권이전등기에 필요한 모든 서류를 교부하고 등기절차에 협력하며, 위 부동산의 인도일은 _년 _월 _일로 한다.

제 3 조 (제한물권 등의 소멸) 매도인은 위의 부동산에 설정된 저당권, 지상권, 임차권 등 소유권의 행사를 제한하는 사유가 있거나, 제세공과 기타 부담금의 미납금 등이 있을 때에는 잔금 수수일까지 그 권리의 하자 및 부담 등을 제거하여 완전한 소유권을 매수인에게 이전한다. 다만, 승계하기로 합의하는 권리 및 금액은 그러하지 아니하다.

제 4 조 (지방세 등) 위 부동산에 관하여 발생한 수익의 귀속과 제세공과금 등의 부담은 위 부동산의 인도일을 기준으로 하되, 지방세의 납부의무 및 납부책임은 지방세법의 규정에 의한다.

제 5 조 (계약의 해제) 매수인이 매도인에게 중도금(중도금이 없을때에는 잔금)을 지불하기 전까지 매도인은 계약금의 배액을 상환하고, 매수인은 계약금을 포기하고 본 계약을 해제할 수 있다.

제 6 조 (채무불이행과 손해배상) 매도인 또는 매수인이 본 계약상의 내용에 대하여 불이행이 있을 경우 그 상대방은 불이행자에 대하여 서면으로 최고하고 계약을 해제할 수 있다. 그리고 계약당사자는 계약해제에 따른 손해배상을 각각 상대방에게 청구할 수 있으며, 손해배상에 대하여 별도의 약정이 없는 한 계약금을 손해배상의 기준으로 본다.

제 7 조 (중개수수료) 중개업자는 매도인 또는 매수인의 본 계약 불이행에 대하여 책임을 지지 않는다. 또한, 중개수수료는 본 계약체결과 동시에 계약 당사자 쌍방이 각각 지불하며, 중개업자의 고의나 과실없이 본 계약이 무효취소 또는 해제되어도 중개수수료는 지급한다. 공동 중개인 경우에 매도인과 매수인은 자신이 중개 의뢰한 중개업자에게 각각 중개수수료를 지급한다.(중개수수료는 거래가액의 _____%로 한다.)

제 8 조 (중개수수료 외) 매도인 또는 매수인이 본 계약 이외의 업무를 의뢰한 경우 이에 관한 보수는 중개수수료와는 별도로 지급하며 그 금액은 합의에 의한다.

제 9 조 (중개대상물확인·설명서 교부 등) 중개업자는 중개대상물 확인·설명서를 작성하고 업무보증관계증서(공제증서 등) 사본을 첨부하여 거래당사자 쌍방에게 교부한다.

특약사항

본 계약을 증명하기 위하여 계약 당사자가 이의 없음을 확인하고 각각 서명·날인 후 매도인, 매수인 및 중개업자는 매장마다 간인하여야 하며, 각각 1통씩 보관한다.

2023년 9월 22

매도인	주 소	서울특별시 강서구 마곡서1로				성 명	유근용
	주민(법인)등록번호		전 화			성 명	
	대 표 자	주 소		주민등록번호		성 명	
	주 소	경기도 시흥시 은계중앙로					
	주민(법인)등록번호		전 화			성 명	
	대 표 자	주 소		주민등록번호		성 명	
	주 소	인천광역시 남동구					
	주민(법인)등록번호		전 화			성 명	
	대 리 인	주 소		주민등록번호		성 명	
매수인	주 소	경기도 수원시 영통구				성 명	
	주민등록번호		전 화			성 명	
	상 호	주 소		주민등록번호		성 명	

2부

무조건
1,000만 원 벌고
시작하는
셀프소송의 기술

셀프소송 한다는 것의 가치

본격적인 내용에 들어가기 앞서 전자소송 사이트를 활용해서 셀프로 소장을 작성하고 접수하는 것이 얼마나 가치 있는 일인지 이야기하고 싶다. 2부에서는 실전 실무에서 사용되는 소장 내용을 가감 없이 공개한다. 소장을 어떻게 작성하고 어떻게 접수해야 하는지 몰라서 막막함을 느끼던 경매 투자자들에게 큰 도움이 되리라 확신한다. 최대한 쉽게, 사진과 텍스트만 보면 바로바로 따라 할 수 있도록 정성을 다해 집필했다.

전자소송 사이트를 활용해 소송을 직접 진행할 수 없다면 어떤 일이 벌어질까? 우선 소장 작성과 접수를 셀프로 할 수 없어 서울 지역 법무사에게 위임할 경우 50만 원에서 80만 원의 추가 비용이 들어갈 수 있다. 이때 부가세는 별도다. 소장 접수 후 소장이 피고들에게 도달하면 피고 측에서 답변서와 준비서면 등을 제출하는데, 이에 대응하기 위해 원고 측에서도 답변서를 제출해야 한다. 그러면 답변서 제출 비용이 추가된다. 또한 변론기일·조정기일은 원고가 직접 참여해야 하고, 최종적으로 선고가 되고 판결문이 나오면 판결문에 따라 집행을 해야 한다. 집행을 위임할 경우 법무사에게 추가 비용이 또 들어간다. 그 밖에 소장을 접수한 후 피고가 사망한 경우나 해외에 거주하는 경우에도 이를 해결하는 방법과 절차를 본인이 모르면 법무 비용이 추가될 수밖에 없다.

또한 변호사를 선임할 경우에는 보통 440만 원 정도의 착수금이 들고 소송 결과와 협의에 따라 성공보수까지 지급해야 한다. 변호사를 선임하면 변론기일, 조정기일에 변호사가 대리로 참석한다. 하지만 변호사의 임무는 판결문이 나올 때까지만이고, 판결문의 집행을 위임하고자 할 때는 그 비용을 추가로 지급해야 한다.

이 책을 통해 경매 투자 과정에서 자주 접하는 소송을 능수능란하게 진행할 수 있다면, 이 모든 비용을 아낄 수 있다. '1,000만 원은 벌고 시작한다'는 책 제목이 바로 이런 뜻이다. 더불어 특수물건을 낙찰받고 해결하면서 소송을 아는 투자자라면 공유자나 소유자들과 대화를 하거나 협상을 할 때 조금 더 여유로운 마음으로 임할 수 있다. 설사 상대방이 비협조적으로 나오더라도 소송이라는 강력한 절차를 통해 자신에게 유리한 상황으로 이끌어 나갈 수 있기 때문이다. 이렇게 수익은 물론, 투자의 주도권과 직결되는 소송의 기술을 반드시 자신의 무기로 장착하길 바란다.

낙찰 후
잔금납부하는 방법

경매물건을 낙찰받고 나면 7일 후에 매각허가가 결정되고, 그로부터 7일 후에는 매각허가가 확정된다. 매각허가확정 후 매각 대금을 납부(잔금납부)하라는 대금지급기한통지서가 집으로 날아온다. 만약 대금지급기한통지서 수신지를 집이 아닌 다른 곳으로 변경하고 싶다면, 송달주소 변경신청서를 작성하여 해당 법원 경매계를 직접 방문해 제출하거나 우편으로 보내면 된다.

부동산을 낙찰받고 2주 정도가 지나면 집으로 대금지급기한통지서라는 서류가 온다. 오른쪽의 이미지는 2023년 11월 17일(금) 17:00까지 법원 경매2계로 와서 잔금을 납부하라는 통지서다. 이 통지서를 받고 대금지급기한 이내에 법원을 방문해 납부하면 된다.

잔금을 납부할 때 낙찰자 본인이 가지 못하고 대리인이 갈 경우에는 위임장과 본인의 인감증명서를 함께 보내야 한다. 다만 경매계마다 대리인이 올 경우 필요한 서류에 차이가 있을 수 있으니 사전에 해당 경매계로 전화해서 확인해야 시행착오를 줄일 수 있다.

[경매2계]

대전지방법원 홍성지원
대금지급기한통지서

사　　　건　　2023타경 　　 부동산강제경매

채　권　자　　주식회사 　　　　　　

채　무　자　　　　

소　유　자　　채무자와 같음

매　수　인　　주식회사 　　　　　　　

매 각 대 금　　9,872,000원

대 금 지 급 기 한　　2023. 11. 17.(금)　17:00　경매2계 사무실

위와 같이 대금지급기한이 정하여졌으니 매수인께서는 위 지급기한까지 이 법원에 출석하시어 매각대금을 납부하시기 바랍니다.

해당물건번호 : 1(9,872,000원)

2023. 10. 23.

법원주사보　　　　　　　　　

잔금납부의 순서를 정리하면 다음과 같다.

1. '대금지급기한통지서'에 나와 있는 해당 법원 및 경매계로 가서 잔금을 납부하러 왔다고 말한 뒤, 사건번호를 알려주고 낙찰자의 신분증을 제출한다.

2. 제출한 신분증을 돌려받은 뒤 '법원보관금납부명령서'를 받는다.

법원보관금납부명령서

법원보관금납부명령서

법원코드	과코드	재판부번호
000214		1002

	사 건 번 호	2023타경	물 건 번 호	1
	납 부 금 액	금 11,030,000 원		
	보관금 종류	매각대금		
	납 부 기 한	2024. 2. 2. 까지		

납부자	성 명		전 화	
	주민등록번호 (사업자등록번호)		우편번호	41083
	주 소			

대리인	성 명		전 화	
	주민등록번호 (사업자등록번호)		우편번호	
	주 소			

위의 보관금을 납부하시기 바랍니다.

2024. 1. 15.

의 정 부 지 방 법 원

사법보좌관

3. '법원보관금납부명령서'를 가지고 법원 내에 있는 신한은행으로 이동한다.

   ※ 법원 내에는 신한은행, 농협, KB국민은행 등이 있다. 보통 신한은행이 많으니 신한은

   행을 기준으로 설명하겠다.

4. 신한은행 안으로 들어가면 '법원보관금 납부서'라는 양식이 비치되어

   있다.

법원보관금 납부서

양식의 해당 란에 다음과 같이 기입한다.

- 법원명: 낙찰받은 법원 이름

- 사건번호: 낙찰받은 물건의 사건번호

- 물건번호 : 사건번호 옆에 물건번호가 있다면 필히 작성

- 납부금액: 법원보관금납부명령서에 나와 있는 금액(보증금을 뺀 잔금 액수)

- 보관금 종류: 매각대금에 체크

- 납부당사자: 낙찰자의 이름

- 주민등록번호: 낙찰자의 주민등록번호

- 주소: 낙찰자의 주소

5. 마지막으로 날짜와 납부당사자(낙찰자 이름)를 적고 서명한 뒤 은행 담당자에게 신분증과 함께 제출한다.

6. 잔금을 납부한다.

잔금을 납부하는 방법은 두 가지다.

첫 번째는 잔금수표, 법원보관금납부명령서, 법원보관금 납부서, 신분증을 제출하고 납부하는 방법이다.

두 번째는 잔금을 수표로 준비하지 않고, 신한은행 앱을 통해 납부하는 방법이다. 은행 담당자에게 "잔금납부는 신한은행 앱을 통해서 무통장 출금할게요"라고 말하면 신한쏠 앱에서 알림이 온다. 그 화면에서 '승인' 버튼을 누르면 '무통장 지급 신청이 승인됐습니다'라는 창이 뜨는데 여기서 '확인'을 누른다. 법원보관금납부명령서, 법원보관금 납부서를 은행 직원에게 제출하고 잔금을 신한은행 앱을 통해 무통장으로 출금하면 잔금납부는 끝난다.

나는 주로 두 번째 방법을 사용한다. 미리 수표를 준비할 필요 없이 앱을 통해 편리하게 납부할 수 있기 때문이다.

실전Tip

잔금을 수표로 납부할 때는 미리 전날 주변 은행을 방문해서 한 장으로 준비하는 것이 좋다. 잔금 액수가 적을 때는 수표 한 장으로 발급이 안 될 수도 있는데, 이때는 10만 원짜리 수표와 현금 등으로 준비해도 된다.

신한쏠 앱에서 발신된 알림

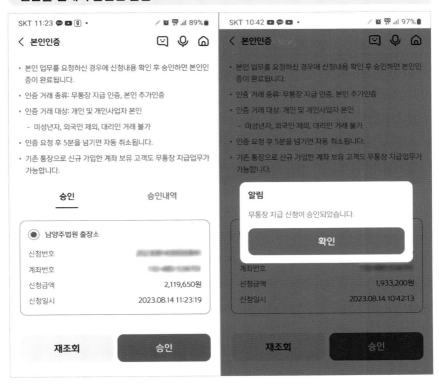

7. 잔금납부가 완료되면 220쪽의 '법원보관금 영수필통지서(법원제출용)'를 받을 수 있다.

8. 이제 매각허가결정문+과 매각대금완납증명원+을 받아야 한다.

　　두 가지 서류를 받으려면 미리 준비해야 하는 양식이 있다. '매각허가결정문 신청서'와 '매각대금완납증명 신청서'다.

　　첫째, 221쪽 매각허가결정문을 받기 위한 신청서

✚매각허가결정문
매각허가결정에 대한 채권자들의 이의신청이 없고, 매각불허가 사유에 해당하지 않을 때 법원이 낙찰자에게 매각을 허가하는 문서

✚매각대금완납증명원
법원 경매 절차를 통해서 낙찰대금을 완납했다는 사실을 증명하는 문서

법원보관금 영수필통지서(법원제출용)

의 각 란에 다음과 같이 기입한다.

　매각허가결정문 신청서 상단의 네모에는 다음과 같이 적는다.

- 사건번호: 낙찰받은 물건의 사건번호

- (채권자, 신청인): 낙찰자의 이름

- (채무자, 피신청인): 채무자의 이름(경매지에 나와 있음)

　그런 다음 가운데쯤의 네모에 날짜, 전화번호, 신청인의 이름을 적고 서명한다.

　하단의 네모에서는 매각허가결정정본·등본의 발급 통수 칸에 '1'이라고 적는다(1통을 발급받겠다는 뜻).

매각허가결정문 신청서

① 신 청 서	신청인은 ● 로 표시된 부분을 기재합니다

● 사 건 번 호	2022 타경 1234 호
● (채권자,신청인)	양 쌤
● (채무자,피신청인)	홍 길 동

위 사건에 대한 아래의 신청에 따른 제증명을 발급하여 주시기 바랍니다.

2024. 01. 07.

전화번호 : 010 - 1234 - 1234
● 신청인 : 양 쌤 　　　　　(날인 또는 서명)

**신청룰 제증명 사항을 신청번호에 ○ 표하시고,
필요한 동수와 발급 대상자의 성명을 기재합니다.**

신청번호	발급동수	신청의 종류	발급 대상자의 성명 (※주) 재판서의 당사자 모두에 대하여 신청할 경우에는 기재하지 아니함	인지 붙이는 곳
1		집행문 부여		**수수료: 각 1통당 500원** (단 ,재판서 · 조서의 정본 · 등본 · 초본은 **1통당 1,000원**)
2		송 달 증 명		
3		확 정 증 명		
4		승계송달증명		**수입인지 1000원**
5		배당표등본		
⑥	1	매각허가결정 정본 · 등본	양 진 노	사무실 내에 위치한 신한은행에서 구입
7		재판서 · 조서의 정본 · 등본 · 초본		

수 원 지 방 법 원 　귀 중

위 증명 문서를 틀림없이 수령 하였습니다.	2024. 01. 07.	●수령인 성명 : 　양쌤　　　(날인 또는 서명)

‘귀중’ 앞에 낙찰받은 법원의 이름을 적는다.

신청 날짜를 적고 ‘수령인 성명’에 낙찰자의 이름을 적은 후 서명한다.

마지막으로, 1,000원짜리 수입인지를 첨부한다. 수입인지는 미리 결제해서 출력해 온다(수입인지를 미리 출력하는 방법은 299쪽 참고).

둘째, 223쪽 매각대금완납증명 신청서 양식의 해당 란에 다음과 같이 기입한다.

- 사건: 낙찰받은 물건의 사건번호
- 채권자: 경매를 신청한 채권자의 이름(경매지에 나와 있음)
- 채무자: 채무자의 이름(경매지에 나와 있음)
- 소유자: 소유자의 이름(경매지에 나와 있음)
- 매수인: 낙찰자의 이름
- 매각대금: 낙찰 금액
- 매각대금 완납일 : 해당 법원에서 잔금을 납부한 날짜
- 신청인: 낙찰자 이름 및 서명
- 연락처: 낙찰자의 전화번호

마지막으로, 500원짜리 수입인지를 첨부한다.

매각대금완납증명 신청서

매각대금완납증명 신청서

수입인지
500원

사　　　건　2023 타경 1234 호

채 권 자 홍 길 동

채 무 자 홍 길 순

소 유 자 홍 길 순

위 사건에 관하여 다음 사항을 증명하여 주시기 바랍니다.

■ 다　　음 ■

매수인 : 양쌤

매각대금 : 금 212,000,000원

매각대금 완납일 : 2023. 11. 12.

2023. 11.

신청인 : 양쌤　　(날인 또는 서명)

연락처 : 010 - 1234 - 1234

9. 앞서 작성한 두 개의 신청서를 경매계 또는 접수처에 제출한다.

　　※ 사무 분담에 따라서 법원마다 부서가 다를 수 있으니, 담당자에게 제출처를 확인하

　　　는 것이 좋다.

10. 법원에서 매각대금완납증명원과 매각허가결정문을 받으면 잔금납부는

완벽히 끝난 것이다.

매각대금완납증명원과 매각허가결정문

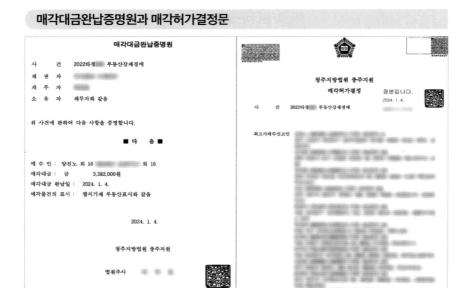

▶ 대금지급기한통지서 받을 주소를 변경할 경우

송달주소 변경신청서를 작성해 해당 경매계로 우편으로 보내거나, 직접 방문해서 제출한다. 이 서류를 제출하면 대금지급기한통지서가 변경된 주소로 송달된다.

송달주소 변경신청서

사 건   1234타경 1234 임의경매
채권자   홍 길 동
채무자   홍 길 순
최고가매수인 겸 신청인 양쌤

1. 신청인은 귀원 1234 타경 1234의 부동산 임의경매 사건에서
   해당 부동산을 금 100,000,000원에 낙찰받은 최고가매수인입니다.

2. 위 사건에 관하여 아래와 같이 송달주소 변경신청서를 제출합니다.

- 아 래 -

송달주소:

2024. 1. 5.

신청인: 양 쌤 (날인 또는 서명)
연락처: 010-000-0000

○○지방법원 ○○지원 경매○계 귀중

6장

셀프로 신청하는
공유물분할청구소송

1

공유물분할청구소송
소장 작성하고 접수하기

지분으로 낙찰받은 물건의 등기까지 완료한 후 전자소송 사이트에서 공유물
분할청구소송을 진행하는 방법을 알아보자. 화면에 표시한 순서대로 버튼을
클릭하면 된다.

▶ 전자소송 사이트(ecfs.scourt.go.kr) 로그인
❶ [서류제출] 클릭
❷ [민사 서류] 클릭

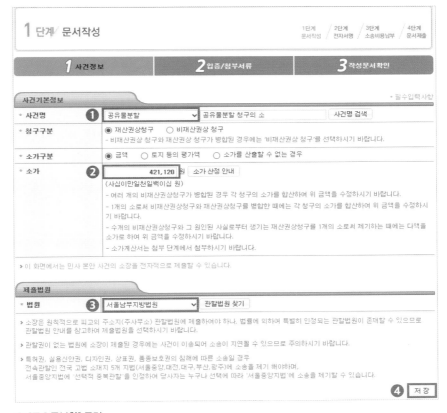

❶ [소장] 클릭

❶ [공유물분할] 클릭

❷ 소가 입력(소가 계산법은 240쪽 참고)

❸ [법원]: 경매로 낙찰받은 법원 선택

※ 공매로 낙찰받은 경우 [관할법원 찾기]를 클릭해 낙찰받은 물건지 주소를 입력하고 검색하면 관할법원을 쉽게 찾을 수 있다.

❹ [저장] 클릭

▶ 원고와 피고 정보 입력

❶ [당사자입력] 클릭

❷ [당사자 구분]에서 [원고] 클릭(원고가 두 명 이상이라면 322쪽 참고)

❸ [내정보 가져오기] 클릭(❹부터 ❽까지 자동으로 입력됨)

❾ [저장] 클릭

❶ [당사자목록] 화면에서 [당사자 구분]에 원고가 표시되어 있는지 확인

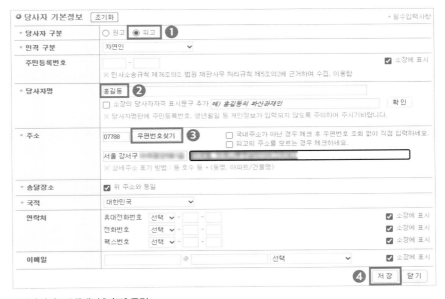

❶ [당사자 구분]에서 [피고] 클릭
❷ [당사자명]에 피고(토지공유자)의 이름 입력
❸ [우편번호찾기]를 클릭한 후 등기부등본상 피고의 주소 입력
❹ [저장] 클릭

❶ [당사자목록] 화면에서 [당사자 구분]에 원고와 피고가 표시되어 있는지 확인

▶ 소장 작성

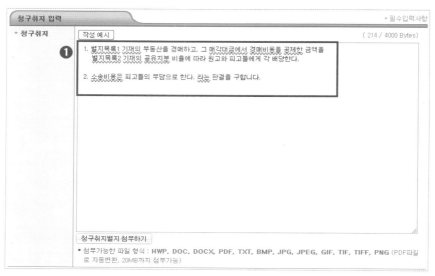

❶ [청구취지 입력] 화면에서 [청구취지] 작성

소장 작성은 청구취지를 적는 이 단계에서 시작된다. 원고로서 어떤 재판을 원하는지에 대한 결론을 간결하게 기재한다. [청구취지] 칸에는 다음과 같이 입력한다.

> **· [청구취지] 작성 예시**
> 1. 별지목록1 기재의 부동산을 경매하고, 그 매각대금에서 경매비용을 공제한 금액을 별지목록2 기재의 공유지분비율에 따라 원고와 피고들에게 각 배당한다.
> 2. 소송비용은 피고들의 부담으로 한다. 라는 판결을 구합니다.

실전Tip

원고와 피고의 숫자에 따라 다음과 같이 작성한다.
- 원고가 한 명이고, 피고가 한 명일 경우에는 '원고'와 '피고'라고 작성한다.
- 원고와 피고가 두 명 이상일 경우에는 '원고들', '피고들'이라고 작성한다.
- 원고가 한 명이고, 피고가 두 명일 경우에는 '원고'와 '피고들'이라고 작성한다.

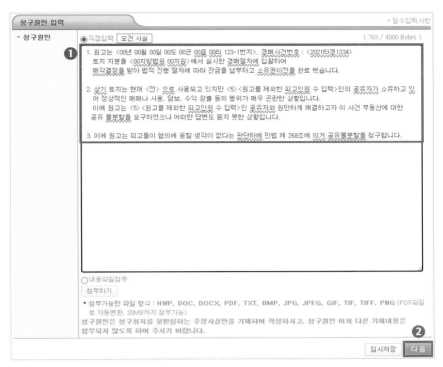

❶ [청구원인 입력] 화면에서 [청구원인] 작성
❷ [다음] 클릭

　　청구원인은 청구취지의 내용 중 이런 원인과 사실관계로 청구취지에 기재한 내용대로 판결을 구한다는 것으로, 사실관계를 구체적으로 작성하는 것이다.

　　[청구원인] 칸에는 다음 내용을 참고하여 입력한다. 〈 〉 안의 내용을 본인이 낙찰받은 물건에 맞춰서 변경하기만 하면 된다. 즉 낙찰받은 물건지 주소, 경매 사건번호(공매일 경우 공매 사건번호), 낙찰받은 법원(공매일 경우 온비드) 등을 변경한다.

- **[청구원인] 작성 예시**

1. 원고는 <2023년 11월 16일 경기도 ○○시 ○○면 ○○리 123-1번지>, 경매 사건번호: <2021타경1234> 토지지분을 <○○지방법원 ○○지원>에서 실시한 경매 절차에 입찰하여 매각결정을 받아 법적 진행 절차에 따라 잔금을 납부하고 소유권이전을 완료했습니다.

2. 상기 토지는 현재 <전>으로 사용되고 있지만 <5>인의 공유자가 소유하고 있어 정상적인 매매나 사용, 담보, 수익창출 등의 행위가 매우 곤란한 상황입니다. 이에 원고는 <5>인의 공유자와 원만하게 해결하고자 이 사건 부동산에 대한 공유물분할을 요구하였으나 어떠한 답변도 듣지 못한 상황입니다.

3. 이에 원고는 피고들이 협의에 응할 생각이 없다는 판단하에 민법 제268조에 의거 공유물분할을 청구합니다.

실전Tip

지목과 공유자 수는 다음처럼 작성한다.
- 토지: 현재 지목은 토지 등기부등본을 보고 전·답·대지·임야 등을 확인한 후 작성한다.
- 공유자 수: 토지 등기부등본을 확인한 후 원고를 제외한 토지공유자 전체 인원을 적는다.

▶ 관련 서류 첨부

❶ [입증서류제출] 화면에서 [파일첨부] 클릭

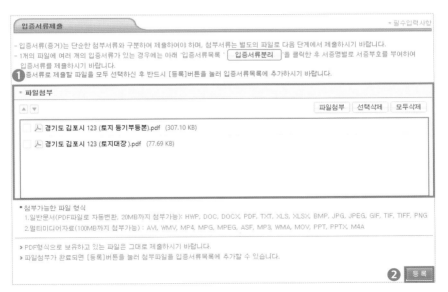

❶ 관련 서류 첨부
❷ [등록] 클릭

[입증서류제출] 단계 이전에 낙찰받은 토지의 등기부등본을 인터넷등기소 (iros.go.kr)에서 발급하기(출력) 메뉴를 이용해 발급한 후(발급비용 1,000원) 스캔하여 PDF 파일로 만든다. 토지대장도 마찬가지로 정부24 홈페이지에서 발급한 후(무료) 스캔하여 PDF 파일로 만든다. 그리고 이 화면에서 두 서류를 첨부한다. 아파트나 빌라일 경우에는 건물 등기부등본, 건축물대장, 토지대장까지 함께 첨부한다.

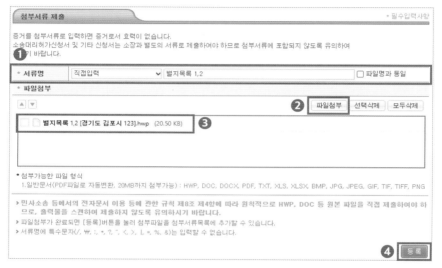

❶ **[서류명]**에서 **[직접입력]** 선택 후 오른쪽 칸에 '별지목록1,2'라고 입력
❷ **[파일첨부]** 클릭
❸ 별지목록1, 2 첨부
❹ **[등록]** 클릭

❶ **[첨부서류목록]** 화면에서 별지목록 파일이 정상적으로 첨부됐는지 확인

❷ **[작성완료]** 클릭

❶ 작성한 소장에 혹시 오타는 없는지 확인

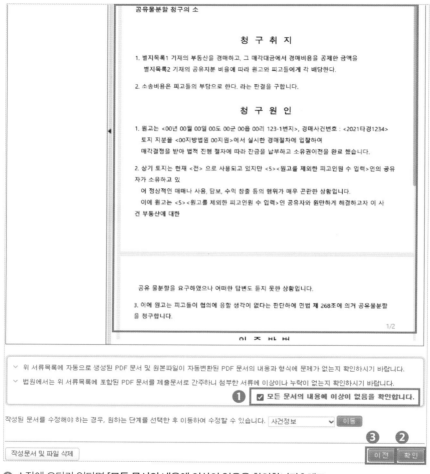

위 서류목록에 자동으로 생성된 PDF 문서 및 원본파일이 자동변환된 PDF 문서의 내용과 형식에 문제가 없는지 확인하시기 바랍니다.

법원에서는 위 서류목록에 포함된 PDF 문서를 제출문서로 간주하니 첨부한 서류에 이상이나 누락이 없는지 확인하시기 바랍니다.

❶ ☑ 모든 문서의 내용에 이상이 없음을 확인합니다.

작성된 문서를 수정해야 하는 경우, 원하는 단계를 선택한 후 이동하여 수정할 수 있습니다. | 사건정보 ∨ | 이동

❸ **❷**

작성문서 및 파일 삭제 | 이전 | 확인

❶ 소장에 오타가 없다면 [모든 문서의 내용에 이상이 없음을 확인합니다.] 체크

❷ [확인] 클릭

※ 오타가 발견됐다면 ❸ [이전] 버튼을 클릭해서 [청구취지] 및 [청구원인]을 수정할 수 있다.

❶ [문서제출] 화면에서 [사건기본정보]와 [제출서류] 확인
❷ [제출] 클릭

　이로써 법조인의 조력 없이 혼자서 공유물분할청구소송의 소장 작성 및 접수까지 진행했다. 스스로 해본 소감이 어떤가? 어려울 것 없고, 혼자서도 잘할 수 있겠다는 자신감이 솟아나지 않는가? 여세를 몰아 다른 소송에도 도전해보자.

2

공유물분할청구소송 시 소가 계산하기

원고의 지분이 1/2인 경우 토지의 소가를 계산하는 방법은 세 가지가 있다.

1. 다음의 공식을 이용해서 계산한다.

   $(공시지가 \times 토지전체면적 \times \dfrac{50}{100}) \times 원고지분 \times \dfrac{1}{3}$

   예시: $(45{,}900원 \times 690m^2(평수\ 아님) \times 50 \div 100) \times 1 \div 2(원고지분) \times 1 \div 3$

2. 네이버 계산기를 이용해서 계산한다.

3. 전자소송 사이트 우측 하단에 있는 부동산가액 및 소가 계산기를 이용해서 계산한다.

세 가지 방법 중 전자소송 사이트 내의 부동산가액 및 소가 계산기를 이용하는 것이 가장 수월하다.

네이버 계산기를 이용한 소가 계산

▶ 네이버 계산기를 이용할 때는 앞서 소개한 공식을 그대로 적용하면 된다.

전자소송 사이트의 부동산가액 및 소가 계산기를 이용한 소가 계산

▶ 전자소송 사이트에 있는 부동산가액 및 소가 계산기를 이용할 때는 다음의 순서를 따른다.

❶ [대상]에서 [토지] 클릭

❷ [토지개별공시지가]에 개별공시지가 입력(토지이음 사이트에서 확인)

❸ [토지 면적]은 토지 등기부등본을 발급용으로 출력해 면적을 확인한 후 입력

❹ [공유지분]은 원고가 낙찰받은 지분 입력

❺ [소의 종류]에서 [보기] 클릭

❻ [공유물분할청구의 소: 가액의 1/3] 클릭

❼ [계산결과보기] 클릭

❽ [소가(토지)]에서 소가 확인

※ 토지의 공시지가 및 면적은 다음 절차를 통해 확인할 수 있다.

▷ 토지의 공시지가 및 면적 확인하는 방법

❶ 네이버에서 '토지이음' 검색하기

❷ 토지이음 사이트(eum.go.kr) 접속

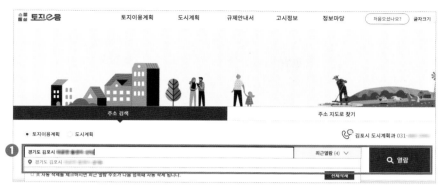

❶ 낙찰받은 주소 입력 후 [열람] 클릭

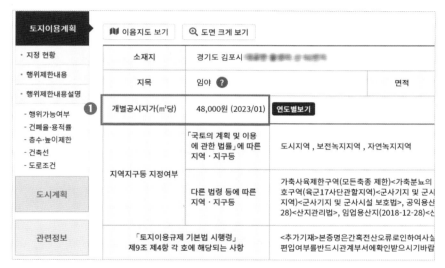

❶ [토지이용계획] 화면에서 [개별공시지가] 확인

등기사항전부증명서(말소사항 포함)
- 토지 -

고유번호 ▓▓▓▓▓▓▓▓▓▓▓

[토지] 경기도 ▓▓▓▓▓▓▓▓

【 표 제 부 】	（ 토지의 표시 ）			❶	
표시번호	접 수	소 재 지 번	지 목	면 적	등기원인 및 기타사항
1 (전 1)	1981년10월21일	경기도— ▓▓▓▓	임야	2479㎡	
					부동산등기법 제177조의 6 제1항의 규정에 의하여 2000년 03월 31일 전산이기
2		경기도 ▓▓▓	임야	2479㎡	1998년4월1일 행정구역명칭변경으로 인하여 2000년4월12일 등기

❶ 토지의 면적은 토지 등기부등본을 발급받아 확인

244

3

공유물분할청구소송 시 별지목록 작성하기

232쪽에서 소장의 청구취지 1번을 보면 '별지목록1 기재의 부동산을 경매하고, 그 매각대금에서 경매비용을 공제한 금액을 별지목록2 기재의 공유지분비율에 따라 원고와 피고들에게 각 배당한다'라고 작성되어 있다. 여기서 '별지목록1'이 의미하는 것은 부동산 소재지이고, '별지목록2'가 의미하는 것은 토지 소유자들이다. 따라서 이 내용을 쉽게 풀어서 쓰면 '○○도 ○○시 123번지 토지를 경매하고, 토지 소유자들의 공유지분비율에 따라 낙찰금을 배당해달라'가 된다.

별지목록1

별지목록 1
부동산 소재 : 충청남도 보령시 ▨▨▨ ▨▨▨ 765 답 총면적 1745㎡

별지목록2

별지목록 2

1. 강OO : 서울특별시 OOOO OOOOOO OO-O, OOOO (소유자 지분 19/200)
2. 김OO : 경기도 파주시 OOOO OO, OOO OOOO (소유자 지분 19/200)
3. 김OO : 서울특별시 OOOO OOOO OO, OO OOO (소유자 지분 19/200)
4. 김OO : 경기도 광주시 OOOOO, OOOO OO OOO (소유자 지분 19/200)
5. 박OO : 인천광역시 OOOO OOOOOO OO, OOO OOO (소유자 지분 19/200)
6. 오OO : 인천광역시 OOOO OOOO OO, OOO OOO (소유자 지분 19/200)
7. 유OO : 서울특별시 OOOO OOOOOOO OO, OOO (소유자 지분 10/200)
8. 이OO : 경기도 고양시 OOOOO OOOO OO, OOOO (소유자 지분 19/200)
9. 임OO : 서울특별시 OOOO OOOO OO, OOOOO (소유자 지분 19/200)
10. 장OO : 경상북도 OOOO OOOOOO OO, OOO (소유자 지분 19/200)
11. 천OO : 서울특별시 OOOO OOOOOO OO, OOOO (소유자 지분 19/200)

별지목록1·2를 작성한다. 작성 시 등기부등본을 참고하면 된다.

· 별지목록 1, 2의 작성 예시

- 별지목록1

부동산 소재: OO도 OO시 123번지 답 총면적 1745m^2

(부동산 소재지와 지목, 총면적을 적는다.)

- 별지목록2

토지 소유자 전원의 이름, 주소, 소유지분을 작성한다. 247쪽의 빨간 박스로 표시해 놓은 부분을 참고하면 된다.

별지목록2 작성 시 참고 서류

주요 등기사항 요약 (참고용)

──────── [주 의 사 항] ────────

본 주요 등기사항 요약은 증명서상에 말소되지 않은 사항을 간략히 요약한 것으로 증명서로서의 기능을 제공하지 않습니다.
실제 권리사항 파악을 위해서는 발급된 증명서를 필히 확인하시기 바랍니다.

[토지] 충청남도 공주시 〇〇〇〇 〇〇〇〇 〇〇〇 대 314㎡   고유번호 〇〇〇-〇〇〇-〇〇〇〇

1. 소유지분현황 (갑구)

등기명의인	(주민)등록번호	최종지분	주 소	순위번호
신동 (공유자)	63 -*******	100분의 40	충청남도 공주시 〇〇〇〇〇〇〇〇〇 〇〇	2, 9
신순 (공유자)	54 -*******	100분의 20	충청남도 천안시 〇〇〇〇〇〇〇	2
신용 (공유자)	55 -*******	100분의 20	충청남도 공주시 〇〇〇〇〇〇	2
유근 (공유자)	82 -*******	100분의 1	서울특별시 강서구 〇〇〇〇〇〇	7
이기 (공유자)	77 -*******	100분의 19	경기도 오산시 〇〇〇〇〇	7

2. 소유지분을 제외한 소유권에 관한 사항 (갑구)
  - 기록사항 없음

3. (근)저당권 및 전세권 등 (을구)
  - 기록사항 없음

[참 고 사 항]
  가. 등기기록에서 유효한 지분을 가진 소유자 혹은 공유자 현황을 가나다 순으로 표시합니다.
  나. 최종지분은 등기명의인이 가진 최종지분이며, 2개 이상의 순위번호에 지분을 가진 경우 그 지분을 합산하였습니다.
  다. 지분이 통분되어 공시된 경우는 전체의 지분을 통분하여 공시한 것입니다.
  라. 대상소유자가 명확하지 않은 경우 '확인불가'로 표시될 수 있습니다. 정확한 권리사항은 등기사항증명서를 확인하시기
      바랍니다.

부당이득반환청구소송 소장 작성하고 접수하기

건물철거소송과 부당이득반환청구소송 동시에 접수하기

건물철거소송과 부당이득반환청구소송 시 소가 계산하기

7장

셀프로 신청하는
부당이득반환청구소송

1

부당이득반환청구소송 소장 작성하고 접수하기

아파트 또는 빌라를 지분으로 낙찰받았을 경우 물건의 등기까지 완료한 후 전자소송 사이트에서 부당이득반환청구소송을 진행하는 방법을 알아보자.

▶ 전자소송 사이트 로그인

❶ [서류제출] 클릭

❷ [민사 서류] 클릭

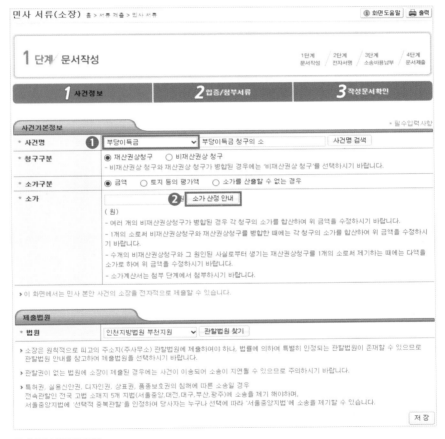

❶ [소장] 클릭

❶ [부당이득금] 클릭
❷ [소가 산정 안내] 클릭

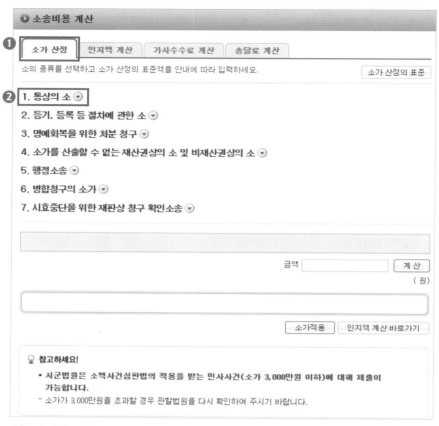

○ 소송비용 계산

❶ 소가 산정 | 인지액 계산 | 가사수수료 계산 | 송달료 계산

소의 종류를 선택하고 소가 산정의 표준액을 안내에 따라 입력하세요.　　　　소가 산정의 표준

❷ 1. 통상의 소 ⊙

2. 등기, 등록 등 절차에 관한 소 ⊙

3. 명예회복을 위한 처분 청구 ⊙

4. 소가를 산출할 수 없는 재산권상의 소 및 비재산권상의 소 ⊙

5. 행정소송 ⊙

6. 병합청구의 소가 ⊙

7. 시효중단을 위한 재판상 청구 확인소송 ⊙

금액 [   ]　계 산

(원)

소가적용 | 인지액 계산 바로가기

💡 참고하세요!

• 시군법원은 소액사건심판법의 적용을 받는 민사사건(소가 3,000만원 이하)에 대해 제출이 가능합니다.
‐ 소가가 3,000만원을 초과할 경우 관할법원을 다시 확인하여 주시기 바랍니다.

❶ [소가 산정] 클릭
❷ [1. 통상의 소] 클릭

▶ 소가 산정

소가 산정	인지액 계산	가사수수료 계산	송달로 계산

소의 종류를 선택하고 소가 산정의 표준액을 안내에 따라 입력하세요.　　　　　소가 산정의 표준

1. 통상의 소 ⊙

가. 확인의 소	(1) 소유권의 가액	선 택
	(2) 점유권의 가액	선 택
	(3) 지상권/임차권의 가액	선 택
	(4) 지역권의 가액	선 택
	(5) 담보물권의 가액	선 택
	(6) 전세권(채권적 전세권 포함)의 가액	선 택
나. 증서진부확인의 소	(1) 유가증권	선 택
	(2) 증권거래소에 상장된 증권	선 택
	(3) 기타 증서	선 택
다. 금전지급청구의소 ❶		선 택
라. 기간이 확정되지 아니한 정기금청구의 소	(1) 기간이 확정되지 아니한 정기금청구의 소	선 택
	(2) 정기금지급판결 확정 후 변경의 소	선 택
마. 물건의 인도, 명도, 방해제거를 구하는 소	(1) 소유권에 기한 경우	선 택
	(2) 지상권/전세권/임차권/담보물건에 기한 경우 또는 그 계약의 해지/해제/계약기간의 만료를 원인으로 하는 경우	선 택
	(3) 점유권에 기한 경우	선 택
	(4) 소유권의 이전을 목적으로 하는 계약에 기한 동산인도청구	선 택
바. 상린관계상의 청구	소유권	선 택
사. 공유물분할청구의 소	소유권	선 택
아. 경계확정의 소	소유권	선 택
자. 사해행위취소의 소		선 택

❶ [(1) 기간이 확정되지 아니한 정기금청구의 소] 클릭

❶ [기발생분과 1년의 정기금 합산액]에 금액을 입력한 후 [계산] 클릭

❷ [소가적용] 클릭

기발생분과 1년의 정기금 합산액을 계산하는 방법을 알아보자. 예를 들어 아파트 2분의 1 지분을 낙찰받았고 네이버 부동산 기준 월세 시세 상한선이 보증금 2,000만 원에 월세 40만 원일 경우, 보통 실무에서는 보증금 없는 월세로 계산한다.

보증금 없는 월세란 보증금을 월세로 환산한 것을 말한다. 1부에서도 소개했듯이 대략적으로 보증금 1,000만 원이 월세 10만 원에 해당하므로, 보증금 2,000만 원은 20만 원이 된다. 이 금액을 월세 40만 원에 더하면 총 60만 원이다. 현재의 월세는 아파트 전체에 대한 임료이므로 2분의 1을 낙찰받았을 경우에는 60만 원의 절반인 30만 원이 된다.

이처럼 내가 받아야 할 월임료를 30만 원으로 결정한 후 기발생분을 먼저 계산한다. 예를 들어 아파트 2분의 1 지분에 대해 9월 1일에 잔금을 납부했고, 11월 2일에 부당이득반환청구소송을 진행했다면 9월 1일부터 11월 2일까지 두 달간 아파트를 무상으로 사용했으므로 기발생분이라고 표현한다. 앞서 월임료를 30만 원으로 결정했으므로 두 달간의 기발생분은 60만 원이 된다. 부당이득금 산출 근거는 다음과 같다.

- 기발생분(60만 원): 30만 원 × 2개월
- 1년의 정기금 합산액(360만 원): 30만 원 × 12개월
- 부당이득 소가: 기발생분(60만 원) + 1년의 정기금 합산액(360만 원)

    = 420만 원

즉, 부당이득 소가는 420만 원이 된다.

▶ 관할법원 찾기

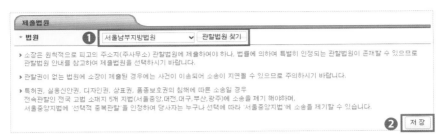

❶ [제출법원] 화면에서 [관할법원] 선택
❷ [저장] 클릭

    부당이득을 청구할 때는 원고의 초본 주소지를 관할법원으로 정할 수 있다. 민사소송법 제8조(거소지 또는 의무이행지의 특별재판적)에는 '재산권에 관한 소를 제기하는 경우에는 거소지 또는 의무이행지의 법원에 제기할 수 있다'라고 되어 있다.

> **실전Tip**
> 부당이득소송을 원고의 관할 주소지의 법원에서 진행하면 피고들은 원고의 주소지 관할법원까지 이동해서 출석해야 한다. 이런 불편함을 안김으로써 원고의 협상력을 조금이라도 높일 수 있다.

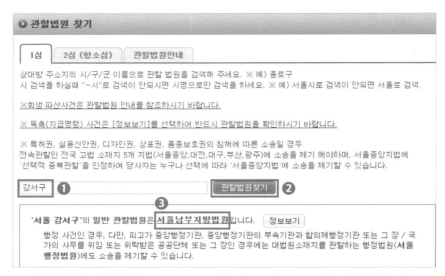

❶ [관할법원 찾기] 화면에서 원고의 초본 주소지 입력. 예를 들어 주소지가 강서구라면 '강서구'라고 입력

❷ 오른쪽의 [관할법원찾기]를 클릭하면 서울남부지방법원이라는 정보가 제시됨

❸ '서울남부지방법원' 클릭

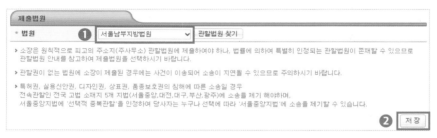

❶ [제출법원] 화면에서 자신이 선택한 법원이 제대로 표시됐는지 확인

❷ [저장] 클릭

▶ 원고와 피고 정보 입력

▶ 버튼을 순서대로 눌러 원고의 정보를 입력한다.

❶ [당사자입력] 클릭

❷ [당사자 구분]에서 [원고] 클릭

❸ [내정보 가져오기] 클릭(주민등록번호, 당사자명, 주소, 연락처, 이메일 주소가 자동으로 입력됨)

❹ [저장] 클릭

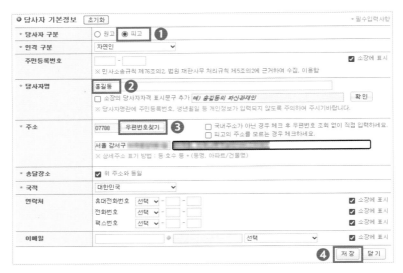

❶ [당사자 구분]에서 [피고] 클릭

❷ [당사자명]에 피고(토지공유자)의 이름 입력

❸ [우편번호찾기]를 클릭한 후 등기부등본상 피고의 주소 입력

❹ [저장] 클릭

▣ 소장 작성

이제부터가 본격적인 소장 작성인 청구취지, 청구원인이다.

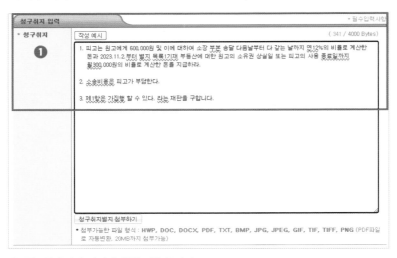

❶ [청구취지 입력] 화면에서 [청구취지] 작성

- **[청구취지] 작성 예시**

1. 피고는 원고에게 600,000원 및 이에 대하여 소장 부본 송달 다음 날부터 다 갚는 날까지 연 12%의 비율로 계산한 돈과 2023.11.2부터 별지목록1 기재 부동산에 대한 원고의 소유권 상실일 또는 피고의 사용 종료일까지 월 300,000원의 비율로 계산한 돈을 지급하라.
2. 소송비용은 피고가 부담한다.
3. 제1항은 가집행할 수 있다. 라는 재판을 구합니다.

예시와 같이 청구취지를 작성하되 〈기발생분 600,000원〉, 〈월임료 300,000원〉, 〈2023.11.2〉 등의 문구만 자신의 물건에 맞춰 변경한다. 예를 들어 2023.11.2부터라고 작성된 날짜의 기준은 2023.9.2 잔금납부를 한 후 2023.11.1까지 2개월 치 임료인 기발생분 600,000원이다. 여기에 더해 '2023.11.2부터 월임료를 300,000원의 비율로 계산한 돈을 지급하라'라는 내용이다. 다음은 청구원인을 작성할 차례다.

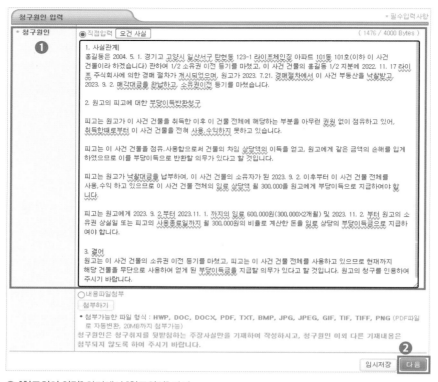

❶ [청구원인 입력] 화면에서 [청구원인] 작성
❷ [다음] 클릭

· **[청구원인] 작성 예시**

1. 사실관계

홍길동은 2004.5.1 경기도 고양시 일산서구 탄현동 123-1 라이프체인징 아파트 101동 101호(이하 이 사건 건물이라 하겠습니다)에 관하여 1/2 소유권이전 등기를 마쳤고, 이 사건 건물의 홍길동 1/2 지분에 대해 2022.11.17 라이프 주식회사에 의한 경매 절차가 개시되었으며, 원고가 2023.7.21 경매 절차에서 이 사건 부동산을 낙찰받고 2023.9.2 매각대금을 완납하고 소유권이전등기를 마쳤습니다.

2. 원고의 피고에 대한 부당이득반환청구

피고는 원고가 이 사건 건물을 취득한 이후 이 건물 전체에 해당하는 부분을 아무런 권원 없이 점유하고 있어, 취득한 때로부터 이 사건 건물을 전혀 사용·수익하지 못하고 있습니다.

피고는 이 사건 건물을 점유·사용함으로써 건물의 차임 상당액의 이득을 얻고, 원고에게 같은 금액의 손해를 입게 하였으므로 이를 부당이득으로 반환할 의무가 있다고 할 것입니다.

피고는 원고가 낙찰대금을 납부하여, 이 사건 건물의 소유자가 된 2023.9.2 이후부터 이 사건 건물 전체를 사용·수익하고 있으므로 이 사건 건물 전체의 임료 상당액 월 300,000원을 원고에게 부당이득으로 지급하여야 합니다.

피고는 원고에게 2023.9.2부터 2023.11.1까지의 임료 600,000원(300,000 × 2개월) 및 2023.11.2부터 원고의 소유권상실일 또는 피고의 사용종료까지 월 300,000원의 비율로 계산한 돈을 임료 상당의 부당이득금으로 지급하여야 합니다.

3. 결어

원고는 이 사건 건물의 소유권이전등기를 마쳤고, 피고는 이 사건 건물을 전체를 사용하고 있으므로 현재까지 해당 건물을 무단으로 사용하여 얻게 된 부당이득금을 지급할 의무가 있다고 할 것입니다. 원고의 청구를 인용하여 주시기 바랍니다.

예시와 같이 청구원인을 작성하되, 각호의 유의사항은 다음과 같다.

1. 사실관계

낙찰받은 물건의 등기부등본을 보면 채무자가 언제 소유권이전을 했고, 채권자가 누구이며, 채권자는 언제 경매를 신청했는지 표시되어 있으므로 참고하여 작성한다. 예시 문구에서 낙찰받은 날짜와 잔금을 납부한 날짜를 수정하면 된다.

2. 원고의 피고에 대한 부당이득반환청구

잔금납부 날짜(2023.9.2)를 기준으로 2분의 1 지분에 해당하는 임료는 부당이득 소가 계산 시 작성했던 임료 300,000원으로 산정하고, 2023.9.2부터 2023.11.1까지의 2개월 치 임료 600,000원 및 2023.11.2부터 원고의 소유권 상실일 또는 피고의 사용종료일까지 월 300,000원의 비율로 지급하라는 내용이 핵심이다.

3. 결어

결어는 예시처럼 작성하면 된다.

▶ 관련 서류 제출

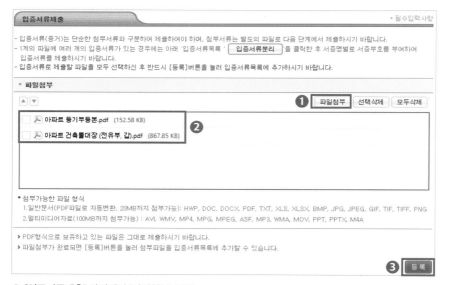

❶ [입증서류제출] 화면에서 [파일첨부] 클릭
❷ 파일 첨부
❸ [등록] 클릭

낙찰받은 아파트 등기부등본과 건축물대장(전유부)을 출력한 후 스캔하여 PDF 파일로 만들어 첨부한다. 등기부등본은 인터넷등기소 사이트에서 출력할 수 있고(발급비용 1,000원), 건축물대장은 정부24 사이트를 통해서 무료로 출력할 수 있다.

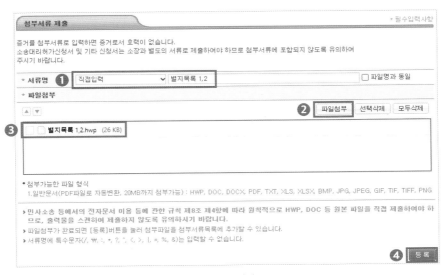

❶ [서류명]에서 [직접입력] 선택 후 '별지목록1,2'라고 입력

❷ [파일첨부] 클릭

❸ 별지목록1,2 첨부

❹ [등록] 클릭

실전Tip

별지목록 작성하는 방법은 6장에서 소개한 것과 같다. 예를 들어 별지목록2는 공유자 전원의 이름, 주소, 소유자 지분을 건물 등기부등본을 참고해서 작성하면 된다.

❶ [첨부서류목록] 화면에서 별지목록 파일이 정상적으로 첨부됐는지 확인

❷ [작성완료] 클릭

이로써 부당이득반환청구소송 소장 작성 및 접수까지 완료했다.

2

건물철거소송과 부당이득반환청구소송 동시에 접수하기

토지 전체를 낙찰받았는데 토지 위에 건물이 있을 경우 전자소송 사이트에서 건물철거소송과 부당이득반환청구소송을 진행할 수 있다. 절차와 방법을 알아보자.

▶ 전자소송 사이트 로그인
❶ [서류제출] 클릭
❷ [민사 서류] 클릭

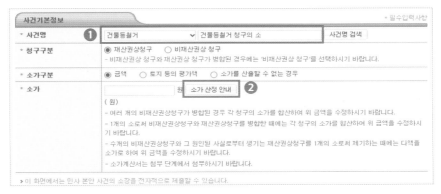

❶ [소장] 클릭

❶ [건물등철거] 클릭
❷ [소가 산정 안내] 클릭(소가 산정은 272쪽 참고)

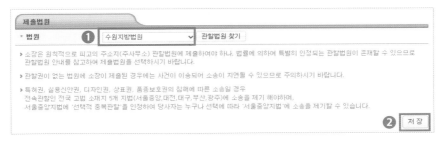

❶ [제출법원] 화면에서 [관할법원] 선택
부당이득반환청구소송과 건물철거소송을 같이 진행하기 때문에 원고의 초본 주소지 관할법원으로 선택한다.

❷ [저장] 클릭

▶ 이어지는 [당사자목록] 화면은 6장에서 설명한 것처럼 입력한다(230~231쪽 참고).

▶ 소장 작성

❶ [청구취지 입력] 화면에서 [청구취지] 작성

· [청구취지] 작성 예시

1. 피고는

　가. 원고에게 별지목록1 기재 건물을 철거하고, 별지목록2 기재 토지를 인도하라.

　나. 2022.04.06부터 별지목록1 기재 건물 철거 완료일까지 원고에게 월 450,000원

　　 비율로 계산한 돈을 지급하라.

2. 소송비용은 피고가 부담한다.

3. 제1항은 가집행할 수 있다. 라는 재판을 구합니다.

　예시처럼 청구취지를 작성한다. '나.' 항의 2022.04.06은 낙찰받고 잔금을 납부한 날짜를 기준으로 작성됐다. 임료는 원고가 먼저 주변 시세에 준하는 가격으로 보증금 없는 월 지료를 청구한 후 추후 피고와 협의가 이루어지지 않을 경우 임료감정을 통해서 산정할 수 있다.

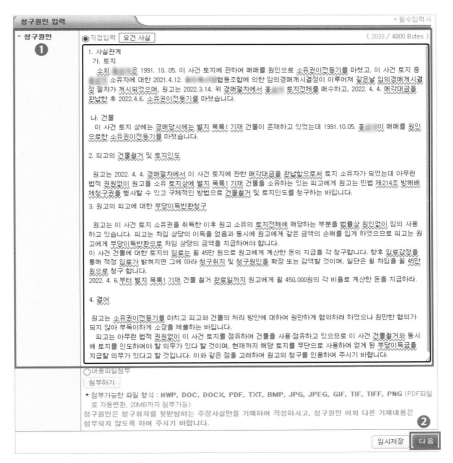

❶ [청구원인 입력] 화면에서 청구원인 작성

❷ [다음] 클릭

・[청구원인] 작성 예시

1. 사실관계

가. 토지

　　소외 ○○○은 1991.10.05 이 사건 토지에 관하여 매매를 원인으로 소유권이전등기를 마쳤고, 이 사건 토지 중 ○○○소유자에 대한 2021.4.12 ○○○협동조합에 의한 임의경매개시결정이 이루어져 같은 날 임의경매개시결정 절차가 개시되었으며 원고는 2022.3.14 위 경매 절차에서 ○○○토지 전체를 매수하고, 2022.4.4 매각대금을 완납한 후 2022.4.6 소유권이전등기를 마쳤습니다.

나. 건물

이 사건 토지상에는 경매 당시에는 별지목록1 기재 건물이 존재하고 있었는데 1991.10.05 ○○○이 매매를 원인으로 한 소유권이전등기를 마쳤습니다.

2. 피고의 건물철거 및 토지인도

원고는 2022.4. 경매 절차에서 이 사건 토지에 관한 매각대금을 완납함으로써 토지 소유자가 되었는데 아무런 법적 권원 없이 원고 소유 토지상에 별지목록1 기재 건물을 소유하고 있는 피고에게 원고는 민법 제24조 방해배제청구권을 행사할 수 있고 구체적인 방법으로 건물철거 및 토지인도를 청구하는 바입니다.

3. 원고의 피고에 대한 부당이득반환청구

원고는 이 사건 토지 소유권을 취득한 이후 원고 소유의 토지 전체에 해당하는 부분을 법률상 원인 없이 임의 사용하고 있습니다. 피고는 차임 상당의 이득을 얻음과 동시에 원고에게 같은 금액의 손해를 입게 하였으므로 피고는 원고에게 부당이득반환으로 차임 상당의 금액을 지급하여야 합니다.

이 사건 건물에 대한 토지의 임료는 월 450,000원으로 원고에게 계산한 돈의 지급을 각 청구합니다. 향후 임료감정을 통해 적정 임료가 밝혀지면 그에 따라 청구취지 및 청구원인을 확장 또는 감액할 것이며, 일단은 월 차임을 월 450,000원으로 청구합니다. 2022.1.6부터 별지목록1 기재 건물 철거 완료일까지 원고에게 월 450,000원의 각 비율로 계산한 돈을 지급하라.

4. 결어

원고는 소유권이전등기를 마치고 피고와 건물의 처리 방안에 대하여 원만하게 협의하려 하였으나 원만한 협의가 되지 않아 부득이하게 소장을 제출하는 바입니다.

피고는 아무런 법적 권원 없이 이 사건 토지를 점유하여 건물을 사용·점유하고 있으므로 이 사건 건물철거와 동시에 토지를 인도하여야 할 의무가 있다 할 것이며, 현재까지 해당 토지를 무단으로 사용하여 얻게 된 부당이득금을 지급할 의무가 있다고 할 것입니다. 이와 같은 점을 고려하여 원고의 청구를 인용하여 주시기 바랍니다.

예시처럼 청구원인을 작성하면 된다. 청구취지와 청구원인을 제대로 작성하지 못하면 수정하라는 보정명령을 받을 수 있다. 처음 소송을 진행한다면 이 단계가 정말 막막할 것이다. 그러나 예시는 실전에서 사용하고 있는 소장이니 이를 참고하면 보다 수월하게 진행할 수 있을 것이다.

예시와 같이 작성하되, 각호의 유의사항은 다음과 같다.

1. 사실관계
   가. 토지

   토지 등기부등본을 보면서 채무자가 어떻게 해서 취득했고 어느 채권자가 경매신청을 했는지를 적는다. 그리고 원고가 낙찰받은 날짜와 매각대금(잔금)을 납부한 날짜, 소유권이전등기가 된 날짜를 적으면 된다.
   나. 건물

   건물 등기부등본을 보면서 채무자가 언제 취득했는지에 대한 내용을 작성하면 된다.

2. 피고의 건물철거 및 토지인도

   예시처럼 작성한 후 잔금을 납부한 날짜를 수정하면 된다.

3. 원고의 피고에 대한 부당이득반환청구

   월임료(차임)는 원고가 시세에 준하는 가격으로 산정하고, 추후 피고와 협의가 되지 않을 경우 임료감정을 실시한다는 내용으로 작성하면 된다.

4. 결어

   예시와 동일하게 작성하면 된다.

▶ 관련 서류 첨부

❶ [입증서류제출] 화면에서 [파일첨부] 클릭
❷ 건물 등기부등본, 건축물대장, 토지 등기부등본, 토지대장 첨부
❸ [등록] 클릭

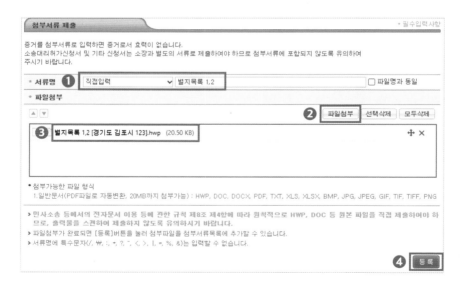

❶ [서류명]에서 [직접입력] 선택 후 [서류명] 란에 '별지목록1,2'라고 입력
❷ [파일첨부] 클릭
❸ 별지목록1,2 첨부
❹ [등록] 클릭

> **실전Tip**
>
> 건물철거와 부당이득청구 소송 시에는 아래 예시와 같이 별지목록1에는 건축물대장 또는 건물 등기부등본에 나와 있는 건물 현황에 대한 내용을 작성하고, 별지목록2에는 토지의 주소, 지목, 면적을 작성한다.
>
> ### ・건물철거와 부당이득청구 소장 접수 시 별지목록 1, 2 작성 예시
>
> 별지 목록 1
>
> ○○도 ○○시 123
>
> 목조 평스라브지붕 1층 주택
>
> 1층 89.6m² 끝.
>
> 별지 목록 2
>
> ○○도 ○○시 123 대 225m² 끝.

❶ [첨부서류목록] 화면에서 별지목록 파일이 정상적으로 첨부됐는지 확인
❷ [작성완료] 클릭

이것으로 건물철거소송과 부당이득소송을 함께 진행하는 소장 작성 및 접수까지 완료됐다.

건물철거소송과 부당이득반환청구소송 시 소가 계산하기

건물철거소송과 부당이득반환청구소송을 같이 신청할 때 소가를 계산하는 방법을 알아보자. 먼저 건물철거소송의 소가다. 265쪽 [소가 산정 안내]를 누르면 아래의 화면이 나타난다.

▶ 건물철거소송 소가 계산

① | 소가 산정 | 인지액 계산 | 가사수수료 계산 | 송달료 계산 |

소의 종류를 선택하고 소가 산정의 표준액을 안내에 따라 입력하세요.   소가 산정의 표준

② 1. 통상의 소 ⊙

가.확인의 소	(1) 소유권의 가액	선택
	(2) 점유권의 가액	선택
	(3) 지상권/임차권의 가액	선택
	(4) 지역권의 가액	선택
	(5) 담보물권의 가액	선택
	(6) 전세권(채권적 전세권 포함)의 가액	선택
나.증서진부확인의 소	(1) 유가증권	선택
	(2) 증권거래소에 상장된 증권	선택
	(3) 기타 증서	선택
다.금전지급청구의소		선택
라.기간이 확정되지 아니한 정기금청구의 소	(1) 기간이 확정되지 아니한 정기금청구의 소	선택
	(2) 정기금지급판결 확정 후 변경의 소	선택
마.물건의 인도, 명도, 방해제거를 구하는 소	(1) 소유권에 기한 경우	**③** 선택
	(2) 지상권/전세권/임차권에 기한 경우 또는 그 계약의 해지/해제/계약기간의 만료를 원인으로 하는 경우	선택
	(3) 점유권에 기한 경우	선택
	(4) 소유권의 이전을 목적으로 하는 계약에 기한 동산인도청구	선택

272

❶ [소가 산정] 클릭

❷ [1. 통상의 소] 클릭

❸ [마. 물건의 인도, 명도, 방해제거를 구하는 소]에서 [(1) 소유권에 기한 경우] 클릭

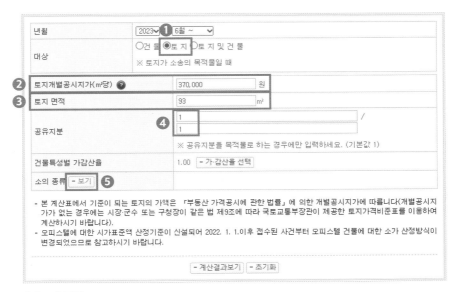

❶ [※부동산가액 및 소가계산기 바로가기] 클릭

❶ [토지] 클릭

❷ [토지개별공시지가] 입력

❸ [토지 면적] 입력
❹ [공유지분]에 '1/1'로 입력
❺ [소의 종류]에서 [보기] 클릭

토지대장에서 확인할 수 있는 연도별 공시지가와 면적

등 급 수 정 년 월 일	1993. 01. 01. 수정	1994. 01. 01. 수정
토 지 등 급 (기준수확량등급)	187	190
개별공시지가기준일	2021년 01월 01일	2022년 01월 01일
개별공시지가(원/㎡)	344300	370000

지 목	면 적(㎡)	사 유
(08) 대	*93*	(44) 1983년 08월 01일 면적정정

통상의 소				
1. 확인의 소	(1) 소유권의 가액		가액의 1	선택
	(2) 점유권의 가액		가액의 1/3	선택
	(3) 지상권/임차권의 가액		가액의 1/2	선택
	(4) 지역권의 가액		가액의 1/3	선택
	(5) 담보물권의 가액		가액의 1	선택
	(6) 전세권(채권적 전세권 포함)의 가액		가액의 1	선택
2. 물건의 인도, 명도, 방해제거를 구하는 소	❶ (1) 소유권에 기한 경우		가액의 1/2	선택
	(2) 지상권/전세권/임차권/담보물건에 기한 경우 또는 그 계약의 해지/해제/계약기간의 만료를 원인으로 하는 경우(대부분 건물명도)		가액의 1/2	선택
	(3) 점유권에 기한 경우		가액의 1/3	선택
3. 상린관계상의 청구	소유권		가액의 1/3	선택
4. 공유물분할청구의 소	소유권(원고 공유지분비율)		가액의 1/3	선택
5. 경계확정의 소	소유권		가액의 1	선택

❶ [2. 물건의 인도, 명도, 방해제거를 구하는 소]에서 [(1) 소유권에 기한 경우]의 [선택] 클릭

❶ [계산결과보기]를 클릭하면 소가(토지) 8,602,500원을 확인할 수 있음

❶ [금액] 칸에 '8,602,500'을 입력한 후 [계산] 클릭
❷ [소가는] 칸에 '4,301,250원'이 제시됨
❸ [소가적용] 클릭

이렇게 계산된 건물철거소송의 소가를 253쪽에서 구한 부당이득반환청구

소송의 소가와 합산하면 된다.

전자소송 사이트에서 인도명령 신청하기

인도명령 시 별지목록 작성하기

인도명령결정 여부 확인하기

강제집행신청 시 필요한 서류 전자소송 사이트에서 발급받기

강제집행신청 시 필요한 서류 법원에서 한꺼번에 발급받기

8장

셀프로 신청하는
인도명령

1

전자소송 사이트에서
인도명령 신청하기

아파트, 빌라 일괄매각(전체) 물건을 낙찰받은 후 전자소송 사이트에서 인도명령 신청하는 방법을 알아보자. 참고로 인도명령은 잔금납부 후 6개월 이내에 신청해야 한다.

▶ 전자소송 사이트 로그인
❶ [서류제출] 클릭
❷ [민사집행서류] 클릭

❶ [부동산인도명령 신청서] 클릭

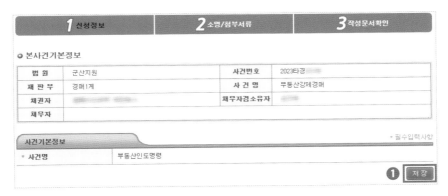

❶ [저장] 클릭

▣ 신청인과 피신청인 정보 입력

❶ [당사자목록] 화면에서 [당사자입력] 클릭
❷ [신청인] 클릭
❸ [내정보 가져오기] 클릭
❹ [저장] 클릭

❶ [당사자 기본정보] 화면에서 [피신청인] 클릭

❷ [당사자명] 칸에 낙찰받은 물건지의 점유자 이름 입력

※ 보통은 소유자 겸 채무자, 대항력 없는 임차인, 제3점유자임

❸ [우편번호찾기] 클릭 후 낙찰받은 부동산의 주소 입력

❹ [저장] 클릭

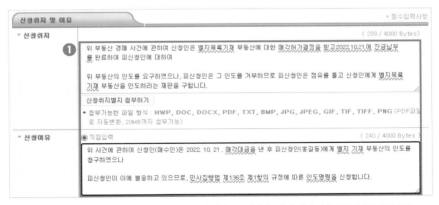

❶ [신청취지 및 이유] 화면에서 [신청취지]와 [신청이유] 입력 후 화면 하단의 [저장]과 [다음] 클릭

· [신청취지] 작성 예시

위 부동산 경매 사건에 관하여 신청인은 별지목록 기재 부동산에 대한 매각허가결정을 받고 2022.10.21에 잔금납부를 완료하여 피신청인에 대하여 위 부동산의 인도를 요구했으나, 피신청인은 그 인도를 거부하므로 피신청인은 점유를 풀고 신청인에게 별지목록 기재 부동산을 인도하라는 재판을 구합니다.

· [신청이유] 작성 예시

위 사건에 관하여 신청인(매수인)이 2022.10.21 매각대금을 낸 후 피신청인(홍길동=채무자 또는 점유자)에게 별지목록 기재 부동산의 인도를 청구했으나 피신청인이 이에 불응하고 있으므로, 민사집행법 제136조 제1항의 규정에 따른 인도명령을 신청합니다.

① [**파일첨부**] 클릭

② 다음의 서류 첨부

- 매각대금완납증명원 첨부(발급받는 법은 222쪽 참고)
- 낙찰영수증(없으면 첨부하지 않아도 된다.)
- 낙찰받은 물건에 대한 등기부등본 첨부(인터넷등기소 사이트에서 발급용으로 출력한 후 첨부)

③ [**등록**] 클릭

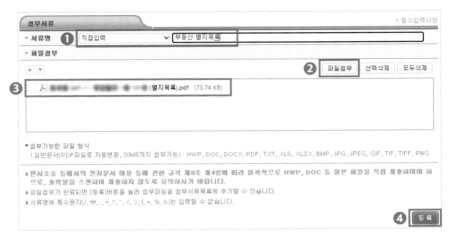

① [**서류명**]에서 [**직접입력**] 선택 후 '부동산 별지목록'이라고 입력

② [**파일첨부**] 클릭

③ 해당 부동산의 별지목록 첨부(작성 방법은 284쪽 참고)

④ [**등록**] 클릭

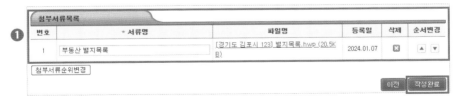

① [**첨부서류목록**] 화면에서 별지목록 파일 첨부 확인 후 [**작성완료**] 클릭

이것으로 인도명령신청까지 접수했다.

2
인도명령 시
별지목록 작성하기

인도명령을 신청할 때는 별지목록 1만 작성하면 된다. 대상 부동산에 대한 정보를 건물 등기부등본에서 찾아 쓰면 되는 것이다. 어떻게 써야 하는지 지금부터 알아보자.

인도명령 별지목록 예시

별지목록1 부동산의 표시

1동의 건물의 표시
    경기도 안양시 ○○○ ○○○ ○○○ ○○○○○○
    [도로명 주소]
    경기도 안양시 ○○○ ○○○ ○○○ ○○○
    벽돌조 평 슬래브지붕 ○○○○○○
    1층 52.29㎡
    2층 52.29㎡
    3층 43.89㎡
    지층 50.49㎡

전유부분의 건물의 표시

　건물의 번호: 제2층 제201호

　구조: 벽돌조 47.73m²

대지권의 목적인 토지의 표시

　토지의 표시: 1. 경기도 ○○○○○○ ○○○ 대 105.8m²

　대지권의 종류: 1. 소유권대지권

　대지권의 비율: 105.8분의 27

별지목록은 예시와 같이 작성한다. 건물 등기부등본을 보고 작성하는 방법을 자세히 소개하겠다. 낙찰받은 아파트, 빌라의 건물 등기부등본에서 '1동의 건물의 표시'라고 되어 있는 부분 중 취소선 표시가 되어 있지 않은 가장 아래 부분의 내용을 그대로 별지목록 양식에 옮겨 적는다.

등기부등본을 활용해 별지목록 작성하기

[집합건물] 경기도 안양시

【 표 제 부 】 (1동의 건물의 표시)				
표시번호	접　수	소재지번,건물명칭 및 번호	건 물 내 역	등기원인 및 기타사항
~~1~~ ~~(전 1)~~	~~1990년3월29일~~		~~벽돌조 평 슬래브지붕 3층~~ ~~다세대주택~~ ~~1층 52.29m²~~ ~~2층 52.29m²~~ ~~3층 43.89m²~~ ~~지층 50.49m²~~	~~도면편철장 2책 361장~~
				부동산등기법 제177조의 6 제1항의 규정에 의하여 2001년 02월 20일 전산이기
~~2~~			~~벽돌조 평 슬래브지붕 3층~~ ~~다세대주택~~ ~~1층 52.29m²~~ ~~2층 52.29m²~~ ~~3층 43.89m²~~ ~~지층 50.49m²~~	~~2001년3월27일~~ ~~행정구역명칭변경으로~~ ~~인하여~~ ~~2001년3월27일 등기~~ ~~도면편철장 2책 361장~~
~~3~~			~~벽돌조 평 슬래브지붕 3층~~ ~~다세대주택~~ ~~1층 52.29m²~~ ~~2층 52.29m²~~ ~~3층 43.89m²~~ ~~지층 50.49m²~~	~~도로명주소~~ ~~2019년2월14일 등기~~
4		경기도 제 [도로명주소] 경기도 안양시 관악대로	벽돌조 평 슬래브지붕 3층 다세대주택 1층 52.29m² 2층 52.29m² 3층 43.89m² 지층 50.49m²	도로명주소 2019년3월2일 등기

'전유부분의 건물의 표시 부분'도 그대로 별지목록에 옮겨 적는다.

'대지권의 목적인 토지의 표시' 부분과 '대지권의 표시' 부분을 확인하여 별지목록에 동일하게 작성하면 된다.

등기부등본을 활용해 별지목록 작성하기

[집합건물] 경기도 안양시 동안구 ▨▨▨ ▨▨▨ ▨▨▨▨ ▨▨▨ ▨▨▨ ▨▨▨▨

	(대지권의 목적인 토지의 표시)			
표시번호	소 재 지 번	지 목	면 적	등기원인 및 기타사항
1 (전 1)	1. 경기도 ▨▨▨ ▨▨▨ ▨▨▨	대	105.8㎡	1990년3월29일
				부동산등기법 제177조의 6 제1항의 규정에 의하여 2001년 02월 20일 전산이기

【 표 제 부 】	(전유부분의 건물의 표시)			
표시번호	접 수	건 물 번 호	건 물 내 역	등기원인 및 기타사항
1 (전 1)	1990년3월29일	제2층 제201호	벽돌조 47.73㎡	도면편철장 2책 361장
				부동산등기법 제177조의 6 제1항의 규정에 의하여 2001년 02월 20일 전산이기

	(대지권의 표시)		
표시번호	대지권종류	대지권비율	등기원인 및 기타사항
1 (전 1)	1 소유권대지권	105.8분의 27	1990년2월19일 대지권 1990년3월29일
			부동산등기법 제177조의 6 제1항의 규정에 의하여 2001년 02월 20일 전산이기

3

인도명령결정 여부
확인하기

❶ [서류제출] 클릭
❷ [제출내역] 클릭

❶ [사건번호]에 해당 사건번호 입력 후 [조회] 클릭

※ 인도명령 신청서를 접수하면 사건번호가 자동으로 부여된다.

❷ 해당 사건번호 클릭

❶ [사건진행내용] 클릭

❷ 세부 사항 확인

인도명령 신청서 접수 여부는 물론 점유자(피신청인1)에게 인도명령 신청서
가 도달됐는지도 확인할 수 있다. 인도명령신청 후 결정이 되면 화면에서 보

이는 것처럼 '결정'이라고 표시된다. 결정이 되면 부동산인도명령결정문이 낙찰자와 점유자에게 송달된다. 또한 결정이 되면 결정문까지 정본으로 전자소송 사이트에서 출력할 수 있다.

결정까지 되면 인도명령결정문(전자소송 사이트에서 발급 가능), 집행문(해당 법원 사무 분담에 따라서 민사신청과 경매계 또는 민원실에서 발급 가능), 송달증명원(전자소송 사이트에서 발급 가능)을 준비하여 해당 법원을 방문해 집행관 사무실에서 강제 집행을 신청하고 절차를 진행할 수 있다.

4

강제집행신청 시 필요한 서류 전자소송 사이트에서 발급받기

✚ 강제집행신청서
법원을 통해 인도명령 결정이 났음에도 점유자가 부동산을 인도하지 않을 때 강제집행을 해달라고 신청하는 문서

인도명령신청 후 인도명령결정이 나면 강제집행을 신청해야 한다. 강제집행을 신청할 때는 강제집행신청서✚, 인도명령결정문(정본), 송달증명원, 집행문 등의 서류를 발급받아 첨부해야 한다. 해당 법원에 있는 집행관실을 방문해서 신청하면 된다(강제집행신청 시 확정증명원은 필요 없다). 인도명령결정문(정본)과 송달증명원은 전자소송 사이트에서 발급받을 수 있고, 법원에 직접 방문해서 발급받을 수도 있다. 집행문은 해당 법원에 있는 민사집행과를 방문해서 발급받아야 한다. 집행문 발급은 사무 분담에 따라서 법원마다 부서가 다를 수 있으니 사전에 민원실에 확인하기를 추천한다. 인도명령에 대한 집행문을 발급받으려면 필히 법원을 방문해야 하기 때문에 법원에 갔을 때 인도명령결정문(정본), 송달증명원, 집행문을 한 번에 발급받는 것이 효율적이다. 그런 다음 집행관사무실 또는 민사집행과를 방문해서 강제집행신청까지 접수하고 예납금을 납부하면 강제집행신청은 끝난다. 추후 절차는 집행관에게 전화가

오기 때문에 일정을 조율하면 된다.

> **실전Tip**
>
> 공유물분할청구소송 후 원고 승으로 해당 부동산에 대해서 형식적경매신청을 할 경우에는
> 송달증명원과 확정증명원이 필요하고, 집행문은 없어도 된다. 형식적경매신청에서는 공유물
> 분할에 관한 판결문이 집행문을 대체하기 때문이다. 형식적경매신청 시 필요한 송달증명원
> 과 확정증명원은 전자소송 사이트에서 발급받을 수 있다.

▶ 확정증명원(송달증명원) 신청

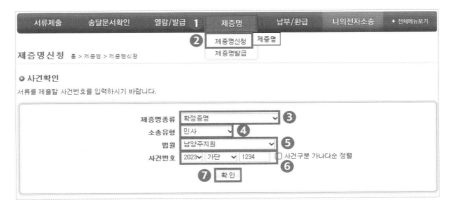

▶ 전자소송 사이트 로그인
❶ [제증명] 클릭
❷ [제증명신청] 클릭
❸ [제증명종류]에서 [확정증명] 클릭(송달증명원 발급 시에는 [송달증명원] 클릭)
❹ [소송유형]에서 [민사] 클릭(인도명령일 경우에는 [민사집행] 클릭)
❺ [법원]에서 인도명령결정 및 판결문을 받은 법원 클릭
※ 인도명령결정문 또는 판결문에 해당 법원이 기재되어 있다.
❻ [사건번호] 형식적경매신청 시 진행했던 공유물분할 사건번호(가단) 또는 인도명령 사건번호(타인)
  입력
❼ [확인] 클릭

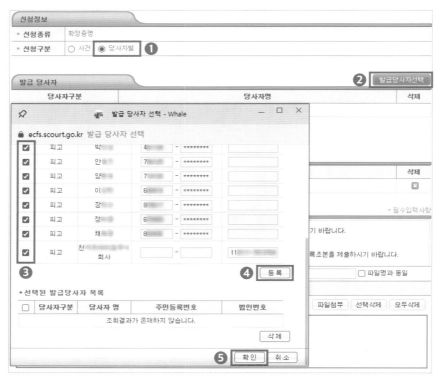

❶ [신청구분]에서 [당사자별] 클릭

❷ [발급당사자선택] 클릭

❸ [발급당사자선택] 창에서 피고들 모두 선택

❹ [등록] 클릭

❺ [확인] 클릭

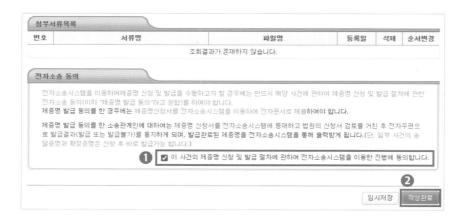

❶ [첨부서류목록] 화면에서 [이 사건의 제증명 신청 및 발급절차에 관하여 전자소송시스템을 이용한 진행에 동의합니다.] 체크

❷ [작성완료] 클릭

이제 확정증명원 신청이 완료됐다. 제증명원은 신청하고 1일 또는 2일 후에 발급받을 수 있다. 또는 해당 법원 사이트에서 민원실 전화번호를 알아내 바로 처리해달라고 요청하면 빠르게 발급받을 수도 있다.

▷ 확정증명원(송달증명원) 발급

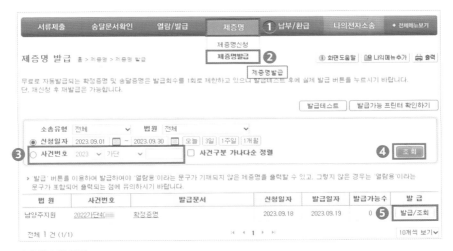

❶ [제증명] 클릭

❷ [제증명발급] 클릭

❸ [사건번호] 입력

❹ [조회] 클릭

❺ [발급/조회] 클릭

❶ [출력] 클릭

확 정 증 명 원

사 　 　 건 : 의정부지방법원 남양주지원　2022가단■■■■■ [전자]공유물분할

원 　 　 고 : ■■■■

피 　 　 고 : 김■■■ 외 10명

증명신청인 : 원고 ■■■■

위 사건에 관하여 아래와 같이 확정되었음을 증명합니다.

피고1 김■■■ 　 　 　 　 : 2023. 8. 2. 확정
피고2 김■■■ 　 　 　 　 : 2023. 9. 16. 확정
피고3 박■■ 　 　 　 　 : 2023. 9. 16. 확정
피고4 박■■ 　 　 　 　 : 2023. 8. 3. 확정
피고5 안■■ 　 　 　 　 : 2023. 8. 3. 확정
피고6 양■■ 　 　 　 　 : 2023. 8. 3. 확정
피고7 이■ 　 　 　 　 : 2023. 7. 29. 확정
피고8 장■■ 　 　 　 　 : 2023. 8. 4. 확정
피고9 정■■ 　 　 　 　 : 2023. 8. 3. 확정
피고10 채■■ 　 　 　 　 : 2023. 8. 4. 확정
피고11 천■■■■■■■■■사 : 2023. 7. 29. 확정
원고 ■■■■ 　 　 　 　 : 2023. 7. 29. 확정. 끝.

2023. 9. 19.

발급받은 송달증명원

송 달 증 명 원

사　　　건 : 의정부지방법원 남양주지원　2022가단████ [전자]공유물분할

원　　　고 : ███

피　　　고 : 김██ 외 10명

증명신청인 : 원고 ███

위 사건에 관하여 아래와 같이 송달되었음을 증명합니다.

피고1 김██	2023. 7. 18.	판결정본 송달
피고2 김██	2023. 9. 2.	판결정본 송달
피고3 박██	2023. 9. 2.	판결정본 송달
피고4 박██	2023. 7. 19.	판결정본 송달
피고5 안██	2023. 7. 19.	판결정본 송달
피고6 양██	2023. 7. 19.	판결정본 송달
피고7 이██	2023. 7. 15.	판결정본 송달
피고8 장██	2023. 7. 20.	판결정본 송달
피고9 정██	2023. 7. 19.	판결정본 송달
피고10 채██	2023. 7. 20.	판결정본 송달
피고11 천██████사	2023. 7. 15.	판결정본 송달
원고 ███	2023. 7. 14.	판결정본 송달. 끝.

2023. 9. 11.

　　송달증명원도 확정증명원과 동일한 방법과 절차대로 진행해서 발급받을 수 있다. 또는 송달증명원과 확정증명원을 법원에 직접 방문해서 신청해 발급받을 수도 있다.

5

강제집행신청 시 필요한 서류 법원에서 한꺼번에 발급받기

인도명령신청 후 인도명령결정이 되면 강제집행을 신청해야 하는데, 이때 필요한 서류와 절차를 정리하면 다음과 같다.

- 인도명령결정문(정본): 전자소송 사이트에서 출력 또는 해당 법원에 방문해서 발급
- 송달증명원: 전자소송 사이트에서 출력 또는 해당 법원에 방문해서 발급 (290쪽 참고)
- 집행문: 해당 법원에 방문해서 발급
- 강제경매신청서: 집행관실에 양식이 비치되어 있는데, 전자소송 사이트에서 미리 양식을 다운받아 작성해 가는 것이 좋다.

이상의 서류를 한 번에 발급받는 방법이 있다. 지금부터 알아보자.

▶ 강제집행신청을 위한 필요서류 발급

필요서류 일괄발급 신청서

① 신 청 서	신청인은 ● 로 표시된 부분을 기재합니다

●사 건 번 호	2023 타인 1234 호
●(채권자,신청인)	양 쌤
●(채무자,피신청인)	홍 길 동

위 사건에 대한 아래의 신청에 따른 제증명을 발급하여 주시기 바랍니다.

2023. 11. 9.

전화번호 : 010 - 1234 - 1234
● 신청인 : 양 쌤   (날인 또는 서명)

**신청할 제증명 사항을 신청번호에 ○ 표하시고,
필요한 동수와 발급 대상자의 성명을 기재 합니다.**

신청번호	발급동수	신청의 종류	발급 대상자의 성명 (※주) 재판서의 당사자 모두에 대하여 신청할 경우에는 기재하지 아니함)	
1	1	집행문 부여		언지 붙이는 곳
2	1	송 달 증 명		수수료: 각 1통당 500원 (단 ,재판서 · 조서의
3	1	확 정 증 명		정본 · 등본 · 초본은 1통당 1,000원)
4		승계송달증명		
5		배당표등본		사무실 내에 위치한 신한은행에서 구입
6		매각허가결정 정본 · 등본		
7	1	재판서 · 조서의 정본 · 등본 · 초본		

의 정 부 지 방 법 원 남 양 주 지 원 귀 중

위 증명 문서를 틀림없이 수령 하였습니다.	20 . . .	●수령인 성명:＿＿＿＿＿＿ (날인 또는 서명)

먼저 예시와 같이 신청서를 작성한다.

- 사건번호, 채권자(낙찰자), 채무자(소유자 겸 채무자, 점유자)

- 신청 날짜

- 전화번호

- 신청인 본인의 이름과 서명

- 집행문 부여, 송달증명, 확정증명, 재판서·조서의 정본·등본·초본(인도명령
  결정문)에 발급 통수를 각각 1이라고 적는다.

- 마지막으로 날짜를 적고 수령인 성명에 이름을 쓰고 서명한다.

신청서를 모두 작성한 후에는 수입인지 500원짜리 세 장과 1,000원짜리 한
장을 첨부한다. 수입인지는 법원 내 은행에서 구매할 수 있지만 현금으로만
구매가 가능하다. 요즘은 현금을 잘 갖고 다니지 않기 때문에 무인입출금기
를 찾아야 하는 등 여간 불편한 게 아니다. 이런 불편을 겪지 않으려면 전자수
입인지 사이트(e-revenuestamp.or.kr)에서 미리 구입해 출력해서 가져오는 것이
좋다.

집행문, 송달증명, 확정증명을 발급받을 때는 각각 500원짜리 수입인지가
필요하고 세 장이므로 1,500원이다. 법원을 방문해서 인도명령결정문을 발급
받을 때는 1,000원짜리 수입인지가 필요하다.

수입인지를 첨부한 신청서를 해당 법원 민원실에 제출한다. 법원마다 해당
부서가 다를 수 있으니 사전에 민원실에 문의하는 것이 좋다.

▶ 전자수입인지 사이트에서 수입인지 구입

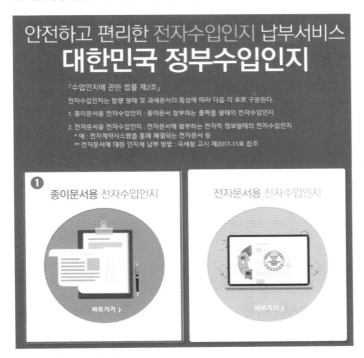

▶ 전자수입인지 사이트 접속

❶ [종이문서용 전자수입인지] 클릭

❶ [비회원 서비스] 클릭하여 비회원으로 로그인하기

❷ [구매] 누르기

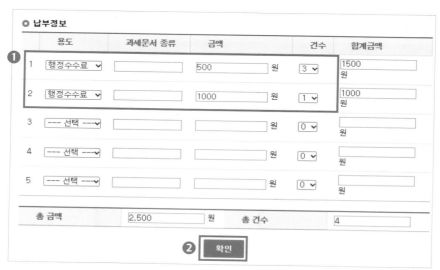

○ 납부정보

		용도	과세문서 종류	금액		건수	합계금액
	1	행정수수료 ∨		500	원	3 ∨	1500 원
	2	행정수수료 ∨		1000	원	1 ∨	1000 원
	3	--- 선택 ---∨			원	0 ∨	원
	4	--- 선택 ---∨			원	0 ∨	원
	5	--- 선택 ---∨			원	0 ∨	원

총 금액	2,500	원	총 건수	4

❷ 확인

❶ [납부정보] 입력

　- [용도]에서 [행정수수료] 클릭

　- [금액]에서 500원 3건, 1,000원 2건 등 필요한 숫자 선택

❷ [확인] 클릭

▶ 이후 결제를 완료하면 인지를 출력할 수 있다.

전자수입인지 사이트에서 발급한 수입인지(1,000원)

대한민국 정부
The Government of
the Republic of Korea

대한민국 정부수입인지
(Revenue Stamp of Government of the Republic of Korea)

고 유 번 호 : _____
(Certificate No.)

수 입 인 지 금 액 : 1,000원
(Stamp Duty Amount)

성 명 (상 호) : 기 재 생 략
(N a m e)

생년월일/사업자번호 : 기 재 생 략
(Registration No.)

발 급 처 : 인터넷 / 신한카드
(Stamping Channel)

발 급 일 자 : 2023.11.12
(Certificate Issued Date)

기 획 재 정 부 장 관
(Minister of Economy and Finance)

* 전자수입인지를 위변조 및 복사(copy)하여 중복 사용할 경우, 조세범 처벌법 제12조 제4호에 의해 2년 이하의 징역 또는 2천만원 이하의 벌금에 처해질 수 있습니다.

〈 사용 방법 〉
• 전자수입인지는 1회 출력만 가능하며(프린터 시험인쇄 요망), 제출서류 1건의 과세금액을 1매로 첨부(添附)하여 사용합니다
〈 전자적 소인 처리 방법 〉
• 행정기관에 전자수입인지를 제출하는 경우, 전자수입인지를 접수하는 공무원이 전자적 소인처리를 하여야 합니다
  (접수한 공무원의 전자적소인처리 절차는 gov.e-revenuestamp.kr에서 수행)
• 행정기관에 제출하지 아니하고 사인(私人)간에 전자수입인지를 사용하는 경우, www.e-revenuestamp.or.kr 에서 전자적소인
  처리하여 전자수입인지가 "사용"되었음을 확인함으로써 부정한 재사용을 방지하시기 바랍니다
  ※ 주의사항 : 소인처리된 전자수입인지는 사용 및 환매가 불가하오니 신중한 소인처리 하시기 바랍니다
〈 환매 방법 〉
• 사용하지 아니한 전자수입인지는 구입처에 환매(액면금액의 97% 상당액)를 청구할 수 있습니다. 다만, 인터넷 발급분의 경우
  우체국 및 금융회사(은행 등)를 통해 환매가 가능합니다

▶ 강제집행신청

강제집행신청서

<table>
<tr><td colspan="7" align="center">강 제 집 행 신 청 서</td></tr>
<tr><td colspan="7">○○지방법원 ○○지원 집행관사무소 집행관 귀하</td></tr>
<tr><td rowspan="3">채권자</td><td>성 명</td><td>양쌤</td><td>주민등록번호
(사업자등록번호)</td><td>123456-1234567</td><td>전화번호</td><td>010-1234-1234</td></tr>
<tr><td></td><td></td><td></td><td></td><td>우편번호</td><td>□□□-□□□</td></tr>
<tr><td>주 소</td><td colspan="5">서울 강서구 ▨▨▨</td></tr>
<tr><td>대리인</td><td colspan="2">성명 (   )</td><td colspan="2">전화번호</td><td></td></tr>
<tr><td rowspan="2">채무자</td><td>성 명</td><td>홍길동</td><td>주민등록번호
(사업자등록번호)</td><td>123456-123547</td><td>전화번호</td><td></td></tr>
<tr><td></td><td></td><td></td><td></td><td>우편번호</td><td>□□□-□□□</td></tr>
<tr><td>주 소</td><td colspan="5">서울 강남구</td></tr>
</table>

집행목적물 소재지	✓ 채무자의 주소지와 같음 □ 채무자의 주소지와 다른 경우 소재지 :
집 행 권 원	서울중앙지방법원 2022타인 123 부동산인도명령
집행의 목적물 및 집 행 방 법	□ 동산가압류 □ 동산가처분 □ 부동산점유이전금지가처분 □ 건물명도 □ 철거 ✓ 부동산인도 □ 자동차인도 □ 금전압류 □ 기타 ( )
청 구 금 액	원(내역은 뒷면과 같음)

위 집행권원에 기한 집행을 하여 주시기 바랍니다.

※ 첨부서류
1. 집행권원   1통
2. 송달증명서 1통
3. 위임장   1통

2032 . 11 . 10 .

채권자 양쌤   (인)
대리인   (인)

※ 특약사항

1. 본인이 수령할 예납금잔액을 본인의 비용부담하에 오른쪽에 표시한 예금계좌에 입금하여 주실 것을 신청합니다.

채권자 양쌤   (인)

예금계좌	개설은행	신한은행
	예금주	전자소송 사관학교
	계좌번호	123-23-5678

2. 집행관이 계산한 수수료 기타 비용의 예납통지 또는 강제집행 속행의사 유무 확인 촉구를 2회 이상 받고도 채권자가 상당한 기간 내에 그 예납 또는 속행의 의사표시를 하지 아니한 때에는 본건 강제집행 위임을 취하한 것으로 보고 완결처분해도 이의 없음.

채권자 양쌤   (인)

인도명령 결정 후 강제집행신청을 위해 필요한 서류는 인도명령결정문, 송달증명원, 집행문이다. 이 서류를 발급받은 후 강제집행신청서와 함께 해당 법원의 집행관실에 제출하면 된다. 왼쪽의 예시와 같이 내용을 기입하면 된다. 예납금만 납부하면 강제집행신청 절차는 완료된 것이다.

주소보정명령이 내려왔을 때 (정)등본 출력하기

주소보정명령이 내려왔을 때 피고의 초본 발급받기

특별통합송달로 주소보정서 제출하기

공동 낙찰받아 소송 시 선정당사자와 선정자 지정하기

전자소송 사이트에서 소취하서 제출하기

9장

소장 접수와 소송 진행 시
꼭 알아야 하는 절차

1

주소보정명령이 내려왔을 때 (정)등본 출력하기

최초 소장을 접수할 때 피고의 주소는 등기부등본에 나와 있는 대로 기입한다. 하지만 등기부등본상의 주소에 피고가 현재도 거주하고 있는지 어떤지는 알 수 없다. 소장 접수 후 등기부등본 주소로 소장을 송달했으나 도달이 안 될 경우 피고의 주소를 찾아서 보정하라는 주소보정명령이 내려온다. 주소보정명령이 내려왔을 때 전자소송 사이트에서 어떻게 해야 하는지 알아보자.

소장 접수 후 주소보정명령이 내려오면 전자소송 사이트 가입 시 입력한 전화번호로 문자 메시지가 오고, 전자소송 사이트 가입 시 기입한 메일 주소로 메일도 온다.

주소보정명령이 내려졌음을 알리는 문자 메시지

주소보정명령이 내려졌음을 알리는 메일

■ 주소보정명령정본 출력

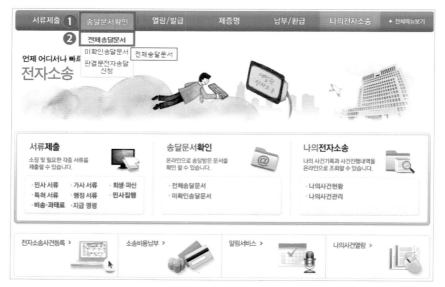

▶ 전자소송 사이트 로그인

❶ [송달문서확인] 클릭

❷ [전체송달문서] 클릭

❶ [사건번호] 입력

❷ [조회] 클릭

❶ [전체송달문서] 화면에서 [발급/조회] 클릭

❶ [발급] 클릭

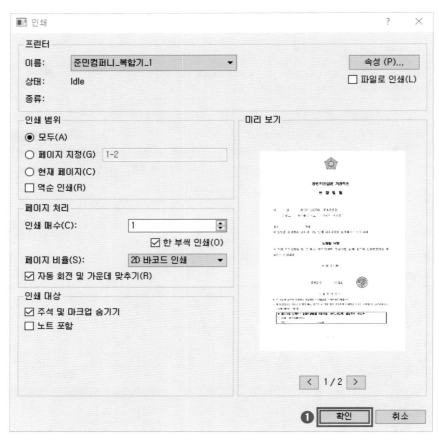

❶ [인쇄] 화면에서 [확인] 클릭

주소보정명령정본(등본)

서 울 남 부 지 방 법 원
보 정 명 령

사 건   2023가단▨▨▨▨ 공유물분할
       [원고 주식회사 준민컴퍼니 / 피고 ▨▨▨ 외 4명]
원고   주식회사 준민컴퍼니 대표이사 유근용 (귀하)
소장에 기재된 피고 ▨▨▨ 외 2명에 대하여 소장부본이 송달되지 않습니다.
[피고 ▨▨▨   ]
    송달불능사유: 폐문부재   주민번호:
    송달주소: 경주시 외동읍 ▨▨▨▨ ▨▨-▨ (▨▨▨)
[피고 ▨▨▨   ]
    송달불능사유: 폐문부재   주민번호:
    송달주소: 부산 연▨▨ ▨▨▨▨▨, ▨▨▨▨,▨▨-▨ (▨▨▨▨ ▨▨▨▨▨▨▨ ▨▨▨▨
[피고 ▨▨▨   ]
    송달불능사유: 폐문부재   주민번호:
    송달주소: 대구 달서구 ▨▨▨▨▨ ▨▨ ▨▨▨▨, ▨▨▨▨▨▨▨▨▨▨▨▨▨▨▨▨-▨▨▨▨

    원고는 이 보정명령을 받은 날로부터 10일 안에 상대방의 주소를 소명하는 자료를
첨부(주소변동 없는 경우도 포함)하여 주소보정을 하시기 바랍니다. **송달료의 추가납부가**
필요한 경우에는 주소보정과 함께 그 금액을 납부하여야 합니다.
    이 보정명령은 재판장의 명에 따른 것으로 위 기한 안에 주소보정을 하시 아니하면 소장이
각하될 수 있습니다.(민사소송법 제255조 제2항 참조)

                         2023. 12. 6.

              법원주사보   ▨   ▨   ▨

2

주소보정명령이 내려왔을 때 피고의 초본 발급받기

출력한 주소보정명령(정)등본을 가지고 피고의 현재 주소를 확인할 수 있는 초본을 발급받을 수 있다. 그 방법을 알아보자.

보정명령(정)등본을 출력한 다음에는 314쪽의 '주민등록표 열람 또는 등·초본 교부 신청서' 양식을 준비해 다음과 같이 작성한다.

- 신청인(개인)

  - 성명: 원고의 이름

  - 주민등록번호: 원고의 주민등록번호

  - 원고의 주소

  - 대상자와의 관계: 이해관계인

  - 연락처: 원고의 휴대전화 번호

- 열람 또는 등·초본 교부대상자

- 성명: 피고의 이름
- 주민등록번호: 비워둔다(등기부등본에는 피고의 주민등록번호 앞자리만 나와 있기 때문)
- 주소: 피고의 주소(등기부등본상의 주소)

다음 페이지에 이어서 다음과 같이 작성한다.

- 신청내용
  - '초본 사항'에 V 체크
  - 초본교부: '1' 기입
  - 용도 및 목적: '공유물분할'이라고 기입
  - 증명자료: '보정명령'이라고 기입
  - 교부 신청서 작성한 날짜
  - 행정정보 공동이용 동의서에 이름과 서명

■ 주민등록법 시행규칙 [별지 제7호서식] <개정 2021. 1. 21.>

본인인 경우 정부24(www.gov.kr)에서도
신청할 수 있습니다.

주민등록표 열람 또는 등·초본 교부 신청서

※ 3쪽의 유의 사항을 읽고 작성하시기 바라며, 해당하는 내용 앞의 [ ]에 √표를 합니다. (3쪽 중 1쪽)

신청인 (개인)	성명		주민등록번호	
	홍길동 (서명 또는 인)		123456 - 1234567	
	주소	서울 ...... (시·도) 강서 (시·군·구)		
	※ 시·도, 시·군·구까지만 작성 (상세 주소는 작성하지 않아도 됩니다)			
	대상자와의 관계 이해관계인		연락처 010-1234-1234	
	[ ] 수수료 면제를 신청함 ※수수료 면제 대상에 대해서는 3쪽 유의사항 3번을 참고하시기 바랍니다.			
신청인 (법인)	기관명		사업자등록번호	
	대표자	(서명 또는 인)	연락처	
	소재지			
	방문자 성명	주민등록번호		연락처
열람 또는 등·초본 교부대상자	※ 신청인이 본인의 주민등록표를 열람하거나 등·초본 교부를 신청하는 경우에는 작성하지 않습니다.			
	성명 김말똥		주민등록번호	
	주소 서울시 강서구			

☞ 뒤쪽에 작성란 있습니다.

주민등록표 열람 또는 등·초본 교부 신청서(뒷면)

열람	[ ]등본 사항	[✓]초본 사항

※ 개인 정보 보호를 위해 아래의 등·초본 사항 중 필요한 사항만 선택하여 신청할 수 있습니다. 포함 여부를 선택 하지 않을 경우 신청인 또는 교부 대상자의 성명 생년월일 주소 등 기본적인 사항만 제공됩니다.

	[ ]등본 사항 전부 포함	[ ]초본 사항 전부 포함

신청내용	등본 교부 [ ]통	1. 과거의 주소 변동 사항 [ ]전체 포함 [ ]직접 입력: 최근 ___ 년 포함
		2. 세대 구성 사유 [ ]포함
		3. 세대 구성 일자 [ ]포함
		4. 발생일 / 신고일 [ ]포함
		5. 변동 사유 [ ]포함(□세대, □세대원)
		6. 교부 대상자 외 세대주·세대원·외국인등의 이름 [ ]포함
		7. 주민등록번호 뒷자리 [ ]포함(□본인, □세대원)
		8. 세대원의 세대주와의 관계 [ ]포함
		9. 동거인 [ ]포함
	초본 교부 [1]통	1. 개인 인적 사항 변경 내용 [✓]포함
		2. 과거의 주소 변동 사항 [✓]전체 포함 [ ]직접 입력: 최근 ___ 년 포함
		3. 과거의 주소 변동 사항 중 세대주의 성명과 세대주와의 관계 [✓]포함
		4. 주민등록번호 뒷자리 [✓]포함
		5. 세대주의 성명과 세대주와의 관계 [✓]포함
		6. 발생일 / 신고일 [✓]포함
		7. 변동 사유 [✓]포함
		8. 병역 사항 [ ]포함(□기본(입영/전역일자), □전체)
		9. 국내거소신고번호 / 외국인등록번호 [✓]포함

용도 및 목적	공유물분할
증명자료	보정명령

「주민등록법 시행령」 제47조 및 제48조에 따라 주민등록표의 열람 또는 등·초본 교부를 신청합니다.

2024 년 01 월 05 일

시장·군수·구청장 또는 읍·면·동장 및 출장소장 귀하

담당 공무원 확인사항	신청 인이 「주민등록법 시행규칙」 제18조제1항 각 호의 어느 하나에 해당하여 수수료 면제 대상인지 여부

행정정보 공동이용 동의서

본인은 주민등록표의 열람 또는 등·초본의 교부 수수료 면제와 관련하여 담당 공무원이 「전자정부법」 제36조제1항에 따른 행정정보의 공동이용을 통하여 위의 담당 공무원 확인사항을 확인하는 것에 동의합니다.
* 담당 공무원의 확인에 동의하지 아니하는 경우에는 신청인이 직접 관련 서류를 제출하여야 합니다.

신청인   홍 길 동 (서명 또는 인)

초본을 발급받아야 하는 피고가 두 명 이상일 경우에는 다음의 일괄 신청용 양식을 이용하면 된다.

주민등록표 열람 또는 등·초본 교부 신청서(일괄 신청용)

주민등록법 시행규칙 [별지 제8호서식] <개정 2016. 12. 30.>

주민등록표 열람 또는 등 · 초본 교부 대상자 목록 (일괄 신청용)

1. 열람 또는 등·초본 교부 대상자	성명		주민등록번호	
	주소			
2. 열람 또는 등·초본 교부 대상자	성명		주민등록번호	
	주소			
3. 열람 또는 등·초본 교부 대상자	성명		주민등록번호	
	주소			
4. 열람 또는 등·초본 교부 대상자	성명		주민등록번호	
	주소			
5. 열람 또는 등·초본 교부 대상자	성명		주민등록번호	
	주소			
6. 열람 또는 등·초본 교부 대상자	성명		주민등록번호	
	주소			
7. 열람 또는 등·초본 교부 대상자	성명		주민등록번호	
	주소			
8. 열람 또는 등·초본 교부 대상자	성명		주민등록번호	
	주소			

보정명령정(등본), 주민등록표 열람 또는 등·초본 교부 신청서, 본인 신분증, 초본발급 시 결제할 카드를 확인한 후 집 주변 주민센터에 제출하면 초본을 발급받을 수 있다.

3

특별통합송달로
주소보정서 제출하기

피고의 초본을 발급받은 이후 주소보정서를 빠르게 제출하는 방법을 알아보자.

▶ 전자소송 사이트 로그인
❶ [송달문서확인] 클릭
❷ [전체송달문서] 클릭

❶ [전체송달문서] 화면에서 해당 주소보정명령등본을 찾아 [제출] 클릭

❶ [민사 서류(보정서)] 화면에서 소장을 접수했던 해당 법원 선택

❷ [사건번호] 입력

❸ [확인] 클릭

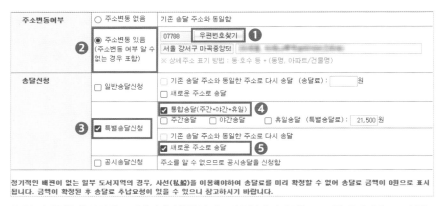

정기적인 배편이 없는 일부 도서지역의 경우, 사선(私船)을 이용해야하여 송달료를 미리 확정할 수 없어 송달료 금액이 0원으로 표시됩니다. 금액이 확정된 후 송달료 추납요청이 있을 수 있으니 참고하시기 바랍니다.

❶ [우편번호찾기] 클릭 후 주민센터에서 발급한 피고의 초본에 나와 있는 주소 중 맨 마지막 주소 입력

❷ [주소변동 있음] 체크

❸ [특별송달신청] 체크
❹ [통합송달] 체크
❺ [새로운 주소로 송달] 체크

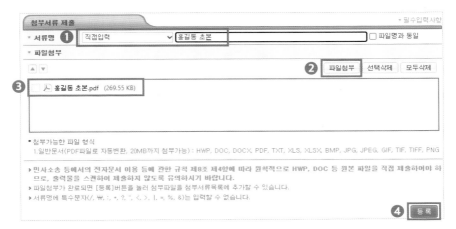

❶ [서류명]에서 [직접입력] 선택 후 '초본'이라고 입력
❷ [파일첨부] 클릭
❸ 피고의 초본을 스캔한 PDF 파일 첨부
❹ [등록] 클릭

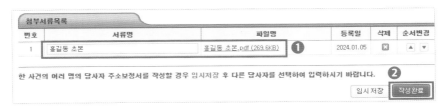

❶ [첨부서류목록]에서 피고의 초본이 첨부됐는지 확인
❷ [작성완료] 클릭

작성된 주소보정서 목록		
당사자	주소변동	송달신청
피고 홍길동	(07788) 서울 강서구	특별송달신청

☑ 자동생성된 PDF 문서   🖼 자동으로 파일형식이 변환된 PDF 문서

∨ 위 서류목록에 자동으로 생성된 PDF 문서 및 원본파일이 자동변환된 PDF 문서의 내용과 형식에 문제가 없는지 확인하시기 바랍니다.

∨ 법원에서는 위 서류목록에 포함된 PDF 문서를 제출문서로 간주하니 첨부한 서류에 이상이나 누락이 없는지 확인하시기 바랍니다.

❷ ☑ 모든 문서의 내용에 이상이 없음을 확인합니다.

작성된 문서를 수정해야 하는 경우, 원하는 단계를 선택한 후 이동하여 수정할 수 있습니다. [사건정보 ▼] [이동]

❸

[작성문서 및 파일 삭제]   [이전] [확인]

❶ [서류목록]을 클릭해 초본이 잘 첨부됐는지 확인

❷ [모든 문서의 내용에 이상이 없음을 확인합니다.] 체크

❸ [확인] 클릭

　피고의 초본을 근거로 특별통합송달로 주소보정서를 제출했으니 이제 피고에게 도달할 일만 남았다. 만약 피고의 초본 주소로 특별통합송달을 2회 또는 3회까지 했는데도 '폐문부재, 이사불명, 수취인불명' 등으로 도달이 안 될 경우에는 공시송달 조건이 되므로 공시송달을 신청하자.

4
공동 낙찰받아 소송 시
선정당사자와 선정자 지정하기

경매 또는 공매를 통해 두 명 이상이 부동산 지분을 낙찰받았을 때, 소송 진행 절차 중 선정당사자와 선정자를 지정하는 방법을 알아보자.

최초 소장 작성 시 원고가 한 명일 경우에는 [당사자목록] 화면에서 [당사자입력]을 클릭한 후 [원고]에 체크하고, [선정당사자]에는 [해당없음]에 체크한다. 그러나 원고가 두 명 이상일 경우에는 선정당사자와 선정자 중 선택을 해야 한다.

원고가 두 명 이상이라는 것은 지인과 공동으로 낙찰받았다는 것을 의미한다. 소송을 진행할 때는 원고들 중 한 명이 대표가 되어 수행해야 하므로 선정당사자 지정이 필수적이다. 이 과정을 살펴보자. 원고 양쌤과 홍길동이 낙찰받았고, 그중 원고 양쌤을 선정당사자라고 가정하고 설명하겠다.

▶ 선정당사자 입력

❶ [선정당사자] 항목에서 [선정당사자]에 체크

❷ [내정보 가져오기] 클릭

❸ [저장] 클릭

① [원고1(선정당사자)]가 뜨고 [당사자명(회원아이디)]에 해당 사항이 표시되는지 확인

위와 동일한 절차를 한 번 더 진행한다. 이번에는 선정자인 원고 홍길동의 정보를 입력할 차례다.

▶ 선정자 입력

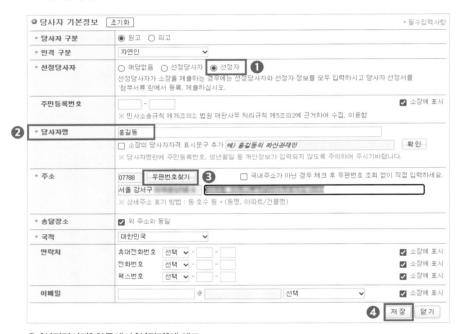

① [선정당사자] 항목에서 [선정자]에 체크
② [당사자명]에 원고 2의 이름 입력
③ [우편번호찾기] 클릭 후 원고 2의 주소 입력
④ [저장] 클릭

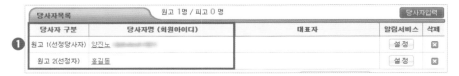

① [원고1(선정당사자)]에 양쌤의 정보가 뜨고, [원고 2(선정자)]에 '홍길동'이라고 표시되는지 확인

324

원고가 둘 이상인 소송을 진행할 때는 당사자선정서와 확인서 및 위임장을 먼저 제출해야 한다. 어떻게 해야 하는지 알아보자. 소장을 접수할 때는 다음과 같이 하면 된다.

▶ 당사자선정서 작성 방법

❶ [첨부서류 제출] 화면에서 [당사자선정서] 클릭

※ 당사자선정서 텍스트가 자동으로 생성됨

❷ 당사자선정서 작성

❸ 당사자선정서 파일을 첨부한 후 [등록] 클릭

당사자선정서는 다음 예시와 같이 작성하면 된다.

당사자선정서 예시

당사자선정서

선정당사자

성   명: 양쌤

주민등록번호: 123456-1234567

주   소: 서울특별시 강서구 00대로 11길

연락처: 010 - 1234 - 1234

이 사건에 관하여 원고들은 민사소송법 제53조 제1항에 따라 위 사람을 원고들을 위한 당사자로 선정합니다.

1. 본 소장 내용에 대하여 이의 없음을 확인하고, 자필 서명 및 날인합니다.

선정자 1.   성명: 홍길동(서명 또는 날인)

　　　　　주소: 부산광역시 00대로 11길

　　　　　주민등록번호: 123456-1234567

선정자 2.   홍길순(서명 또는 날인)

　　　　　주소: 서울특별시 00대로 11길

　　　　　주민등록번호: 123456-1234567

선정자 3.   성명: 홍말숙(서명 또는 날인)

　　　　　주소: 대구광역시 00대로 11길

　　　　　주민등록번호: 123456-1234567

먼저 선정당사자의 성명, 주민등록번호, 주소, 연락처를 기재한 후 다음과 같이 적는다.

이 사건에 관하여 원고들은 민사소송법 제53조 제1항에 따라 위 사람을 원고들을 위한 당사자로 선정합니다.

1. 본 소장 내용에 대하여 이의 없음을 확인하고, 자필 서명 및 날인합니다.

나머지 원고 세 명은 선정자 1, 선정자 2, 선정자 3이 되며 앞의 예시와 같이 작성한다.

▶ 확인서 및 위임장 작성법

이제 확인서 및 위임장 양식을 제출하는 방법을 알아보자.

❶ 소장 접수 시 [첨부서류 제출] 화면에서 [확인서 및 위임장] 클릭

※ 확인서 및 위임장 텍스트가 자동으로 생성됨

❷ 확인서 및 위임장 작성

❸ 확인서 및 위임장 파일을 첨부한 후 [등록] 클릭

확인서 및 위임장은 다음 예시와 같이 작성한다.

확인서 및 위임장 예시

확인서 및 위임장

원   고(선정당사자) 양진노
원   고(선정자) 홍길동

이 사건에 관하여 원고 홍길동은 민사소송 등에서의 전자문서 이용 등에 관한 규칙 제11조제2항제3호에 따라 다음 사항을 확인 또는 위임합니다.

- 다 음 -

1. 원고(선정당사자) 양진노는 원고(선정자) 홍길동의 위임에 따라 당사자선정서를 전자적으로 제출하는 사실
2. 원고(선정당사자) 양진노가 이 확인서 겸 위임장을 전자문서로 변환하여 함께 제출하는 행위

2023. 11. 8

원고 (선정자) 홍 길 동 (서명 또는 날인)

법원 귀중

먼저, '원고(선정당사자) 양진노, 원고(선정자) 홍길동'이라고 기재한 후 다음과 같이 적는다.

이 사건에 관하여 원고 홍길동은 민사소송 등에서의 전자문서 이용 등에 관한 규칙 제11조 제2항 제3호에 따라 다음 사항을 확인 또는 위임합니다.

1. 원고(선정당사자) 양진노는 원고(선정자) 홍길동의 위임에 따라 당사자선정서를 전자적으로 제출하는 사실
2. 원고(선정당사자) 양진노가 이 확인서 겸 위임장을 전자문서로 변환하여 함께 제출하는 행위

그리고 날짜를 기입하고 원고(선정자)의 이름을 적고 서명한 후 '법원귀중'이라고 작성한다.

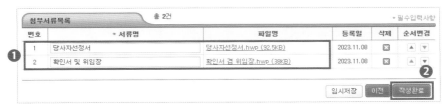

❶ [첨부서류목록] 화면에서 당사자선정서, 확인서 겸 위임장 파일이 제대로 첨부됐는지 확인
❷ [작성완료] 클릭

이제 선정자와 선정당사자가 지정됐으니 공동 소송을 진행할 수 있다.

5

전자소송 사이트에서
소취하서 제출하기

공유자들과 협의, 협상이 이뤄져 매매 금액까지 입금됐다면 진행하던 소송을
취하해야 한다. 소송을 취하하는 방법을 알아보자.

▶ 전자소송 사이트 로그인
❶ [서류제출] 클릭
❷ [민사 서류] 클릭

❶ [재판절차 관련] 메뉴에서 [소취하서] 클릭

❶ [법원]: 진행하고 있는 해당 법원 선택

❷ [사건번호]: 진행하고 있는 사건번호 입력

❸ [확인] 클릭

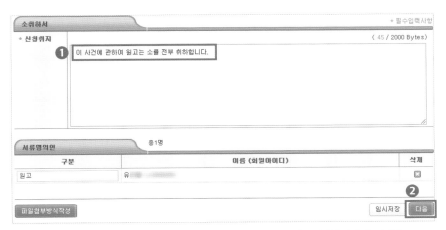

❶ [소취하서] 화면에서 [신청취지]에 '이 사건에 관하여 원고는 소를 전부 취하합니다'라고 입력

❷ [다음] 클릭

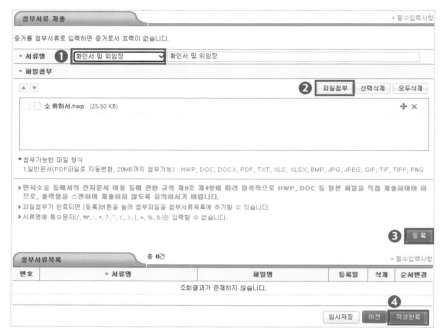

❶ [첨부서류 제출] 화면의 [서류명]에서 [확인서 및 위임장] 선택

❷ [파일첨부] 클릭

❸ 소취하서 파일을 첨부한 후 [등록] 클릭

❹ [작성완료] 클릭

▶ 소취하서 작성

소취하서는 예시와 같이 작성하되, 본인의 상황에 맞춰서 적절히 변경하면 된다.

소취하서 예시

소취하서

[담당재판부: 민사12단독]

사　　건　2023가단1234 공유물분할
원　　고　양쌤
피　　고　홍길동

이 사건에 관하여 원고는 피고들과 원만히 합의하였으므로 소 전부를 취하합니다.

2023. 12. 9.

원고 양쌤

이로써 소취하서가 제출됐다.

10장

피고와 연락을 취하기 위해
꼭 알아야 하는 절차

1

피고의 초본이 발급 안 될 때
주민등록번호 전체 확보하기

주소보정명령을 가지고 초본을 발급받기 위해 주민센터를 방문했지만 발급이
안 되는 경우가 있다. 등기부등본상의 주소가 전입된 주소가 아니라면 주민센
터에서도 초본을 발급하기가 어렵기 때문이다. 이럴 때는 피고의 주민등록번
호 전체를 확보해야 한다. 등기소에 사실조회를 신청해 주민등록번호 전체를
확보하는 방법을 알아보자.

❶ [서류제출] 클릭
❷ [민사 서류] 클릭

❶ [사실조회신청서] 클릭

❶ [법원]: 소송을 진행하고 있는 해당 법원 클릭
❷ [사건번호]: 진행하고 있는 사건번호 입력
❸ [확인] 클릭

	사건기본정보				
법 원	광주지방법원 순천지원		사건번호	2023가단████	
재 판 부	민사9단독		사 건 명	공유물분할	
원 고	████		피 고	████ ██ ██	

	작성된 신청서 목록			신규입력
신청인	대상기관	신청취지	신청내역복사	삭제

◉ 사실조회신청서 [초기화]

❶
* 필수입력사항

* 신청취지

(0 / 2000 Bytes)

위 사건에 관하여 주장사실를 입증하기 위하여 다음과 같이 사실조회를 신청합니다.

* 사실조회촉탁의 목적

(227 / 2000 Bytes)

원고는 피고의 주소를 확인하기 위해 주소보정명령서를 가지고 민원기관를 방문하였으나 피고의 현주소를 확인할 수 없었으므로, 이에 원고는 피고의 현재 주소지와 주민등록번호를 파악하기 위해 관할등기소를 대상으로 사실조회를 신청합니다.

❶ [신청취지]와 [사실조회촉탁의 목적] 작성

・[신청취지] 작성 예시

'위 사건에 관하여 주장 사실을 입증하기 위하여 다음과 같이 사실조회를 신청합니다' 라고 입력한다.

・[사실조회촉탁의 목적] 작성 예시

'원고는 피고의 주소를 확인하기 위해 주소보정명령서를 가지고 민원기관을 방문했으나 피고의 현주소를 확인할 수 없었으므로, 이에 원고는 피고의 현재 주소지와 주민등록번호를 파악하기 위해 관할등기소를 대상으로 사실조회를 신청합니다'라고 입력한다.

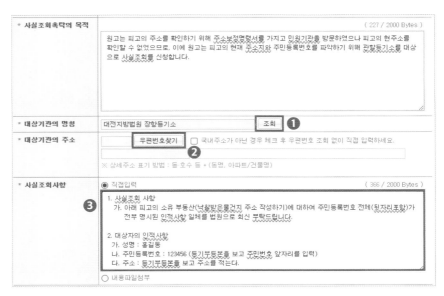

* 사실조회촉탁의 목적	(227 / 2000 Bytes)
	원고는 피고의 주소를 확인하기 위해 주소보정명령서를 가지고 민원기관을 방문하였으나 피고의 현주소를 확인할 수 없었으므로, 이에 원고는 피고의 현재 주소지와 주민등록번호를 파악하기 위해 관할등기소를 대상으로 사실조회를 신청합니다.

* 대상기관의 명칭	대전지방법원 장항등기소 [조회] ❶
* 대상기관의 주소	[우편번호찾기] ☐ 국내주소가 아닌 경우 체크 후 우편번호 조회 없이 직접 입력하세요. ❷
	[ ]
	※ 상세주소 표기 방법 : 동·호수 등 + (동명, 아파트/건물명)

* 사실조회사항	⦿ 직접입력 (366 / 2000 Bytes)
❸	1. 사실조회 사항 　가. 아래 피고의 소유 부동산(낙찰받은물건지 주소 작성하기)에 대하여 주민등록번호 전체(뒷자리포함)가 　　　전부 명시된 인적사항 일체를 법원으로 회신 부탁드립니다. 2. 대상자의 인적사항 　가. 성명 : 홍길동 　나. 주민등록번호 : 123456 (등기부등본을 보고 주민번호 앞자리를 입력) 　다. 주소 : 등기부등본을 보고 주소를 적는다.
	◯ 내용파일첨부

❶ [대상기관의 명칭]에서 [조회]를 클릭한 후 등기부등본에 기재된 관할등기소를 입력한다.

❷ [우편번호찾기] 클릭: 네이버에서 검색해 해당 등기소의 주소 입력

❸ [사실조회사항] 입력

실전Tip

해당 부동산의 등기부등본을 보면 맨 마지막에 '―이하여백―'이라고 되어 있는 곳 아래에 관할등기소가 어디인지 기재되어 있다. 사진을 보면 '관할등기소 대전지방법원 장항등기소'라고 되어 있는 걸 확인할 수 있다.

6	[토지] 충청남도 ███ ███	대전지방법원─ 장항등기소	1	2018년7월2일 제7347호 분할로 인하여	2018년7월12일 제8221호 해지
7	[토지] 충청남도 ███ ███	대전지방법원─ 장항등기소	1	2018년7월2일 제7347호 분할로 인하여	2018년7월12일 제8221호 해지
8	[토지] 충청남도 ███ ███	대전지방법원─ 장항등기소	3	2018년7월2일 제7347호 분할로 인하여	2018년7월12일 제8221호 해지

　　　　-- 이 하 여 백 --

　　　　　　　　　　　　관할등기소　대전지방법원 장항등기소

・ [사실조회사항] 작성 예시

1. 사실조회 사항

　가. 아래 피고의 소유 부동산(낙찰받은 물건지 주소 작성하기)에 대하여 주민등록번호 전체(뒷자리 포함)가 명시된 인적사항 일체를 법원으로 회신 부탁드립니다.

2. 대상자의 인적사항

　가. 성명: 홍길동

　나. 주민등록번호: 123456(등기부등본상에서 확인되는 주민등록번호 앞자리 입력)

　다. 주소(등본을 보고 적는다.)

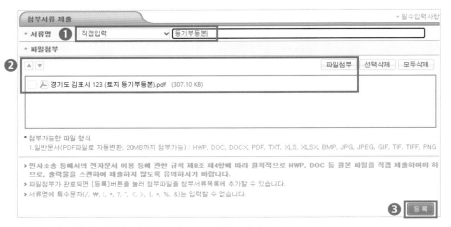

❶ [서류명]에서 [직접입력] 선택후 '등기부등본'이라고 입력

❷ [파일첨부] 클릭 후 낙찰받은 물건 등기부등본 파일 첨부

❸ [등록] 클릭

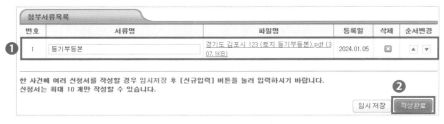

❶ [첨부서류목록]에서 등기부등본이 첨부됐는지 확인

❷ [작성완료] 클릭

이로써 피고의 소재를 찾기 위한 절차가 끝났다. 회신서가 도착하면 어떻게 확인할 수 있는지를 알아보자.

▶ 사실조회 회신서 확인

❶ [나의전자소송] 클릭
❷ [나의사건관리] 클릭

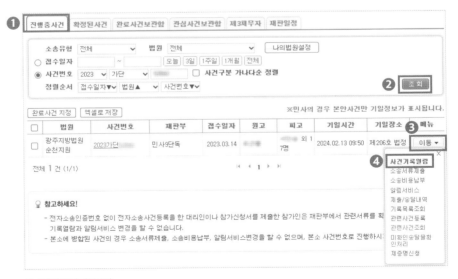

❶ [진행중사건] 클릭
❷ [조회] 클릭

❸ 진행 중인 사건의 우측에 있는 [이동] 버튼 클릭
❹ [사건기록열람] 클릭

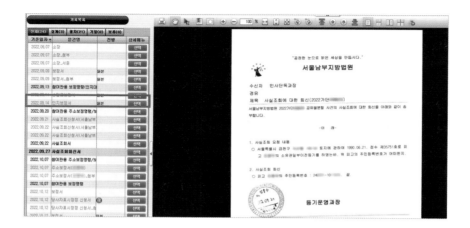

이상의 절차대로 하면 [사건기록열람] 화면에서 사실조회 회신서를 확인할 수 있다. 다음 예시의 사진을 보면 피고의 주민등록번호 전체가 적혀 있음을 알 수 있다. 회신서는 통상 2주에서 3주 정도면 도착한다.

관할등기소에서 받은 사실조회 회신서

"공정한 눈으로 밝은 세상을 만듭시다."

서울남부지방법원

수신자 민사단독과장

경유

제목 사실조회에 대한 회신(2022가단▨▨▨▨▨)

서울남부지방법원 2022가단▨▨▨ 공유물분할 사건의 사실조회에 대한 회신을 아래와 같이 송부합니다.

- 아   래 -

1. 사실조회 요청 내용
   ○ 서울특별시 금천구 ▨▨▨ ▨▨▨ 토지에 관하여 1990.06.21. 접수 제35751호로 피고 ▨▨▨의 소유권일부이전등기를 하였는바, 위 피고의 주민등록번호가 어떠한지.

2. 사실조회 회신
   ○ 피고 ▨▨▨의 주민등록번호 : 24▨▨1-10▨▨0. 끝.

등기운영과장

2

피고가 외국에 거주할 경우
외교부를 통해 주소 알아내기

피고의 초본을 발급받았는데 '한국 국적 말소'라고 되어 있다면 해외에 거주하는 것이다.

피고가 해외에 거주할 경우 초본에 기재되는 문구

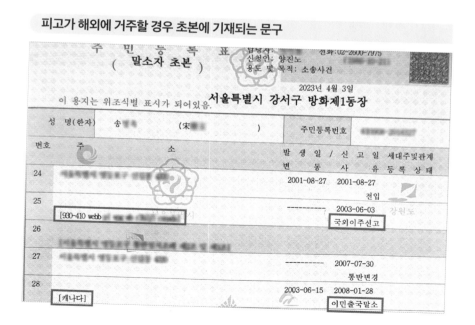

이럴 때는 피고의 외국 주소를 파악하기 위해 외교부에 사실조회를 신청해야 한다. 피고의 외국 주소에 대한 사실조회 회신을 받은 다음 국외송달 신청 절차까지 진행해야 송달 여부를 확인할 수 있다. 이 과정을 전자소송 사이트에서 어떻게 하는지 알아보자.

▶ 전자소송 사이트 로그인
❶ [서류제출] 클릭
❷ [민사 서류] 클릭

❶ [증거신청서 관련] 탭에서 [사실조회신청서] 클릭

민사 서류(사실조회신청서) 홈 > 서류 제출 > 민사 서류

○ 사건확인

서류를 제출할 사건번호를 입력하시기 바랍니다.

❶ [사건확인] 화면에서 진행 중인 사건의 [법원], [사건번호] 입력 후 [확인] 클릭

❶ [신청취지]와 [사실조회촉탁의 목적] 작성

❷ [조회] 클릭 후 '외교부'라고 입력

❸ [우편번호찾기] 클릭 후 외교부 주소 입력(네이버에서 검색하면 쉽게 알 수 있다)

❹ [사실조회사항] 입력

346

• [신청취지] 작성 예시

'위 사건에 관하여 주장 사실을 입증하기 위하여 다음과 같이 사실조회를 신청합니다'
라고 입력한다.

• [사실조회촉탁의 목적] 작성 예시

'원고는 피고 홍길동의 국적과 외국으로 송달할 수 있는 주소 또는 거소 등을 알지 못
하므로 이에 피고의 정확한 주소 및 인적사항을 파악하기 위해 외교부에 사실조회를
신청합니다'라고 입력한다.

• [사실조회사항] 작성 예시

1. 피고 홍길동의 국적과 국외로 송달할 수 있는 주소 또는 거소 등 확인 가능한 인적사
   항 일체
2. 대상자의 인적사항
   가. 성명: 홍길동
   나. 주민등록번호: 초본상의 주민등록번호
   다. 주소: 초본상의 맨 마지막 주소지
   라. 지위: ○○지방법원 1234가단5678 이 사건에 대한 피고

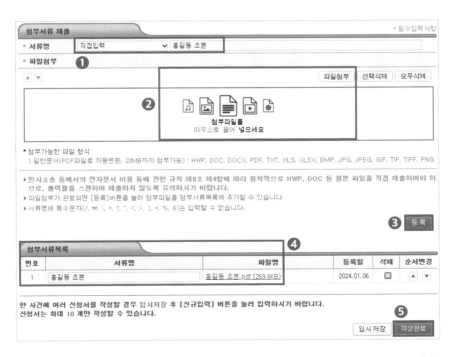

❶ [서류명]에서 [직접입력] 선택 후 '홍길동 초본'이라고 입력
❷ [파일첨부] 클릭 후 홍길동 초본을 스캔한 PDF 파일 첨부
❸ [등록] 클릭
❹ [첨부서류목록]에 홍길동 초본 파일이 첨부됐는지 확인
❺ [작성완료] 클릭

    피고의 인적사항을 파악하기 위해 외교부에 사실조회를 신청하는 과정을 완료했다. 보통은 2주에서 3주면 회신이 온다.

▶ 외교부가 보내온 사실조회 회신 확인

등기소의 사실조회 회신서가 도착했을 때(341쪽)와 동일한 방법으로 확인할 수 있다.

외교부에서 받은 사실조회 회신서

외교부에 사실조회를 신청한 후 받은 회신으로 피고의 외국 주소지를 확보할 수 있다.

3

피고의 외국 주소 확인 후
국외송달하기

국외송달신청서 예시

국외송달신청서

[담당재판부: 경매3계]

사   건   2022 타경 44○○ 공유물분할을 위한 경매
원   고   ○○○
피   고   ○○○

2022타경 44○○공유물분할을 위한 경매 사건에 관하여, 피고의 초본발급을 한 결과 원고는 피고에 대하여 국외송달을 신청합니다.

1. 피고: 홍길동
국외 주소: R3X 1○○○○○○○○○○○○○., ○○○.
　　　　　MANITOBA, CANADA [영문]

R3X 1○○ ○○○○○○ ○○○○ 매니토바, 캐나다 [한글]

2. 피고 홍길동이 위와 같이 국외에 거주하고 있으므로 국외송달을 신청합니다.

2023. 04. 24.

먼저 국외송달신청서 양식을 준비한 후, 회신서를 통해 확보한 피고의 주소와 이름을 양식에 맞추어 작성한다.

1. 피고: 홍길동

국외 주소: 회신서에 나온 피고의 주소를 작성한다.

2. '피고 홍길동이 위와 같이 국외에 거주하고 있으므로 국외송달을 신청합니다'라고 작성한다.

실전Tip
단 국외송달신청서에는 피고의 주소를 영문과 한글로 작성해야 하므로, 주변에 영어를 잘하는 사람이 있다면 도움을 받기 바란다.

양식을 모두 작성했다면 다음 과정을 진행한다.

▶ 전자소송 사이트 로그인

❶ [서류제출] 클릭

❷ [민사 서류] 클릭

❶ [자주 찾는 민사본안 서류] 탭에서 [보정서] 클릭

❶ [법원]: 소장을 접수한 법원 선택

❷ [사건번호]: 진행하고 있는 사건번호 입력

❸ [확인] 클릭

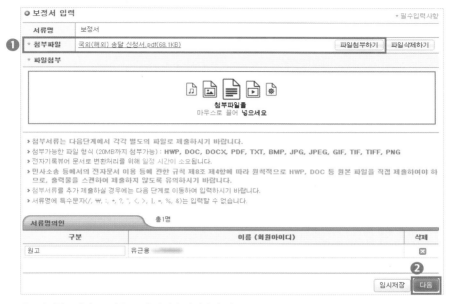

❶ [파일첨부하기] 클릭 후 국외(해외)송달신청서 첨부
❷ [다음] 클릭

❶ [작성완료] 클릭

이상의 절차대로 진행했다면 국외송달 신청까지 완벽히 해낸 것이다.

▶ 국외송달 신청 후 송달 여부 확인

등기소의 사실조회 회신서가 도착했을 때(341쪽)와 동일한 방법으로 국외송달 여부를 확인할 수 있다.

법원에서 받은 송달통지서

송 달 통 지 서

송달촉탁법원 및 사건명 : 인천지방법원 부천지원 2022타경▓▓▓▓ 공유물분할을 위한경매

위 사건의 소송서류 송달에 대하여 다음과 같이 통지합니다 .

1. (1) 송달받을 사람의 주소 ·성명

　　성 명 :　송▓▓▓▓ ▓▓▓ ▓▓

　　주 소 :　6 HIGH ▓▓▓ ▓▓ ▓▓▓▓ ▓▓▓▓▓ ▓▓▓▓ ▓▓ ▓▓▓

　　　　　　캐나다 매니토바 ▓ ▓▓▓ ▓▓ ▓▓ ▓▓ ▓▓▓▓▓ ▓▓ ▓▓▓

　　(2) 송달할 서류 : 　1) 경매개시결정정본 1부
　　　　　　　　　　　　2) 국내송달주소신고명령정본 1부
　　　　　　　　　　　　3) 송달보고서 1부
　　　　　　　　　　　　4) 경매절차안내서 1부

2. 위 서류를 다음과 같이 송달하였습니다.

　　(1) 송달받을 사람의 성명 및 본인(송달받을 사람)과의 관계

　　　　　　　　　　송▓▓ 　　　　(본인, 본인의 　　　　　　　　　)

　　(2) 송달장소 위 기재와 같음

　　(3) 송달연월일시 2023. 7/24

　　(4) 송달방법(해당란에 표기하고 기타의 경우에는 구체적으로 기재)

　　　　(✓) 우편에 의한 송달　　　　　　(　) 본인에게 직접 교부

　　　　(　) 기타 :

3. 위 서류는 다음의 사유로 송달되지 않았습니다.

　　(　) 수취인부재 또는 폐문부재 (Unclaimed)

　　(　) 수취인불명 (Attempted, Not Known)　　(　) 수취거절 (Refused)

회신 내용을 보면 해외에 있는 피고에게까지 모든 서류가 송달됐음을 확인할 수 있다. 해외로 송달할 경우 보통은 3개월 정도가 걸린다.

4

피고의 휴대전화 번호로
주소 등 인적사항 확인하기

피고와 전화 통화를 한 적이 있다면 전화번호를 근거로 사실조회를 통해 피고의 인적사항을 알아낼 수 있다. 피고가 소장 송달을 지속적으로 회피할 경우 유용한 팁이다. 전자소송 사이트에서 피고의 전화번호를 근거로 피고의 인적사항을 확인하는 방법을 살펴보자.

▶ 전자소송 사이트 로그인
❶ [서류제출] 클릭
❷ [민사 서류] 클릭

❶ [증거신청서 관련] 탭에서 [사실조회신청서] 클릭

❶ [사건확인] 화면에서 진행 중인 사건에 대한 [법원], [사건번호] 입력 후 [확인] 클릭

❶	* 신청취지	(0 / 2000 Bytes)

위 사건에 관하여 주장사실을 입증하기 위하여 다음과 같이 사실조회를 신청합니다.

* 사실조회촉탁의 목적	(240 / 2000 Bytes)

피고는 원고와 법률상 이해관계에 있는 당사자로서 본안의 소에 이르게 되었고, 전기통신사업법 제83조에 의거하여 이 사건 당사자 특정를 위해 피고 홍길동의 인적사항 (이름, 주민번호전체(뒷자리포함), 주소) 일체를 확인하기 위함입니다.

* 대상기관의 명칭	**❷**	주식회사 케이티 조회

* 대상기관의 주소 **❸** 13606 우편번호찾기 ☐ 국내주소가 아닌 경우 체크 후 우편번호 조회 없이 직접 입력하세요.
성남시 분당구 불정로 90 (정자동, KT본사)
※ 상세주소 표기 방법 : 동·호수 등 + (동명, 아파트/건물명)

* 사실조회사항 ⦿ 직접입력   (154 / 2000 Bytes)

❹
1. 조회대상자
   가. 홍길동 (010-1234-1234)

2. 조회할 사항
   가. 이름, 주민번호전체(뒷자리포함), 주소

3. 조회기간
   가. 2013.01.01 ~ 2023.10.28

○ 내용파일첨부

❶ [신청취지]와 [사실조회촉탁의 목적] 작성
❷ [조회] 클릭 후 '주식회사 케이티'라고 입력
❸ [우편번호찾기] 클릭 후 케이티의 주소 입력(네이버에서 검색)
❹ [사실조회사항] 입력

• [신청취지] 작성 예시

'위 사건에 관하여 주장 사실을 입증하기 위하여 다음과 같이 사실조회를 신청합니다' 라고 입력한다.

• [사실조회촉탁의 목적] 작성 예시

'피고는 원고와 법률상 이해관계에 있는 당사자로서 본안의 소에 이르게 됐고, 전기통 신사업법 제83조에 따라 이 사건 당사자 특정을 위해 피고 홍길동의 인적사항(이름, 주민등록번호 전체(뒷자리 포함), 주소) 일체를 확인하기 위함입니다'라고 입력한다.

- **[사실조회사항] 작성 예시**

1. 조회 대상자

   가. 홍길동(010-1234-1234)

2. 조회할 사항

   가. 이름, 주민등록번호 전체(뒷자리 포함), 주소

3. 조회 기간

   가. 2013.01.01 ~ 2023.10.28

   ※ 조회 기간을 넉넉히 잡아 10년 또는 20년으로 한다.

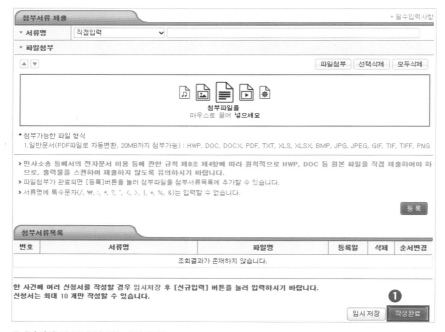

❶ [작성완료] 클릭(첨부할 서류 없음)

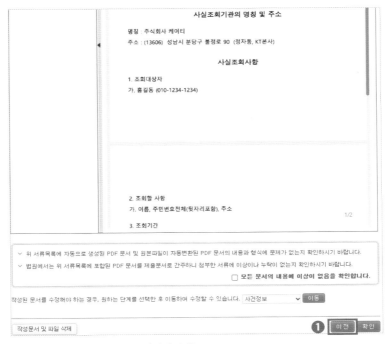

❶ [이전] 클릭(다른 통신사를 추가하기 위해)

❶ [이전]을 클릭했을 때 예시의 사진처럼 주식회사 케이티가 대상기관으로 등록되어 있는 것을 확인할 수 있다.

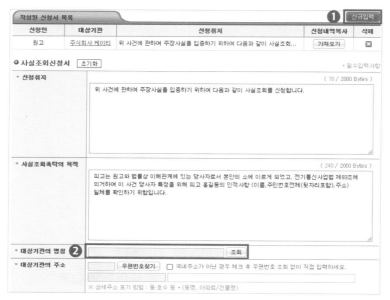

❶ [신규입력] 클릭
※ 대상기관의 명칭과 주소가 공백으로 표시된다.
❷ [조회] 클릭 후 '에스케이텔레콤 주식회사'라고 입력

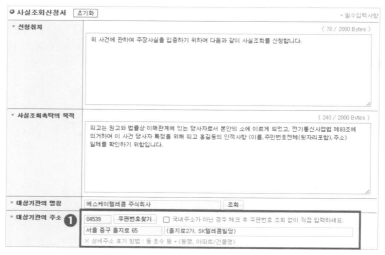

❶ [우편번호찾기] 클릭 후 에스케이텔레콤의 주소 입력(네이버에서 검색)

❶ [작성완료] 클릭(첨부할 서류 없음)

❶ [이전] 클릭

❶ 두 곳의 통신사에 사실조회 신청이 완료됐는지 확인

이제 에스케이텔레콤 주식회사까지 대상기관에 포함된 것을 확인할 수 있다. 이상의 절차를 반복해서 주식회사 엘지유플러스까지 추가하면 통신 3사를 대상으로 한 번에 사실조회를 신청할 수 있다. 여기에 알뜰폰 통신사까지 추가하면 피고의 인적사항을 찾을 확률이 높아진다.

신청인	대상기관	신청취지	신청내역복사	삭제
원고	주식회사 케이티	위 사건에 관하여 주장사실을 입증하기 위하여 다음과 같이 사실조회…	가져오기	☒
원고	에스케이텔레콤 주식회사	위 사건에 관하여 주장사실을 입증하기 위하여 다음과 같이 사실조회…	가져오기	☒
원고	주식회사 엘지유플러스	위 사건에 관하여 주장사실을 입증하기 위하여 다음과 같이 사실조회…	가져오기	☒

▶ 통신 3사에 사실조회 신청 완료

예시의 사진처럼 주식회사케이티, 에스케이텔레콤 주식회사, 주식회사 엘지유플러스까지 사실조회 신청을 마쳤다. 각자 따로따로 신청하지 않고, 이렇게 한 번에 신청하면 시간을 아낄 수 있다.

사실조회 회신 내용을 확인하는 방법은 등기소의 사실조회 회신서 확인하는 방법(341쪽)과 동일하다. 사건기록열람을 통해 피고의 주민등록번호, 주소 등 인적사항을 확보할 수 있다.

통신사에서 받은 사실조회 회신 내용

인적사항 조회내역

업체명	순번	고객명	식별번호	서비스번호	주소	사용시작일	사용종료일	비고
KT이동	1	윤▮▮	'720▮▮-10▮▮	'010-4▮▮-23▮▮	경기 남양주시 ▮▮▮▮▮	'20140825	'99991231	사용중
-- 이 하 여 백 --								

▶ 사실조회 신청 후 2~3주가 지나면 회신 확인 가능

5

발급받은 피고의 초본을 통해
피고의 전화번호 확보하기

소장 접수 후 주소보정명령을 통해서 피고의 초본을 발급받았다면, 피고의 초본에 나와 있는 이름, 주민등록번호, 주소를 근거로 통신 3사에서 전화번호를 알아낼 수 있다. 전화번호가 확보되면 피고와 통화해서 협상·협의를 신속하게 진행할 수 있고, 그러면 빠르게 매도할 가능성도 높일 수 있다.

▶ 전자소송 사이트 로그인

❶ [서류제출] 클릭

❷ [민사 서류] 클릭

❶ [증거신청서 관련] 탭에서 [사실조회신청서] 클릭

❶ [사건확인] 화면에서 진행 중인 사건에 대한 [법원], [사건번호] 입력 후 [확인] 클릭

❶ [신청취지]와 [사실조회촉탁의 목적] 작성

❷ [조회] 클릭 후 '주식회사 케이티'라고 입력

❸ [우편번호찾기] 클릭 후 케이티의 주소 입력(네이버에서 검색)

❹ [사실조회사항] 입력

> **· [신청취지] 작성 예시**
>
> '위 사건에 관하여 주장 사실을 입증하기 위하여 다음과 같이 사실조회를 신청합니다'
> 라고 입력한다.
>
> **· [사실조회촉탁의 목적] 작성 예시**
>
> '이 사건 피고 홍길동과 원만한 협의를 위해 이 사건 부동산에 수차례 방문했으나 폐문
> 부재 상태입니다. 현 거주지를 알지 못하여 어려움을 겪고 있으며, 이에 따라서 원고는
> 피고의 연락처 및 재판 절차를 진행하기 위해 사실조회를 신청합니다'라고 입력한다.

- **[사실조회사항] 작성 예시**

1. 대상자의 인적사항

　가. 성명: 홍길동

　나. 주소: 서울 강서구

　다. 주민등록번호: 123456-1234567

2. 조회할 내역

　가. 귀사에 위 인적사항을 사용했거나, 사용하고 있는 가입자의 연락처(유·무선) 및

　주소

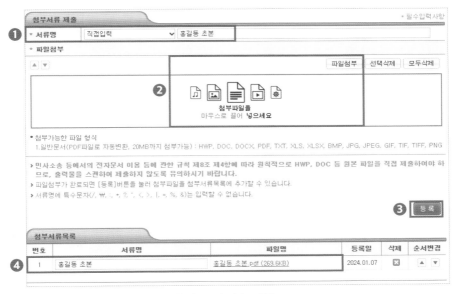

❶ [서류명]에서 [직접입력] 선택 후 '홍길동 초본'이라고 입력

❷ [파일첨부] 클릭 후 홍길동 초본을 스캔한 PDF 파일 첨부

❸ [등록] 클릭

❹ [첨부서류목록]에 홍길동 초본 파일이 첨부됐는지 확인

❶ [작성된 신청서 목록]에서 대상기관이 주식회사 케이티로 등록되어 있는지 확인

❷ [신규입력] 클릭

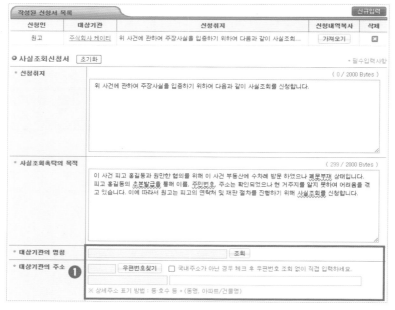

❶ [신규입력]을 클릭하면 대상기관의 명칭과 주소가 공백으로 표시됨

● [조회] 클릭 후 '에스케이텔레콤 주식회사'라고 입력
② [우편번호찾기] 클릭 후 에스케이텔레콤의 주소 입력(네이버에서 검색)

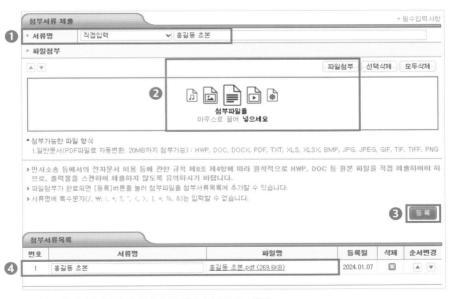

① [서류명]에서 [직접입력] 선택 후 '홍길동 초본'이라고 입력
② [파일첨부] 클릭 후 홍길동 초본을 스캔한 PDF 파일 첨부
③ [등록] 클릭
④ [첨부서류목록]에 홍길동 초본 파일이 첨부됐는지 확인

▶ 두 곳의 통신사에 사실조회 신청 완료

신청인	대상기관	신청취지	신청내역복사	삭제
원고	주식회사 케이티	위 사건에 관하여 주장사실을 입증하기 위하여 다음과 같이 사실조회...	가져오기	⊠
원고	에스케이텔레콤 주식회사	위 사건에 관하여 주장사실을 입증하기 위하여 다음과 같이 사실조회...	가져오기	⊠
원고	주식회사 엘지유플러스	위 사건에 관하여 주장사실을 입증하기 위하여 다음과 같이 사실조회...	가져오기	⊠

▶ 통신 3사에 사실조회 신청 완료

예시의 사진처럼 주식회사케이티, 에스케이텔레콤 주식회사, 주식회사 엘지유플러스까지 사실조회 신청을 마쳤다. 여기에 알뜰폰 통신사까지 추가하면 피고의 인적사항을 찾을 확률이 높아진다. 각자 따로따로 신청하지 않고, 이렇게 한 번에 사실조회를 신청하면 시간을 아낄 수 있다.

사실조회에 대한 회신 내용은 사건기록열람을 통해서 확인할 수 있으며, 이를 통해 피고의 전화번호를 확보할 수 있다.

통신사에서 받은 사실조회 회신 내용

※ 개인정보보호차원에서 6개월 이상된 해지 고객에 대한 정보는 제공되지 않습니다.

업체	순번	성명	주민등록번호	전화번호	주소
LG U+	1	송	70 -	010-77 -29	경남 양산시

▶ 사실조회 신청 후 2~3주가 지나면 회신 확인 가능

6

낙찰받은 후
전자소송 사이트에서
사건기록 열람하기

경매로 부동산을 낙찰받으면 민사신청과와 해당 경매계로 가서 재판기록열람 신청서를 제출하고 사건기록을 열람할 수 있다. 물론 전자소송 사이트에서도 가능하다. 사건기록을 열람하는 이유는 채무자의 인적사항(주소, 주민등록번호) 또는 연락처 등을 알기 위해서다. 전자소송 사이트에서 사건기록을 열람하는 방법과 절차를 알아보자.

▶ 전자소송 사이트 로그인

❶ [나의전자소송] 클릭

❷ [전자소송사건등록] 클릭

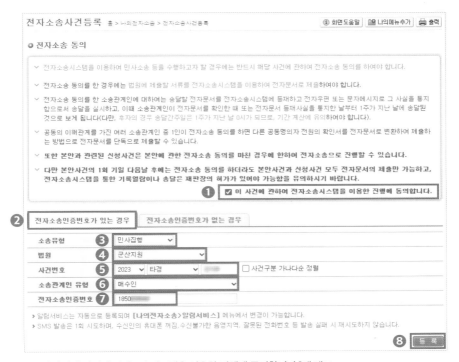

❶ [이 사건에 관하여 전자소송시스템을 이용한 진행에 동의합니다.]에 체크

❷ [전자소송인증번호가 있는 경우] 클릭

※ 전자소송인증번호를 분실했을 때는 해당 경매계로 문의하거나 [전자소송인증번호가 없는 경우] 탭을
클릭하여 진행하면 된다.

❸ [소송 유형]: 민사집행

❹ [법원]: 낙찰받은 법원 선택('전자소송 안내' 서류에 기재돼 있음)

❺ [사건번호]: 낙찰받은 사건번호('전자소송 안내'에 기재돼 있음)

❻ [소송관계인 유형]: 매수인으로 클릭(낙찰자가 매수인임)

❼ [전자소송인증번호]: '전자소송 안내'에 기재돼 있는 인증번호

❽ [등록] 클릭

부동산을 낙찰받은 후 2주 정도가 지나면 집으로 대금지급기한통지서라는 서류가 오는데, 이때 '전자소송 안내' 서류가 동봉된다. 잘 챙겨두자.

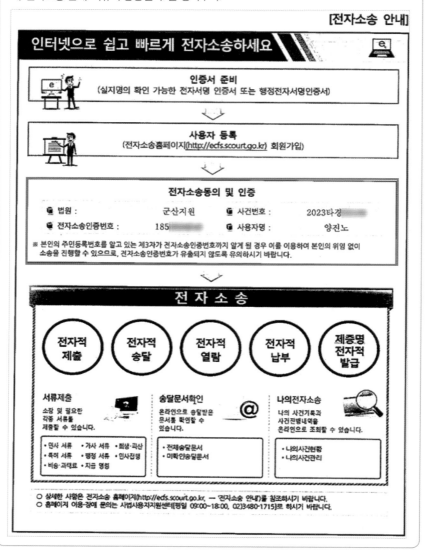

① '전자소송사건등록이 완료됐습니다'라고 화면에 뜬다.

② [확인] 클릭

사건기록은 바로 열람할 수 있다.

① [진행중사건] 클릭

② [조회] 클릭

③ 해당 사건번호 우측에 있는 [이동] 클릭

④ [사건기록열람] 클릭

▶ 낙찰받은 물건의 사건기록 열람 화면

　이상의 절차대로 하면 [사건기록열람] 화면에서 낙찰받은 물건의 경매진행 절차에 대한 모든 서류와 채무자의 인적사항을 파악할 수 있다. 또한 377쪽에서 볼 수 있는 것과 같이 경매개시결정부터 현황조사보고서, 감정평가서 등 사건에 대한 다양한 서류를 확인할 수 있다.

낙찰받은 물건의 사건기록 목록

기록목록

전체(32)	배당(3)	결차(29)	기일(7)	보류(0)

기준일자 ▲	문건명	진행	상세메뉴
2023.04.21	신청서		선택
2023.04.21	신청서_첨부		선택
2023.04.24	경매개시결정		선택
2023.04.26	배당요구종기결정		선택
2023.04.26	현황조사명령		선택
2023.04.26	감정평가명령		선택
2023.04.26	감정인견산선정표		선택
2023.04.27	배당요구종기공고보고서		선택
2023.05.08	현황조사보고서		선택
2023.05.08	현황조사보고서_첨부		선택
2023.05.19	교부청구서		선택
2023.05.26	감정평가서		선택
2023.05.26	감정평가서_첨부		선택
2023.05.30	감정평가서	스캔중	선택
2023.06.02	보정서	원본	선택
2023.06.02	보정서_첨부		선택
2023.06.02	보관금출급명령		선택
2023.06.13	교부청구서		선택
2023.09.16	매각물건명세서(신규작성.		선택
2023.09.16	매각물건명세서(신규작성.		선택
2023.09.16	특별매각조건결정		선택
2023.09.20	매각기일공고		선택
2023.09.20	공고게시보고서		선택
2023.10.27	교부청구서		선택
2023.10.30	기일입찰조서		선택
2023.10.30	기일입찰조서		선택
2023.12.11	기일입찰조서		선택
2023.12.11	기일입찰조서_첨부		선택

피고가 사망했을 때 망자에 대한 보정명령 받기

망인의 상속인 관련 서류 발급받기

상속인을 대상으로 당사자(피고)표시정정 신청하기

상속인별 상속지분 계산하여 별지목록 수정하기

상속인 변경에 따라 수정한 별지목록 제출하기

11장

피고가 사망했을 때
꼭 알아야 하는 절차

1

피고가 사망했을 때 망자에 대한 보정명령 받기

주소보정명령을 통해 피고의 초본을 발급받았는데 피고가 말소자라고 기재되어 있다면 어떻게 해야 할까? 아마도 대부분은 당혹스러워할 것이다. 이런 문제도 전자소송 사이트에서 쉽게 풀어갈 수 있다. 다음은 실제로 주소보정명령을 통해 피고의 초본을 발급받았는데, 사망으로 말소된 경우의 예시다.

주민등록표(말소자 초본)

❶ [서류제출] 클릭

❷ [민사 서류] 클릭

❶ [주소보정서(특별송달, 공시송달, 일반송달신청)] 클릭

❶ [법원]: 소장을 접수한 법원 입력

❷ [사건번호]: 해당 사건번호 입력

❸ [확인] 클릭

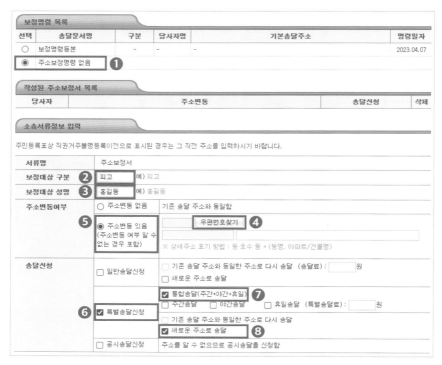

❶ [주소보정명령 없음] 체크

❷ [보정대상 구분]: '피고'라고 입력

❸ [보정대상 성명]: 피고 이름 입력(홍길동)

❹ [우편번호찾기] 클릭 후 피고의 주소 입력(피고의 초본상 맨 마지막 주소)

❺ [주소변동 있음] 체크

❻ [특별송달신청] 체크

❼ [통합송달] 체크

❽ [새로운 주소로 송달] 체크

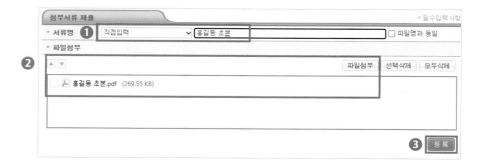

❶ [서류명]에서 [직접입력] 선택 후 '○○○ 초본'이라고 입력
❷ [파일첨부] 클릭 후 피고의 초본을 스캔한 PDF 파일 첨부
❸ [등록] 클릭

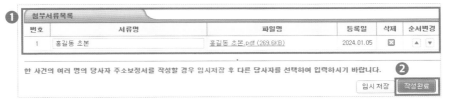

❶ [첨부서류목록]에서 피고의 초본이 첨부됐는지 확인
❷ [작성완료] 클릭

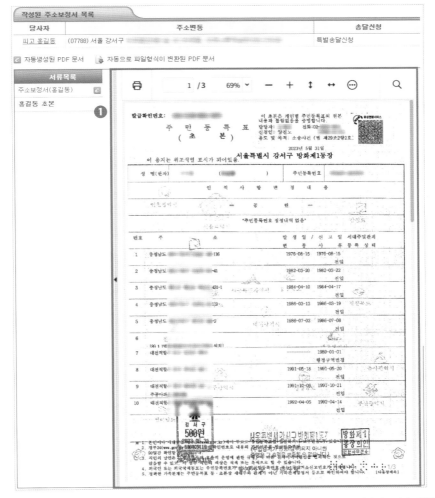

- 위 서류목록에 자동으로 생성된 PDF 문서 및 원본파일이 자동변환된 PDF 문서의 내용과 형식에 문제가 없는지 확인하시기 바랍니다.
- 법원에서는 위 서류목록에 포함된 PDF 문서를 제출문서로 간주하니 첨부한 서류에 이상이나 누락이 없는지 확인하시기 바랍니다.

② ☑ 모든 문서의 내용에 이상이 없음을 확인합니다.

작성된 문서를 수정해야 하는 경우, 원하는 단계를 선택한 후 이동하여 수정할 수 있습니다. [사건정보 ▼] [이동]

③

[작성문서 및 파일 삭제]   [이전] [확인]

❶ 파일이 잘 첨부됐는지 확인
❷ [모든 문서의 내용에 이상이 없음을 확인합니다] 체크
❸ [확인] 클릭

피고 사망으로 받은 보정명령서

서 울 남 부 지 방 법 원

보 정 명 령

사   건   2023가단▒▒▒▒▒ 공유물분할
    [원고 : ▒▒▒ / 피고 : ▒▒▒ ▒ ▒▒]

원고   ▒▒▒   귀하
이 명령을 송달받은 날부터 7일 안에 다음사항을 보정하시기 바랍니다.

보정할 사항

1. 피고 ▒▒▒(510▒▒-1▒▒▒▒▒)는 이미 사망하였으므로 상속관계를 증명하는 서류
(피상속인의 기본증명서, 가족관계증명서, 혼인관계증명서, 친양자입양관계증명서,
제적등본, 상속인의 기본증명서, 가족관계증명서, 주민등록초본 등)를 첨부하여 피
고의 상속인으로 당사자표시정정신청 및 이에 맞게 청구취지 및 청구원인을 변경
하는 절차를 이행하시기 바랍니다.

　　피고의 초본을 제출한 후, 민사과에 전화해서 '피고의 초본을 발급받았는데
피고가 사망한 말소자이니 사망 절차를 진행할 수 있도록 보정명령을 내려달
라'고 요청한다.

요청한 보정명령을 전자소송 사이트에서 확인해보면 보정할 사항으로 발급받아야 하는 서류가 너무나 많다. 피상속인의 기본증명서, 가족관계증명서, 혼인관계증명서, 친양자입양관계증명서, 제적등본, 상속인의 기본증명서, 가족관계증명서, 주민등록초본을 발급받아 제출해야 한다. 또한 상속인으로 지정된 인원들로 당사자표시정정신청과 청구취지 및 청구원인변경까지 해야 한다. 너무 어렵다고 느껴질 것이다. 그러나 하나씩 절차대로만 하면 충분히 할 수 있으니 천천히 따라 해보자.

2

망인의 상속인 관련 서류
발급받기

먼저 가족관계 등록사항별 증명서 교부 등 신청서 양식을 준비한 후 387쪽의 예시와 같이 작성한다.

신청 대상자 정보는 아래와 같이 작성한다.

'성명'은 사망한 피고의 이름을 쓰면 되고, '등록 기준지'는 작성하지 않아도 된다(사망한 피고의 초본에 있는 주민등록번호를 알기 때문). '주민등록번호'는 피고의 초본에 나와 있는 주민등록번호를 쓰면 된다.

신청내용은 아래와 같이 작성한다.

'가족관계증명서', '기본증명서', '혼인관계증명서', '입양관계증명서', '친양자 입양관계증명서', '제적등본'에 각각 '상세1통'으로 기입한다.

주민등록번호 공개신청 여부에는 '전부 공개'에 체크한다. 청구사유에는 '공유물분할청구소송'이라고 기입한다. 소명 자료 란에는 'ㅇㅇ법원 보정명령서'라고 기입하고 신청인 정보를 적는다.

성명에는 원고(본인 이름)의 이름을 적고, 주민등록번호를 적는다.

끝으로 가족관계 등록사항별 증명서 교부 등 신청서를 작성한 날짜를 기입하면 된다.

가족관계 등록사항별 증명서 교부 등 신청서

가족관계 등록사항별 증명서 교부 등 신청서		
신청 대상자²	성 명	**피고 이름** (한자 :)
	등록기준지²	서울 마곡 [주민번호 알면 주소 안써도 됨] ※ 하단 각설명란 5에 해당하는 경우 등록기준지의 기재 없이 주민등록번호로도 신청할 수 있습니다
	주민등록번호	**123456-**
신청내용	1.가족관계증명서	①일반( )통 ②특정( )통 □부 □모 □배우자 □자녀(성명:) **③상세(1)통**
	2.기본증명서	①일반( )통 ②특정(□출생사망실종( )통 ㉡인지친생자관계정정( )통 ㉢친권미성년후견(□전부 □현재)( )통 ㉣개명성본변경( )통 ㉤국적취득·상실( )통 ㉥성별정정( )통 **③상세(1)통**
	3.혼인관계증명서	①일반( )통 ②특정( )통 전(前)배우자성명:_____ **③상세(1)통**
	4.입양관계증명서	①일반( )통 **②상세(1)통** 5.친양자입양관계증명서 ①일반( )통 **②상세(1)통**
	6.신고서류기재사항증명 ( )건	7.수리불수리증명 ( )건
	8.열람(신고서류)_____년____월____일 접수 _____신고	
	9.종전「호적법」에 따른 제적 **①등본(1)통** ②초본( )통 ③열람( )건 본적:_____ 호주:_____ 대상자 _____의 _____ 특정증명서 교부 신청을 하는 경우에만 선택하기 바랍니다..[□등록기준지 포함 □본(本) 포함]	
주민등록번호 공개신청여부 (뒷부분6자리)	☑전부 공개 □신청 대상자 본인만 공개	공개 신청 사유	□ 1. 신청대상자의 주민등록번호를 정확하게 기재한 경우 □ 2. 신청인이 신청대상자 본인 또는 본인의 부모, 양부모, 배우자, 자녀 및 그 대리인인 경우 □ 3. 가족관계등록관서 출석 신청인이 재판상 필요를 소명 □ 4. 공무원 등이 공용목적임을 소명한 경우
청구사유		**공유물분할청구 소송**
소명자료		**◯◯법원 보정명령서**
아포스티유 신청을 위한 증명서 발급정보 전송에 관한 동의 여부³		증명서 발급정보 전송에 동의합니다 □
신 청 인	성명	**양◯◯** ⑩또는 서명 주민등록번호 **1234-1234**
	주소	신청인 자격 **이 사건 원고** 휴대전화번호 등
위 임 인	성명	주민등록번호
	위임을 받은 경우 위임인의 성명 및 주민등록번호를 기재하여야 합니다(위임장은 별도 첨부)	

2024년 1월 5일

◯◯시(구)·읍·면장 귀하

서 울 남 부 지 방 법 원

보 정 명 령

사　　건　　　2023가단25▨▨　공유물분할

[원고 : ▨▨▨▨▨　▨▨▨▨▨▨

원고　　▨▨▨　귀하

이 명령을 송달받은 날부터　7일 안에 다음사항을 보정하시기 바랍니다.

보정할 사항

1. 피고 전▨▨▨▨▨▨▨)는 이미 사망하였으므로 상속관계를 증명하는 서류
(피상속인의 기본증명서, 가족관계증명서, 혼인관계증명서, 친양자입양관계증명서,
제적등본, 상속인의 기본증명서, 가족관계증명서, 주민등록초본 등)를 첨부하여 피
고의 상속인으로 당사자표시정정신청 및 이에 맞게 청구취지 및 청구원인을 변경
하는 절차를 이행하시기 바랍니다.

위의 보정명령을 정(등)본으로 출력(308쪽 참고)한 후 보정명령과 필요한 내용
을 작성한 가족관계 등록사항별 증명서 교부 등 신청서, 본인 신분증, 서류발
급 시 결제할 카드를 준비해 집 주변 주민센터 담당자에게 제출한다. 그러면
보정명령 중 보정할 사항에 나와 있는 1. 기본증명서, 2. 가족관계증명서, 3.
혼인관계증명서, 4. 친양자입양관계증명서 5. 입양관계증명서 6. 제적등본 7.
초본까지 모든 서류를 발급받을 수 있다.

보정을 위해 주민센터에서 발급받은 서류들

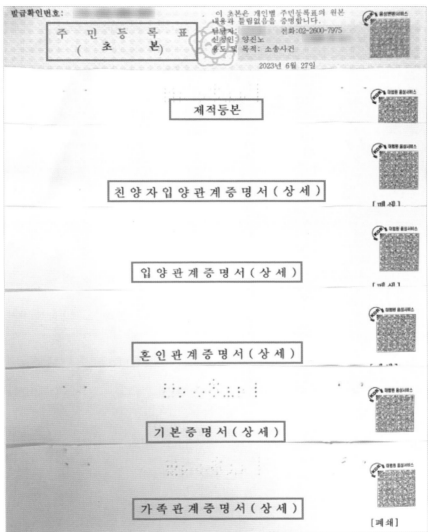

가족관계증명서부터 초본까지 모든 서류를 발급했다. 이제 이 서류들을 모두 스캔해서 PDF 파일로 만들어둔다. 그런 다음 전자소송 사이트에 로그인한다.

▶ 상속인 관련 서류 제출

▶ 전자소송 사이트 로그인
❶ [송달문서확인] 클릭
❷ [전체송달문서] 클릭

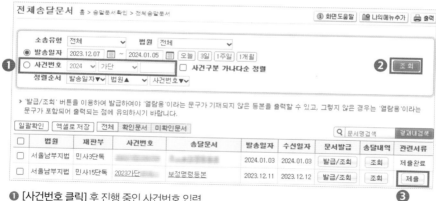

❶ [사건번호 클릭] 후 진행 중인 사건번호 입력
❷ [조회] 클릭
❸ '보정명령등본' 우측에 있는 [제출] 버튼 클릭

민사 서류(보정서) 홈 > 서류 제출 > 민사 서류

○ 사건확인

서류를 제출할 사건번호를 입력하시기 바랍니다.

소송유형 민사

❶ 법원 서울남부지방법원

❷ 사건번호 2023 가단 □ 사건구분 가나다순 정렬

❸ 확인 취소

❶ [법원]: 소송을 진행하고 있는 해당 법원 클릭

❷ [사건번호]: 진행하고 있는 사건번호 입력

❸ [확인] 클릭

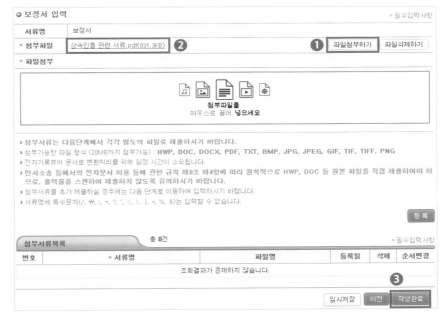

○ 보정서 입력 * 필수입력사항

서류명	보정서
* 첨부파일	상속인들 관련 서류.pdf(831.3KB) ❷ ❶ 파일첨부하기 파일삭제하기
* 파일첨부	

첨부파일을
마우스로 끌어 넣으세요

▸ 첨부서류는 다음단계에서 각각 별도의 파일로 제출하시기 바랍니다.
▸ 첨부가능한 파일 형식 (20MB까지 첨부가능) : HWP, DOC, DOCX, PDF, TXT, BMP, JPG, JPEG, GIF, TIF, TIFF, PNG
▸ 전자기록뷰어 문서로 변환처리를 위해 일정 시간이 소요됩니다.
▸ 민사소송 등에서의 전자문서 이용 등에 관한 규칙 제8조 제4항에 따라 원칙적으로 HWP, DOC 등 원본 파일을 직접 제출하여야 하므로, 출력물을 스캔하여 제출하지 않도록 유의하시기 바랍니다.
▸ 첨부서류를 추가 제출하실 경우에는 다음 단계로 이동하여 입력하시기 바랍니다.
▸ 서류명에 특수문자(/, ₩, ;, *, ?, ", <, >, |, =, %, &)는 입력할 수 없습니다.

등록

첨부서류목록 총 0건 * 필수입력사항

번호	* 서류명	파일명	등록일	삭제	순서변경
조회결과가 존재하지 않습니다.					

❸

임시저장 이전 작성완료

❶ [파일첨부하기] 클릭

❷ 주민센터를 통해 발급한 후 스캔해놓은 상속인 관련 서류들의 PDF 파일 첨부

❸ [작성완료] 클릭

이로써 상속인 관련 서류를 모두 제출했다.

상속인을 대상으로
당사자(피고)표시정정 신청하기

소송을 진행하기 위해 사망한 피고 대신 상속인을 피고로 지정하는 방법을 알아보자.

❶ [서류제출] 클릭
❷ [민사 서류] 클릭

❶ [당사자표시정정신청서] 클릭

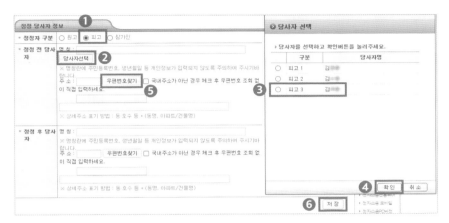

❶ [피고] 체크

❷ [당사자선택] 클릭

❸ 팝업된 [당사자 선택] 화면에서 사망한 피고 체크

❹ [확인] 클릭

❺ [우편번호찾기] 클릭 후 피고의 주소 입력(초본상의 주소)

❻ [저장] 클릭

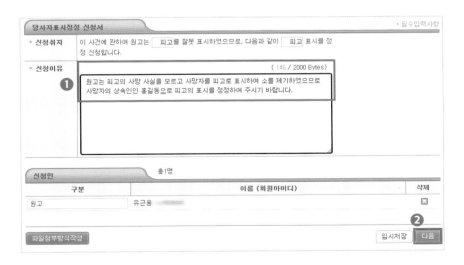

❶ [신청이유] 작성
❷ [다음] 클릭

> ・[신청이유] 작성 예시
>
> '원고는 피고의 사망 사실을 모르고 사망자를 피고로 표시하여 소를 제기하였으므로 사망자의 상속인인 홍길동으로 피고의 표시를 정정하여 주시기 바랍니다'라고 입력한다.

❶ [작성완료] 클릭

> **실전Tip**
>
> 피고의 사망에 따른 상속인이 한 명일 경우 이상의 절차대로 진행하면 된다. 하지만 실무에서는 상속인이 두 명 이상(예를 들어 배우자 한 명과 자녀 한 명 또는 자녀 두 명 이상 등)인 경우가 많다. 이때는 당사자표시정정신청서라는 양식을 먼저 작성한다.

▣ 상속인이 두 명 이상일 경우 당사자표시정정신청서 작성

당사자(피고)표시정정신청서 예시

당사자(피고)표시정정신청서

[담당재판부: 민사1단독]

사　　건　1234가단5678 공유물분할

원　　고　양쌤

피　　고　홍길동 외 3명

이 사건에 관하여 원고는 피고들에 대해서 다음과 같이 당사자 표시를 정정 신청합니다.

- 다 음 -

1. 정정 전 당사자의 표시
(1) 홍길동(123456-1234567)
서울특별시 강서구

2. 정정 후 당사자의 표시
(1) 홍길순(123456-1234567)
서울특별시 강남구

(2) 홍말숙(123456-1234567)
서울특별시 마곡동

3. 신청이유
위 사건과 관련하여 원고는 피고의 사망 사실을 모르고 사망자를 피고로 표시하여 소를 제기하였으므로, 사망자의 상속인 홍길순, 홍말숙으로 피고들의 표시를 정정하여 주시기 바랍니다.

위의 예시처럼 작성하면 된다. '정정 전 당사자의 표시'에는 사망한 피고의 이름과 주민등록번호와 주소를 적고, '정정 후 당사자의 표시'에는 상속인의 이름과 주민등록번호와 주소를 적는다. '신청이유'는 예시와 동일하게 작성하되 자신의 소송 상황에 맞게 상속인들의 이름만 변경하면 된다.

그런 다음 전자소송 사이트의 [당사자표시정정신청서] 화면에서 [신청이유]를 작성하고 신청서를 첨부하면 된다.

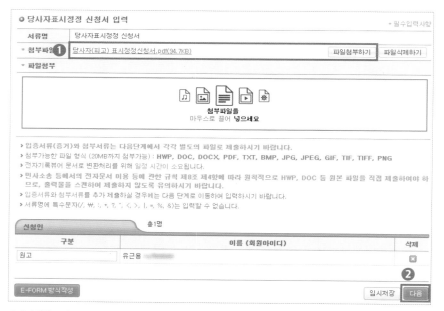

① [당사자표시정정신청서] 화면에서 **[파일첨부방식작성]** 클릭

① [파일첨부하기] 클릭

※ 앞서 작성한 당사자표시정정신청서 한글파일 양식을 선택하면 **[첨부파일]**에 당사자(피고)표시정정신청서가 첨부된 것을 확인할 수 있다.

② [다음] 클릭

❶ [작성완료] 클릭

　이제 상속인이 두 명 이상일 경우에도 정상적인 절차대로 당사자표시정정 신청이 완료됐다.

4
상속인별 상속지분 계산하여
별지목록 수정하기

최초 공유물분할청구소장을 접수할 때 별지목록에 원고와 피고들의 이름, 주소, 소유자 지분을 기입했을 것이다. 그러나 피고 중 한 명이 사망하면 그의 상속인으로 이름, 주소, 소유자 지분을 변경한 후 전자소송 사이트에서 별지목록을 다시 제출해야 한다. 이때는 청구취지 및 청구원인변경신청서에 첨부해서 제출한다. 먼저 기존에 제출한 별지목록을 어떻게 수정하는지 살펴보고, 상속인을 대상으로 소유자 지분을 어떻게 계산하는지도 알아보자.

예시에서 '최초에 접수한 별지목록2'는 최초 소장접수 시 제출했던 별지목록이다. 원고와 피고들의 이름, 주소, 소유자 지분이 기재돼 있는데 그중 피고 전영○(서울 은평구)이 사망했다.

그리고 '상속인 정보를 반영한 별지목록2'는 전영○이 사망한 후의 별지목록으로 상속인들의 이름, 주소, 지분까지 정확히 수정한 별지목록이다. 전영○이 사망함으로써 배우자 모복○, 자녀 1 전홍○, 자녀 2 전현○이 상속인이 됐다. 소유자 지분을 보면 배우자는 60/560이고, 두 자녀는 각각 40/560이다.

최초에 접수한 별지목록2(좌)와 상속인 정보를 반영한 별지목록2(우) 예시

별지목록 2	별지목록 2
1. 양진█ : 경기도 고양시 (소유자 지분 1/80)	1. 양진█ : 경기도 고양시 (소유자 지분 7/560)
2. 전영█ : 송탄시 서정동 (소유자 지분 20/80)	2. 전영█ : 송탄시 서정동 (소유자 지분 140/560)
3. 전영█ : 서울 은평구 (소유자 지분 20/80)	3. 전중█ : 공주시 우성면 (소유자 지분 140/560)
4. 전중█ : 공주시 우성면 (소유자 지분 20/80)	4. 정혜█ : 경기도 양평군 (소유자 지분 133/560)
5. 정혜█ : 경기도 양평군 (소유자 지분 19/80)	5. 모복█ : 경기도 고양시 (소유자 지분 60/560)
	6. 전흥█ : 경기도 고양시 (소유자 지분 40/560)
	7. 전현█ : 경기도 고양시 (소유자 지분 40/560)

두 개의 별지목록을 비교해보면 기존 공유자인 양진○은 지분어 1/80이었으나 7/560로 변경됐고, 전영○(송탄시)도 20/80에서 140/560으로 변경됐고, 전중○도 20/80에서 140/560으로 변경됐고, 정혜○도 19/80에서 133/560으로 변경됐는데, 기존 공유자들의 지분이 왜 이렇게 바뀌었는지 알아보자.

피고가 사망한 후 상속인인 배우자와 자녀의 수에 대한 지분비율은 다음 표와 같다.

- 피고가 사망한 후 배우자 한 명, 자녀 한 명일 경우 지분비율

	배우자	자녀1
지분비율	$\dfrac{3}{5}$	$\dfrac{2}{5}$

- 피고가 사망한 후 배우자 한 명, 자녀 두 명일 경우 지분비율

	배우자	자녀1	자녀2
지분비율	$\dfrac{3}{7}$	$\dfrac{2}{7}$	$\dfrac{2}{7}$

• 피고가 사망한 후 배우자 한 명, 자녀 세 명일 경우 지분비율

	배우자	자녀1	자녀2	자녀3
지분비율	$\frac{3}{9}$	$\frac{2}{9}$	$\frac{2}{9}$	$\frac{2}{9}$

이와 같이 배우자와 자녀가 공유할 경우 자녀가 늘어날 때마다 분모가 계속 2씩 커진다.

• 피고 사망 시점에 배우자는 이혼을 했거나 사망해서 자녀 한 명만 있는 경우 지분비율

	자녀1
지분비율	$\frac{1}{1}$

이때는 지분 변동 없이 사망한 피고의 지분을 그대로 이어받는다.

• 피고 사망 시점에 배우자는 이혼을 했거나 사망해서 자녀 두 명만 있는 경우 지분비율

	자녀1	자녀2
지분비율	$\frac{1}{2}$	$\frac{1}{2}$

• 피고 사망 시점에 배우자는 이혼을 했거나 사망해서 자녀 세 명만 있는 경우 지분비율

	자녀1	자녀2	자녀3
지분비율	$\frac{1}{3}$	$\frac{1}{3}$	$\frac{1}{3}$

이처럼 자녀가 늘어날 때마다 자녀수만큼 분모가 계속 1씩 커진다. 그럼 앞에 제시한 그림을 보면서 지분계산을 해보자. 전영○의 소유자 지분은 20/80이었고, 상속인은 배우자 한 명과 자녀 두 명이기 때문에 배우자 지분비율은 3/7, 자녀 1은 2/7, 자녀 2도 2/7가 된다(앞의 표를 참고해서 대입해보자). 지분비율을 계산하면 다음과 같다.

- 배우자의 최종 지분:

  전영○ 최종 지분 $\dfrac{20}{80}$ × 배우자 모복○의 상속지분 $\dfrac{3}{7}$ = $\dfrac{60}{560}$

- 자녀 1의 최종 지분:

  전영○ 최종 지분 $\dfrac{20}{80}$ × 자녀 전홍○의 상속지분 $\dfrac{2}{7}$ = $\dfrac{40}{560}$

- 자녀 2의 최종 지분:

  전영○ 최종 지분 $\dfrac{20}{80}$ × 자녀 전현○의 상속지분 $\dfrac{2}{7}$ = $\dfrac{40}{560}$

- 기존 공유자였던 양진○의 최종 지분:

  $\dfrac{1 \times 7}{80 \times 7}$ = $\dfrac{7}{560}$

  (기존 공유자들 지분의 분자와 분모에 각각 7을 곱해준다.)

이렇게 상속인들의 지분비율을 알면 상속인들의 최종 지분을 계산할 수 있다.

┌─ **실전Tip** ─────────────────────────────
│ 피고가 사망해서 상속인으로 배우자와 자녀 1, 자녀 2가 있었는데, 자녀 1이 또 사망했다면 자
│ 녀 1에 대한 상속들의 지분비율도 앞서 제시한 표와 동일하게 적용하고 대입하면 된다.
└──────────────────────────────────────

'상속인 정보를 반영한 별지목록2'처럼 최종적으로 상속인들의 이름, 주소, 지분까지 정확히 수정한 별지목록을 청구취지 및 청구원인변경신청서와 함께 **[첨부서류 제출]**에서 첨부파일로 제출하면 된다.

　피고가 사망한 후 상속인들로 당사자표시정정을 하는 방법과 상속인들의 지분을 계산하는 방법을 몰라서 답답해하는 투자자가 많다. 그래서 결국엔 법무사 또는 변호사에게 위임하면서 일정 비용을 지급하는 선택을 하게 된다. 그러나 모든 방법을 알려주었으니 추가 비용 들이지 말고 꼭 스스로 해보길 바란다.

5

상속인 변경에 따라 수정한
별지목록 제출하기

피고의 사망으로 상속이 이뤄지면, 사망 전 피고를 대상으로 했던 소송도 그에 맞춰 바뀌어야 한다. 상속에 따라 청구원인과 별지목록 등을 변경하는 방법을 알아보자.

❶ [서류제출] 클릭
❷ [민사 서류] 클릭

증거신청서 관련		
·서증	☑ 증거설명서	☑ 증인신청서
·증인진술서	☑ 증인신문사항	☑ 검증신청서
☑ 감정신청서	☑ 신체감정신청서	☑ 사실조회신청서
☑ 과세정보 제출명령 신청서	☑ 금융거래정보 제출명령 신청서	·당사자본인신문 신청서
☑ 당사자본인 신문사항	☑ 문서제출명령 신청서	☑ 문서송부촉탁 신청서
·참고자료	☑ 서증인부서	☑ 인증등본송부촉탁 신청서
·소명자료제출	☑ 진료기록감정신청서	☑ 신용정보 제출명령 신청서

> 주장사실의 입증을 위하여 제출하고자 하는 서류

청구취지 관련		
☑ 청구취지변경 신청서	☑ 청구원인변경 신청서	❶ ☑ 청구취지 및 청구원인 변경신청서

> 청구취지 변경 및 정정 관련 서류

❶ [청구취지 및 청구원인 변경신청서] 클릭

민사 서류(청구취지 및 청구원인 변경신청서) 홈 > 서류 제출 > 민사 서류

◉ 사건확인

서류를 제출할 사건번호를 입력하시기 바랍니다.

❶ [법원]: 진행하고 있는 해당 법원 입력
❷ [사건번호]: 진행하고 있는 사건번호 입력
❸ [확인] 클릭

❶ [신청취지] 작성
❷ [기존청구취지조회] 클릭
❸ [기존청구취지조회] 창의 내용 복사
❹ 복사한 내용을 [변경된 청구취지] 칸에 붙여넣기

404

[기존청구취지조회]를 클릭하면 [기존청구취지조회] 창이 뜨면서 소장을 접수했을 때 작성했던 청구취지 내용이 나타난다. 그 내용을 복사(ctrl+C)한 후 **[변경된 청구취지]** 빈칸에 그대로 붙여넣기(ctrl+V)한다. 즉, 청구취지는 최초 소장접수 시 작성했던 그대로 경매로 넘겨달라는 내용이므로 수정하지 않아도 된다. 다만 청구원인을 수정해야 한다.

▶ 변경된 청구원인 작성

[기존청구원인조회]를 클릭하면 [기존청구원인조회] 창이 뜨는데 "……이에 원고들은 13인……"으로 작성되어 있지만, 변경된 청구원인을 보면 15인으로 변경된 것을 알 수 있다. 최초 소장 접수 시 원고를 제외한 피고의 숫자는 13명이었는데 그중 한 명이 사망해 12명이 됐다. 그리고 사망한 피고의 상속인이 배우자, 자녀 1, 자녀 2로 총 세 명이므로 피고의 총원은 15명이 됐다. 즉, 기존 내용은 동일하게 하고 피고의 인원수만 변경하면 된다.

변경된 청구원인 입력 창

* 변경된 청구원인	⦿ 직접입력	작성 예시 (630 / 4000 Bytes)
기존청구원인조회	1. 원고들은 2018년 05월 03일 전남 여수시 ▨▨▨▨ ▨▨▨▨ (공매사건번호 : 2016-▨▨▨ ▨▨▨) 토지 지분을 한국자산관리공사에서 실시한 공매절차에 입찰하여 매각결정을 받아 법적 진행 절차에 따라 잔금을 납부하고 소유권이전을 완료 했습니다. 2. 상기 토지는 현재 전으로 사용되고 있지만 15인의 공유자가 소유하고 있어 정상적인 매매나 사용, 담보, 수익 창출 등의 행위가 매우 곤란한 상황입니다. 이에 원고들은 15인 공유자와 원만하게 해결하고자 이 사건 부동산에 대한 공유물분할을 요구하였으나 어떠한 답변도 듣지 못한 상황입니다. 3. 이에 원고는 피고들이 협의에 응할 생각이 없다는 판단하에 민법 제 268조에 의거 공유물분할을 청구합니다. ○ 내용파일첨부	
소가증액	☐ 청구취지의 소가가 증액된 경우 선택해 주시기 바랍니다.	

기존청구원인 내용

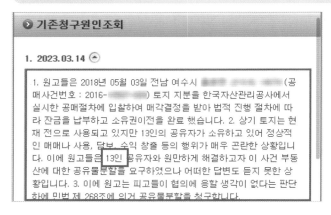

❷ 기존청구원인조회

1. 2023. 03. 14

1. 원고들은 2018년 05월 03일 전남 여수시 ▒▒▒ ▒▒▒, ▒▒▒ (공매사건번호 : 2016-▒▒▒ ▒▒▒) 토지 지분을 한국자산관리공사에서 실시한 공매절차에 입찰하여 매각결정을 받아 법적 진행 절차에 따라 잔금을 납부하고 소유권이전을 완료 했습니다. 2. 상기 토지는 현재 전으로 사용되고 있지만 13인의 공유자가 소유하고 있어 정상적인 매매나 사용, 담보, 수익 창출 등의 행위가 매우 곤란한 상황입니다. 이에 원고들은 13인 공유자와 원만하게 해결하고자 이 사건 부동산에 대한 공유물분할을 요구하였으나 어떠한 답변도 듣지 못한 상황입니다. 3. 이에 원고는 피고들이 협의에 응할 생각이 없다는 판단하에 민법 제 268조에 의거 공유물분할을 청구합니다.

신청인	총1명	
구분	**이름 (회원아이디)**	**삭제**
원고	유근용 ▒▒▒▒▒	☒ ❶

임시저장   **다음**

❶ [다음] 클릭

첨부서류 제출   * 필수입력사항

증거를 첨부서류로 입력하면 증거로서 효력이 없습니다.

* 서류명 ❶ [직접입력 ▼] [상속인으로 변경된 별지목록]   ☐ 파일명과 동일

* 파일첨부

▲ ▼   ❷ **파일첨부**   선택삭제   모두삭제

❸ ☐ 📄 상속인으로 변경된 별지목록 1,2.hwp (22.50 KB)   ✛ ✕

* 첨부가능한 파일 형식

   1.일반문서(PDF파일로 자동변환, 20MB까지 첨부가능) : HWP, DOC, DOCX, PDF, TXT, XLS, XLSX, BMP, JPG, JPEG, GIF, TIF, TIFF, PNG

› 민사소송 등에서의 전자문서 이용 등에 관한 규칙 제8조 제4항에 따라 원칙적으로 HWP, DOC 등 원본 파일을 직접 제출하여야 하므로, 출력물을 스캔하여 제출하지 않도록 유의하시기 바랍니다.
› 파일첨부가 완료되면 [등록]버튼을 눌러 첨부파일을 첨부서류목록에 추가할 수 있습니다.
› 서류명에 특수문자(/, ₩, :, *, ?, ", <, >, |, ~, %, &)는 입력할 수 없습니다.

       ❹ **등록**

첨부서류목록   총 0건   * 필수입력사항

번호	* 서류명	파일명	등록일	삭제	순서변경
		조회결과가 존재하지 않습니다.			

     ❺ 임시저장   이전   **작성완료**

❶ [서류명]에서 [직접입력] 선택 후 '상속인으로 변경된 별지목록'이라고 입력
❷ [파일첨부] 클릭
❸ 상속인으로 변경된 이름과 주소, 지분까지 계산된 별지목록2(398쪽 참고) 첨부
❹ [등록] 클릭
❺ [작성완료] 클릭

이제 상속인들에게 특별통합송달로 주소보정서를 제출하면(317쪽) 피고가 사망한 후 해야 하는 모든 절차를 마치게 된다.

전자소송 사이트에서 가처분신청서 작성하기

등록면허세 납부한 후 가처분신청서에 입력하기

등기촉탁수수료 납부한 후 가처분신청서에 입력하기

전자소송용 등기 발급받고 목적물 입력하기

12장

소유권이전을 막기 위한
부동산처분금지가처분

1

전자소송 사이트에서
가처분신청서 작성하기

토지를 지분으로 낙찰받거나 아파트·빌라의 지분을 낙찰받았는데, 기존 공유
자가 제3자에게 매도하여 소유권을 넘기거나 소송을 지연시키는 문제가 발
생할 수도 있다. 이를 예방하려면 부동산처분금지가처분을 신청하는 방법이
있다. 전자소송 사이트에서 가처분신청서를 작성하고 접수하는 방법을 알아
보자.

▶ 전자소송 사이트 로그인
❶ [서류제출] 클릭
❷ [민사 서류] 클릭

❶ [민사 신청] 클릭
❷ [민사가처분신청서] 클릭

❶ [본안사건 없음] 체크
❷ [확인] 클릭

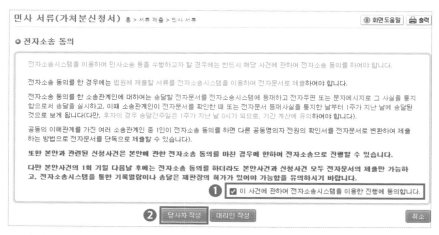

1 [이 사건에 관하여 전자소송시스템을 이용한 진행에 동의합니다.] 체크
2 [당사자 작성] 클릭

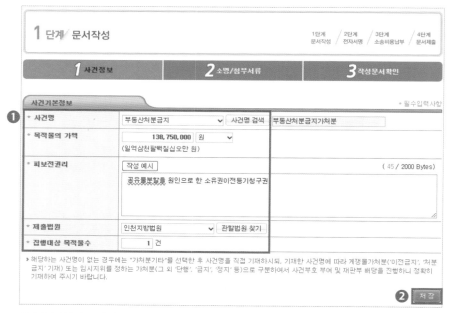

1 [사건기본정보] 작성
2 [저장] 클릭

- **[사건기본정보] 작성 예시**

[사건명]: [부동산처분금지] 클릭

[목적물의 가액]: 아파트나 빌라일 경우 공동주택 가격에 피신청인(공유자)의 지분을 곱한 가액을 기입

- 아파트·빌라일 경우: 아파트·빌라의 공동주택 가격은 부동산 공시가격 알리미사이트 (realtyprice.kr)에서 주소를 입력해 확인할 수 있다. 아파트·빌라의 공동주택 가격이 1억 8,500만 원이고, 공유자의 지분이 4분의 3이라면 '1억 8,500만 원 × 4분의 3 = 1억 3,875만 원'이므로 이 금액을 적으면 된다.

- 토지일 경우: 토지이음 사이트에서 주소를 입력하면 개별공시지가를 알 수 있다. 목적물의 가액은 '개별공시지가 × 총면적 × 피신청인(공유자)의 지분'으로 계산해 기입한다.

[피보전권리]: '공유물분할을 원인으로 한 소유권이전등기청구권'이라고 입력한다.

[제출법원]: [관할법원 찾기]를 클릭해서 해당 지역 관할법원을 선택하거나 경매로 낙찰받았다면 낙찰받은 법원을 선택한다.

2

등록면허세 납부한 후
가처분신청서에 입력하기

다음 절차는 등록면허세를 입력하는 것이다. 그러나 등록면허세를 입력하기
전에 등록면허세를 납부해야 하기 때문에 납부 절차를 먼저 진행해야 한다.

▶ 등록면허세 납부

❶ 위택스 사이트(wetax.go.kr) 로그인해서 [신고] 클릭
❷ [등록면허세]: [등록분] 옆의 + 버튼을 눌러 하위메뉴가 열리면 [등록분 신고] 클릭

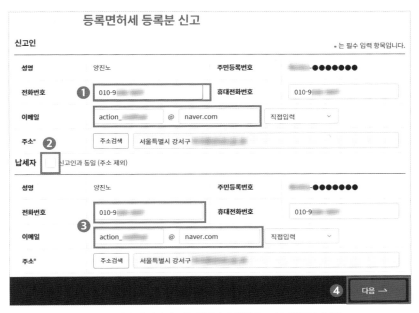

❶ [신고인]에서 전화번호와 휴대전화번호를 동일하게 입력하고 이메일주소 입력

❷ [납세자] 옆에 있는 신고인과 동일 박스 체크하기

❸ [납세자]에서 전화번호와 휴대전화번호를 동일하게 입력하고 이메일주소 입력

❹ [다음] 클릭

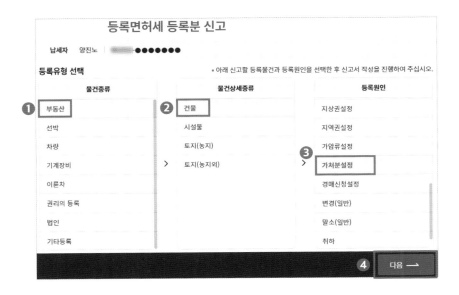

❶ [물건종류]: [부동산] 클릭
❷ [물건상세종류]: [건물] 클릭
❸ [등록원인]: [가처분설정] 클릭
❹ [다음] 클릭

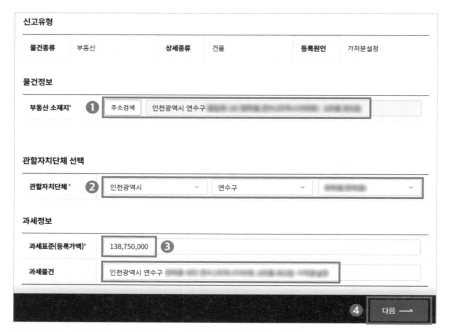

❶ [부동산 소재지]: [주소검색]을 클릭해서 낙찰받은 부동산 주소 입력
❷ [관할자치단체]: 낙찰받은 부동산 주소의 관할자치단체 입력
❸ [과세표준]: 전자소송 사이트에서 입력했던 목적물가액 그대로 입력
❹ [다음] 클릭
▶ [과세물건]은 주소가 자동으로 표시됨

납부할 세액

구분	계산내용	등록면허세	지방교육세	농어촌특별세
① 과세표준	과세표준	138,750,000 원	277,500 원	0 원
② 세율	표준세율	0.2 %	20 %	20 %
③ 산출세액	-	277,500 원	55,500 원	0 원
④ 감면세액	-	0 원	0 원	0 원
⑤ 가산세	무신고 또는 과소신고	0 원	0 원	0 원
	납부지연	0 원	0 원	0 원
⑥ 신고세액합계	333,000 원	277,500 원	55,500 원	0 원
➊ 납부할 세액				**333,000 원**

➋ 다음 →

➊ [납부할 세액] 확인
➋ [다음] 클릭

구비서류

신고 과세표준액을 확인할 수 있는 서류' ➊

파일첨부추가   ※ 파일은 최대 10개 까지 가능합니다.

가처분신청서1.png   파일첨부 삭제
가처분신청서2.png   파일첨부 삭제

➋ 다음 →

➊ 가처분신청서를 두 장으로 캡처하여 1, 2로 나눠 첨부
※ 캡처한 파일은 PNG 혹은 JPG로 저장해야 첨부할 수 있다.
➋ [다음] 클릭

첨부할 가처분신청서는 다음과 같이 작성한다.

부동산처분금지가처분신청서

채권자   양쌤(123456-1234567)
          서울 강서구 마곡동 1234번지

채무자 1. 홍길동: 서울 강서구 마곡동 2345번지

목적물의 표시	별지목록 기재와 같음
피보전권리의 내용	소유권에 기한 공유물분할 청구권
목적물의 가격	138,750,000원

신 청 취 지

별지목록1 기재 부동산 중, 별지목록2 기재의 채무자의 공유지분에 관하여 매매, 증여, 양도, 저당권, 전세권, 임차권의 설정 등 기타 일체의 처분 행위를 하여서는 아니된다. 라는 결정을 구합니다.

신 청 이 유

1. 당사자 지위

가. 채권자는 별지목록1 기재 부동산(이하 '이 사건 부동산')을 인천지방법원에서 실시한 경매 절차(경매사건번호: 1234타경1234)에 입찰하여 매각 결정을 받아 법적 진행 절차에 따라 잔금을 납부하고 소유권이전을 완료했습니다.

나. 채무자 홍길동은 4분의 3 공유지분을 가지고 있는 공유자입니다.

공유자	지분비율
양쌤(채권자)	4분의 1
홍길동(채무자)	4분의 3

2. 피보전권리 및 채권자의 공유물분할청구소송에 따른 이 건 가처분의 필요성

가. 채권자는 상기와 같이 이 사건 부동산의 일부 지분을 취득한 후 이 사건 채무자에게 공유지분관계를 해소하고자 지분의 매매 등 두 가지 방안을 제시하였으나 이를 거절하였고, 위 채권자와 채무자가 각 공유지분 4분의 1, 4분의 3을 소유하다 보니 정상적인 매매나 사용, 담보, 수익 창출 등의 행위가 매우 곤란한 상황입니다.

나. 사정이 위와 같은바, 이 사건 채무자와의 협의를 통한 공유물분할은 불가능할 것으로 판단되며 결국 채권자는 채무자에 대한 공유물분할청구소송을 통하여 이 문제를 해결하고자 귀원에 공유물분할청구의 소를 준비 중입니다.

신고인			
성명	양진노	주민등록번호	●●●●●●
전화번호	010-	휴대폰번호	010-
주소	서울특별시 강서구		

납세자			
성명	양진노	주민등록번호	●●●●●●
전화번호	010-	휴대폰번호	010-
주소	서울특별시 강서구		

신고유형

물건종류	부동산	물건상세종류	건물	등록원인	가처분설정

신고대상

물건소재지	인천광역시 연수구	과세물건	인천광역시 연수구
과세표준	138,750,000 원	관할자치단체	인천광역시 연수구

납부할 세액

구분	계산내용	등록면허세	지방교육세	농어촌특별세
① 과세표준	과세표준	138,750,000 원	277,500 원	0 원
② 세율	표준세율	0.2 %	20 %	20 %
③ 산출세액 (①×②)	-	277,500 원	55,500 원	0 원
④ 감면세액	-	0 원	0 원	0 원
⑤ 가산세	무신고 또는 과소신고	0 원	0 원	0 원
	납부지연	0 원	0 원	0 원
⑥ 신고세액합계 (③-④+⑤)	333,000	277,500 원	55,500 원	0 원
납부할 세액				333,000 원

구비서류

신고 과세표준액을 확인할 수 있는 서류	가처분신청서1.jpg

「지방세법」 제30조 및 같은 법 시행령 제48조 제3항에 따라 위와 같이 신고합니다.

2024년 02월 28일

신고인   양진노

보기   ① 제출

420

❶ 입력한 내용 검토 후 [제출] 클릭

등록면허세 등록분 납부안내

납세번호	과세기관	검	회계	과목	세목	연도	월	구분	읍면동	과세번호	검
	185	8	40								

납세자 : 양진노   납세자번호 : ●●●●●●●●
주소 : 서울특별시 강서구
납부기한 : 무관   과세대상 : 인천광역시 연수구

세목	납부할 세액	부과내역(과세표준)	
등록면허세	277,500 원	138,750,000 원	담당자 : 미정의 문의처 :
지방교육세	55,500 원	277,500 원	전자납부번호 28185-1-
농어촌특별세	0 원	0 원	
합계		**333,000 원**	

위의 금액을 납부하시기 바랍니다.

2024년 02월 27일

서출력   납부서출력   ❶ 즉시납부

❶ [즉시납부] 클릭 후 결제

결제까지 진행하면 납부확인서를 확인할 수 있다. 위 이미지 상단 혹은 납부확인서에 나와 있는 납세번호를 적어놓는다(납부확인서 확인하는 방법은 455쪽 참고).

취득세(등록면허세) 납부확인서

납세 번호	기관	검	회계	과목	세목	과세연도	월	구분	읍·면·동	과세번호	검
	185	8	40								

전자납부번호 28185-1-

성명(법인명):   주민(법인 · 외국인)등록번호: -*******

주소(영업소):   경기도 용인시

등기(등록) 원인: 가처분

등기(등록) 물건: 인천광역시 연수구

과세표준: 138,750,000 원   시가표준액: 138,750,000 원

세목	지방세	가산금	납 부 일
등록 면허세	277,500 원	0 원	
지방 교육세	55,500 원	0 원	2023년 11월 01일
농어촌특별세	0 원	0 원	
계	333,000 원	0 원	

위 금액의 납부를 확인합니다.

2023 년 11 월 01 일

연 수 구 청 장

담당자		전화번호	

▶ 등록면허세 입력

▶ 전자소송 사이트에 로그인해서 [부동산처분금지가처분 사건정보] 입력 화면을 내리면 [등록면허세 기본정보] 화면이 나온다.

❶ [시도코드]: 등록면허세를 납부한 해당 지자체 선택

❷ [등록세납부번호]: 납부확인서에 나와 있는 납세번호를 입력한 후 [납부확인] 클릭

❸ 등록면허세, 교육세, 납부자명, 등기물건, 등기 원인의 내용이 자동으로 입력됨

❹ [저장] 클릭

❶ [등록면허세목록] 확인

이 목록에 납부번호가 등록되어 있으면 등록면허세가 정상적으로 입력된

것이다.

3

등기촉탁수수료 납부한 후
가처분신청서에 입력하기

이제 등기촉탁수수료를 입력할 차례다. 등록면허세와 마찬가지로 등기촉탁 수수료 역시 납부부터 해야 한다. 등기촉탁수수료를 납부하고 입력하는 방법 을 알아보자.

▶ 등기촉탁수수료 납부

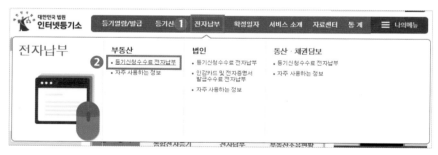

❶ 인터넷등기소에 로그인해 [전자납부] 클릭
❷ [등기신청수수료 전자납부] 클릭

❶ [신규] 클릭

❶ [전체 등기소 검색]을 클릭한 후 해당 물건의 관할등기소 선택

※ 해당 물건의 등기부등본을 보면 맨 하단의 —이하여백— 아래에 관할등기소가 기재되어 있다.

❷ [입력한 등기소 정보와 신청서 제출등기소가 상이한 경우에는 환급시 불편함과 추가비용이 발생할 수 있습니다.] 체크

❸ [납부금액] 칸에 '3,000'이라고 입력

※ [수수료액표(바로가기)]를 클릭해서 납부금액을 확인해볼 수 있다.

❹ [저장 후 결제] 클릭

[수수료액표(바로가기)]를 클릭하면 나타나는 화면

등기의 목적별 부동산등기신청수수료액표

등기의 목적		수수료		
		서면방문 신청	전자표준 양식신청	전자신청
1. 소유권보존등기		15,000원	13,000원	10,000원
2. 소유권이전등기		15,000원	13,000원	10,000원
3. 소유권 이외의 권리설정 및 이전등기		15,000원	13,000원	10,000원
4. 가등기 및 가등기의 이전등기		15,000원	13,000원	10,000원
5. 변경 및 경정등기 (다만,착 오 또는 유루 발견을 원인으 로 하는 경정 등기 신청의 경 우는 수수료 없음)	가. 등기명의인 표시	3,000원	2,000원	1,000원
	나. 각종권리	3,000원	2,000원	1,000원
	다. 부동산표시	없음	없음	없음
6. 분할·구분·합병등기		없음	없음	없음
7. 멸실등기		없음	없음	없음
8. 말소등기		3,000원	2,000원	1,000원
9. 말소회복등기		3,000원	-	-
10. 멸실회복등기		없음	-	-
11. 가압류·가처분등기		3,000원	-	-

등기신청수수료 등 전자납부 영수필확인서 (법원제출용)

등 기 소 명	인천지방법원 등기국		관 서 계 좌	115335
납 부 금 액	3,000원	❶	납 부 번 호	23-00-■■■■■
납부의무자(납부인) 성명	양진노		(주민)등록번호	■■■■-*******
결 제 유 형	신용카드			

위와 같이 등기신청수수료를 전자납부 방식으로 영수하였음을 확인합니다.

2023.12.08. [18:25:38]

대한민국 법원 인터넷등기소 (1544-0770)

이 영수필확인서는 2023년 12월 22일까지 사용할 수 있습니다.

- - - - - - - - - - - - - - 절 취 선 - - - - - - - - - - - - - -

등기신청수수료 등 전자납부 납부내역서 (납부자보관용)

등 기 소 명	인천지방법원 등기국		관 서 계 좌	115335
납 부 금 액	3,000원	❶	납 부 번 호	23-0■■■■■
납부의무자(납부인) 성명	양진노		(주민)등록번호	■■■■-*******
결 제 유 형	신용카드			

위와 같이 등기신청수수료가 전자납부 방식으로 납부되었음을 확인합니다.

2023.12.08. [18:25:38]

대한민국 법원 인터넷등기소 (1544-0770)

❶ 납부내역서의 납부번호 확인

    등기신청수수료의 결제까지 진행되면 납부내역서를 확인할 수 있다. 텍스트 문서를 열어서 등기신청수수료 납부내역서에 나와 있는 납부번호를 적어놓는다.

◪ 등기촉탁수수료 입력

> ▸ 2014. 8. 31. 이전에 현금납부한 경우에는 기본정보 입력 및 현금영수필통지서를 첨부서류로 제출하시기 바랍니다. 그 이후 현금납부 및 전자납부의 경우에는 '납부확인'으로 가져온 연계정보를 제출합니다.
>
> ▸ '대한민국 인터넷등기소'에서 전자적인 방법으로 납부한 것을 '전자'로, 법원행정처장이 지정하는 수납금융기관에 납부한 것을 '현금'으로 각 구분합니다.

▸ 전자소송 사이트에 로그인한 후 [등기촉탁수수료 기본정보] 클릭

❶ [납부구분]: '전자' 선택

❷ [납부번호]: 등기신청수수료 납부내역서에 나와 있는 납부번호 입력

❸ [납부확인] 클릭

❹ [납부금액], [납부자명], [납부일자]가 자동으로 입력됨

❺ [저장] 클릭

▶ 채권자와 채무자 정보 입력

❶ [당사자목록] 화면에서 [당사자입력] 클릭

❷ [채권자] 체크 후 [내정보 가져오기] 클릭

❸ 주민등록번호부터 이메일까지 자동으로 입력됨

❹ [저장] 클릭

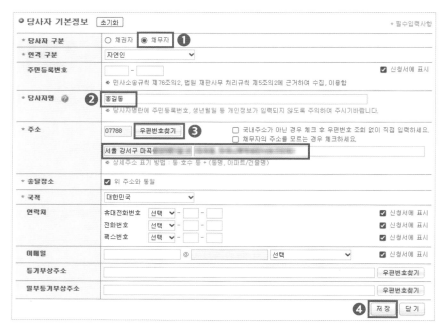

❶ [채무자] 체크

❷ [당사자명]: 공유자의 이름 입력

❸ [주소]: [우편번호찾기]를 클릭한 후 등기부등본에 나와 있는 공유자의 주소 입력

❹ [저장] 클릭

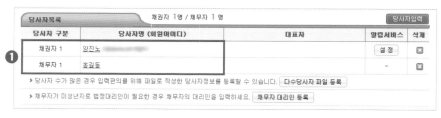

❶ [당사자목록]에 채권자 1, 채무자 1이 잘 입력됐는지 확인

❶ * 신청취지

작성 예시   (0 / 4000 Bytes)

신청취지별지 첨부하기

* 첨부가능한 파일 형식 : HWP, DOC, DOCX, PDF, TXT, BMP, JPG, JPEG, GIF, TIF, TIFF, PNG (PDF파일로 자동변환, 20MB까지 첨부가능)

* 신청이유

◉직접입력 작성 예시   (0 / 4000 Bytes)

◯ 내용파일첨부

첨부하기

* 첨부가능한 파일 형식 : HWP, DOC, DOCX, PDF, TXT, BMP, JPG, JPEG, GIF, TIF, TIFF, PNG (PDF파일로 자동변환, 20MB까지 첨부가능)

신청이유는 신청취지를 뒷받침하는 주장사실만을 기재하여 작성하시고, 신청이유 이외 다른 기재내용은 첨부되지 않도록 하여 주시기 바랍니다.

❶ [신청취지]와 [신청이유] 작성

▶ 아래 예시를 해당 란에 나누어 쓰면 된다.

부동산처분금지가처분신청서 예시

부동산처분금지가처분신청서

신 청 취 지

별지목록1 기재 부동산 중 별지목록2 기재의 채무자의 공유지분에 관하여 매매, 증여, 양도, 저당권, 전세권, 임차권의 설정 등 기타 일체의 처분 행위를 하여서는 아니된다. 라는 결정을 구합니다.

신 청 이 유

1. 당사자 지위

   가. 채권자는 별지목록1 기재 부동산(이하 '이 사건 부동산')을 인천지방법원에서 실시한 경매 절차(경매사건번호: 1234타경1234)에 입찰하여 매각결정을 받아 법적 진행 절차에 따라 잔금을 납부하고 소유권이전을 완료하였습니다.

나. 채무자 홍길동은 4분의 3 공유지분을 가지고 있는 공유자입니다.

    1. 양쌤(채권자) 지분비율 4분의 1

    2. 홍길동(채무자) 지분비율 4분의 3

2. 피보전권리 및 채권자의 공유물분할청구소송에 따른 이 건 가처분의 필요성

가. 채권자는 상기와 같이 이 사건 부동산의 일부 지분을 취득한 후 이 사건 채무자에게 공유지분관계를 해소하고자 지분의 매매 등 두 가지 방안을 제시하였으나 이를 거절하였고, 위 채권자와 채무자가 각 공유지분 4분의 1, 4분의 3을 소유하다 보니 정상적인 매매나 사용, 담보, 수익 창출 등의 행위가 매우 곤란한 상황입니다.

나. 사정이 이와 같은바, 이 사건 채무자와의 협의를 통한 공유물분할은 불가능할 것으로 판단되며 결국 채권자는 채무자에 대한 공유물분할청구소송을 통하여 이 문제를 해결하고자 귀원에 공유물분할청구의 소를 준비 중입니다.

다. 민법 제266조 제1항 및 제269조 제1항에 의하면 분할의 방법에 관하여 협의가 성립되지 아니하고 공유자 간 5년 내의 기간으로 분할하지 아니할 것을 약정하지 아니한 경우에는 공유자는 공유물의 분할을 청구할 수 있다라고 규정하고 있으며, 이에 따라 채권자는 공유물분할청구의 소를 준비 중입니다.

3. 보전의 필요성

채권자는 공유물분할청구 소에서 현물분할 또는 대금분할 판결이 선고, 확정되더라도 채무자가 소송지연 및 소의 회피 목적으로 변론종결 전에 이 사건 부동산에 제3자 및 가족 간에 매매, 증여, 양도, 저당권, 전세권, 임차권의 설정 기타 일체의 제한물건을 설정할 경우, 집행을 하지 못하거나 제한물권으로 인하여 경매 진행 과정에서 매각대금이 낮아져 자신의 지분에 사용하는 금액을 환가, 배당받지 못하는 경우가 발생할 위험이 있어 보전의 필요성이 있다고 할 것입니다.

4. 결어

이에, 채권자는 채무자를 상대로 공유물분할소송을 준비 중인바, 본안 소송은 오랜 시일이 걸릴 뿐만 아니라 그동안 채무자가 이 사건 부동산에 관하여 자신의 지분을 타에 처분할 우려가 있고 또한 사해행위를 통하여 가등기, 저당권 등을 경료할 우려가 있는바, 채권자로서는 후일 본안소송에서 공유물분할 판결을 받게 되더라도 그 목적을 달성할 수 없게 되므로 그 집행을 보전하기 위하여 본 신청에 이르게 되었으니, 부디 채권자의 가처분 신청을 인용하여 주시기를 간곡히 부탁드립니다.

5. 담보제공

한편, 채권자와 채무자 간 공유물분할에 따른 가처분 내지 본안소송으로 채무자가 실질적으로 얻게 될지도 모르는 손해는 거의 없다고 할 것이므로 이 사건 가처분신청에 대한 담보제공은 민사집행법 제19조 제3항, 민사소송법 제122조에 의하여 보증보험주식회사와 지급보증위탁계약을 맺은 문서를 제출하는 방법으로 담보제공을 할 수 있도록 허가하여 주시기 바랍니다.

예시의 문구를 그대로 활용하면 된다. 신청이유에 작성되어 있는 당사자의 지위에서 경매인지 공매인지만 구분해서 작성하고, 채권자와 채무자의 이름과 지분비율을 수정하면 된다.

부동산처분금지가처분도 실제 서울 쪽 법무사에게 위임하려고 한다면 수임료가 최소 50만 원에서 80만 원 정도 들 수 있다. 아니면 부동산처분금지가처분은 비용이 적다 보니, 다른 법무사를 알아보라고 하면서 회피하기도 한다. 그러나 우리에겐 이미 모범답안이 있으니 더는 법률 전문가의 조력을 받지 않아도 된다. 이 모범답안을 사용할 때마다 80만 원을 아끼는 셈이다.

4

전자소송용 등기 발급받고
목적물 입력하기

다음 절차는 목적물 입력이다. 목적물을 입력하기 위해서는 인터넷등기소 사이트에서 낙찰받은 물건에 대한 전자소송용 등기를 먼저 발급해야 한다. 전자소송용 등기를 발급하는 절차를 알아보자.

▶ 전자소송용 등기 발급

▶ 인터넷등기소 사이트 로그인
❶ [등기열람/발급] 클릭
❷ [전자발급하기(전송)] 클릭

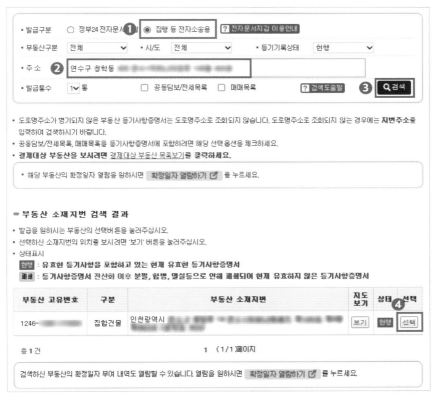

❶ [발급구분]: [집행 등 전자소송용] 클릭

❷ [주소]: 해당 부동산의 주소 작성

❸ [검색] 클릭

❹ [선택] 클릭

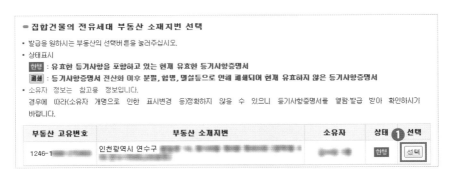

❶ [선택] 클릭

❶ [다음] 클릭

❶ [다음] 클릭

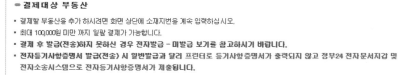

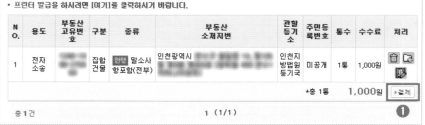

❶ [결제] 클릭

❶ [카드 종류]: 결제할 카드 선택

❷ [전체동의] 클릭

❸ [결제] 클릭

▶ 결제를 완료하면 발급 화면으로 이동한다.

(정부24 전자문서지갑 및 민사집행, 비송, 보전처분 전자소송)
결제가 완료되어 발급(전송) 가능한 부동산 목록입니다.

- 미발급 내역은 결제 후 3개월 경과시 삭제됩니다.
- 인터넷으로 등기사항증명서 전부/일부를 발급받는 과정에서 위/변조하는 행위는 형법 제225조(공문서 등의 위조/변조) 또는 제227조의 2(공전자기록 위작/변작)의 규정에 따라 10년 이하의 징역을 받을 수 있습니다.
- 전자등기사항증명서 발급(전송) 시 일반발급과 달리 서면으로 등기사항증명서가 출력되지 않고 정부24 전자문서지갑 및 전자소송시스템으로 전자등기사항증명서가 제출됩니다.
- 전자등기사항증명서로 발급(전송)한 등기사항증명서는 정부24 전자문서지갑 및 전자소송시스템에서 확인하는 시점이 아닌 인터넷등기소에서 발급(전송)한 시점의 등기사항증명서가 제출됩니다.

N O.	결제일시	발급(전송) 가능일시	부동산 고유번호	부동산 소재지번	(주민) 등록번호	발급 (전송)	소재지번 수정	결제취소 /확인서
1	2023-12-08 21:25	2024-03-08 21:25	1	전부 현행 [집합건물] 인천광역시	미공개 변경	전자 소송 발급 ❶	수정	가능 확인서

총 1건   1 (1/1)

❶ [발급] 클릭

www.iros.go.kr 내용:

전자제출용 발급 시 전자소송 회원ID를 입력하시겠습니까?

확인 버튼 클릭 시 전자소송 회원ID를 입력할 수 있는 화면이 보여지며,

취소 버튼 클릭 시 전자소송 회원ID 입력없이 전자제출이 가능합니다.

❶ 확인   취소

❶ [확인] 클릭

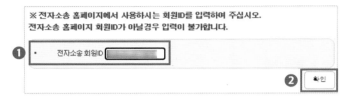

※ 전자소송 홈페이지에서 사용하시는 회원ID를 입력하여 주십시오.
전자소송 홈페이지 회원ID가 아닐경우 입력이 불가합니다.

❶ ▪ 전자소송 회원ID [   ]

❷ 확인

❶ [전자소송 회원ID] 입력
❷ [확인] 클릭

입력하신 전자소송 회원ID가 전자소송시스템에 존재합니다.

▪ 확인버튼 클릭 시 입력하신 전자소송 회원ID와 함께 〈민사〉집행사건 등 전자소송용 발급이 이루어집니다.

❶ 확인

❶ [확인] 클릭
▶ [확인]을 누르면 해당 물건의 등기부등본이 전자소송 사이트로 전송된다.

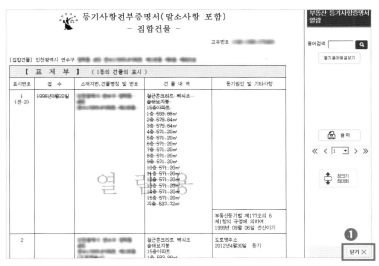

❶ 해당 물건 등기부등본 확인 후 [닫기] 클릭

▶ 목적물 입력

▶ 전자소송 사이트 로그인

❶ [목적물] 화면에서 [발급내역] 클릭

❶ 해당 부동산의 소재지번 확인 후 체크박스 클릭

❷ [저장] 클릭

❶ [목적물]에 해당 부동산의 등기부등본이 저장됐는지 확인

❷ [부동산 종류]부터 [전유부분의 건물의표시]까지 내용이 채워져 있는지 확인

❸ [지분 또는 소유권이외의 권리 기재]에 소유자들의 지분비율 기입

❹ [다음] 클릭

❶ [파일첨부] 클릭

❷ 별지목록1, 2 첨부

❸ [등록] 클릭

별지목록1 예시

별지목록1

부동산 소재: 인천광역시 연수구 ○○○ ○○○○○○○○○○○○○○○○○

전유부분의 건물의 표시

건물의 번호: 제○층 제○○호

건물 내역: 철근콘크리트 벽식조 59.79m²

대지권의 목적인 토지의 표시

    토지의 표시: 1. 인천광역시 연수구 ○○○○○○ ○○○○○○

    대지권의 종류: 1. 소유권대지권

    대지권의 비율: 52053.2분의 40.074

별지목록2 예시

별지목록2

양쌤(채권자):   서울특별시 강서구(소유권 지분 1/4)

홍길동(채무자): 서울특별시 강서구 방화동(소유권 지분 3/4)

▶ 해당 부동산의 등기부등본을 근거로 별지목록1에는 부동산 소재지, 전유부분의 건물의 표시와 대지권의 목적인 토지의 표시를, 별지목록2에는 채권자와 채무자의 이름과 주소, 소유지분을 작성한다.

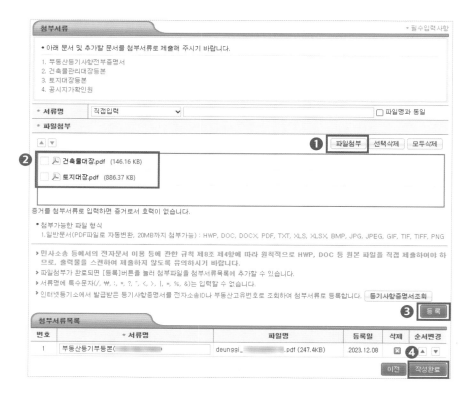

❶ [첨부서류]에서 [파일첨부] 클릭
❷ 해당 부동산의 건축물대장, 토지대장을 발급받아 PDF 파일로 만든 후 첨부
❸ [등록] 클릭
❹ [작성완료] 클릭

이로써 부동산처분금지가처분 신청까지 셀프로 완료했다.

▶ 부동산처분금지가처분 인용

부동산금지가처분신청이 인용되면 담보제공명령이 내려올 것이다. 담보제공명령과 관련해서는 SIG 서울보증보험에 전화해 안내에 따르면 지급보증위탁계약을 체결한 문서를 법원으로 제출해준다.

담보제공명령문

서 울 북 부 지 방 법 원
담 보 제 공 명 령

사 건   2019카단 ▨▨▨ 부동산처분금지가처분

채 권 자   (선정당사자)유근용 (▨▨▨▨▨▨▨▨)
서울 강서구 ▨▨▨▨▨▨▨▨▨▨▨▨▨▨

채 무 자   ▨▨▨
경기도 이천시 ▨▨▨▨▨▨▨
일부등기부상주소   경기도 이천시 ▨▨▨▨▨▨▨▨▨▨▨▨
▨▨▨▨▨

위 사건에 대하여 채권자에게 담보로 이 명령을 고지받은 날부터 7일 이내에 채무자를 위하여 금 10,000,000원을 공탁할 것을 명한다.
채권자는 위 금액을 보험금액으로 하는 지급보증위탁계약을 체결한 문서를 제출할 수 있다.

2019. 8. 20.

판 사   ▨▨▨

▶ 부동산처분금지가처분 결정

　담보제공명령까지 진행하고 나면, 5일 이내에 부동산처분금지가처분이 결정됐다는 결정문을 받을 수 있다.

부동산처분금지가처분 결정문

결　　정

사　　　건	2019카단〇〇〇〇	부동산처분금지가처분
채　권　자	(선정당사자)유근용 〇〇〇〇〇〇	
	서울 강서구 〇〇〇〇〇〇〇〇	
채　무　자	〇〇〇	
	경기도 이천시 〇〇〇〇〇	
	일부등기부상주소　　경기도 이천시 〇〇〇〇〇〇	

주　　문

채무자는 별지 기재 부동산에 대하여 매매, 증여, 전세권·저당권·임차권의 설정 기타 일체의 처분행위를 하여서는 아니된다.

피보전권리의 내용　공유물 분할을 원인으로 한 소유권이전등기청구권

이　　유

이 사건 부동산처분금지가처분 신청은 이유 있으므로 담보로 공탁보증보험증권(서울보증보험주식회사 증권번호 제 100〇〇〇〇〇〇〇〇〇)을 제출받고 주문과 같이 결정한다.

해당 부동산의 등기부등본을 발급해보면 부동산처분금지가처분의 내용이 기재되어 있는 것을 확인할 수 있다.

등기부등본에 기재된 부동산처분금지가처분 내용

10	~~지분가처분~~	2023년11월10일 제407128호	2023년11월10일 인천지방법원의 가처분결정(2023카단10~~~~)	피보전권리 소유권에 기한 공유물분할 청구권 채권자 ~~~~ ~~~~-******* 용인시 ~~~~ 금지사항 매매, 증여, 전세권, 저당권, 임차권의 설정 기타일체의 처분행위 금지

마침내 부동산처분금지가처분도 셀프로 완료한 것이다.

13장

법무사 없이
소유권이전 하는
셀프등기

1

취득세와 등록세
신고하고 납부하기

부동산을 낙찰받으면 잔금납부와 등기 절차를 진행해야 한다. 법무사에게 위임하지 않고 셀프등기를 하면 수수료를 아낄 수 있고, 부동산 경매 관련 서류들과 더 빠르게 친해질 수 있다. 셀프등기를 진행한 후 등기필증을 받았을 때, 그 벅찬 기쁨은 두고두고 잊지 못할 것이다.

▶ 취득세 신고서 작성

낙찰을 받고 나면 해당 물건에 대한 취득세 신고서를 작성해야 한다. 부동산을 취득했으니 지방세를 납부해야 하는 것이다. 취득세 신고서에는 예시의 사진처럼 낙찰자의 이름, 주소, 주민등록번호, 전화번호를 해당 칸에 기입하고 소재지에는 낙찰받은 물건의 주소를 기입한다. 취득물건에는 토지일 경우 토지, 아파트일 경우에는 아파트라고 적고 취득일에 잔금납부 날짜를 적는다. 면적에는 낙찰받은 토지면적을 적는데, 잘 모르겠으면 경매지에 나와 있으니 참고하자.

취득 원인에는 '경락'이라고 적고 취득가액은 낙찰된 금액을 기입한다. 마지막으로 제출하는 날짜를 적고 신고인에 본인의 이름을 적고 서명한다.

취득세 신고서

■ 지방세법 시행규칙 [별지 제3호서식] 〈개정 2014.8.8〉

취득세 ([✓]기한 내 / [ ]기한 후) 신고서

(앞쪽)

관리번호			접수 일자			처리기간	즉시

신고인	취득자 (신고자)	성명(법인명) 양쌤			생년월일(법인등록번호) 123456-1234567	
		주소 서울시 강서구 마곡중앙로			전화번호 010-1234-1234	
	전 소유자	성명(법인명)			생년월일(법인등록번호)	
		주소			전화번호	

매도자와의 관계	□ 배우자 또는 직계존비속 ✓기타

취 득 물 건 내 역

소재지	토지 : 경상북도 의성군 123 〈5분의1 지분을 취득〉					
취득물건	취득일	면적	종류(지목/차종)	용도	취득 원인	취득가액
토지	23.7.20	98.6m2			경락	34,100,000

세목		과세표준액	세율	① 산출 세액	② 감면 세액	③ 기납부 세 액	가산세			신고세액 합 계 (①-②-③+④)
							신 고 불성실	납 부 불성실	계 ④	
합계										
취득세 등	취득세 신고세액		%							
	지방교육세 신고세액		%							
	농어촌 특별세 신고세액 (취득세)	부과분		%						
		감면분		%						

「지방세법」 제20조제1항, 제152조제1항, 같은 법 시행령 제33조제1항, 「농어촌특별세법」 제7조에 따라 위와 같이 신고합니다.

	2023 년 11 월 18 일		접수(영수)일자 (인)
		신고인	양쌤 (서명 또는 인)
		대리인	(서명 또는 인)

시장·군수·구청장 귀하

▶ 등록면허세 신고서 작성

이제 낙찰받은 물건에 대한 등록면허세 신고서를 작성해보자. 등록면허세는 낙찰받은 부동산의 등기부등본에 있는 권리들의 취득, 이전, 변경, 소멸에 관한 사항에 대해서 등기 또는 등록을 함으로써 납부하는 세금이다. 등록세 신고서를 작성하는 방법도 어렵지 않다. 예시의 사진처럼 낙찰자의 성명, 주민등록번호, 주소, 전화번호, 물건 소재지를 해당 칸에 기입한다. 그리고 경매지 또는 등기부등본에서 말소 건수를 확인해 몇 건인지 써넣는다.

등록면허세 신고서

■ 지방세법 시행규칙[별지 제9호서식] <개정 2011.12.31>

(앞 쪽)

등록에 대한 등록면허세 신고서

[기한 내 신고(☑) 기한 후 신고( )]

접수번호		접수일자			관리번호	

신고인	① 성 명 (법인명)	② 주민(법인)등록번호	③ 주소(영업소)	④ 전화번호
	양쌤	123456-1234567	서울시 강서구 마곡중앙로	010-1234-1234

등기 · 등록물건 내역

⑤ 소 재 지	경상북도 의성군 123 <5분의1 지분을 취득>			
⑥ 물 건 명	⑦ 등기 · 등록종류	⑧ 등기 · 등록원인		⑨ 등기 · 등록가액
	말소등기	말소 x (3)건		

납부할 세액

세 목	⑩ 과세 표준	⑪ 세 율	⑫ 산출 세액	⑬ 감면 세액	기납부세 액	가산세			신고세액 합 계 ⑫-⑬-⑭-⑮
						⑭ 신고 불성실	납부 불성실	⑮ 계	
합 계									
등록면허세		%							
지방교육세		%							
농어촌특별세		%							

※ 구비서류	1. 등록가액 등을 증명할 수 있는 서류(전세계약서 등) 사본 각 1부 2. 감면 신청서 1부 3. 비과세 확인서 1부 4. 기납부세액 영수증 사본 1부 5. 위임장 1부(대리인만 해당됩니다)

「지방세법」 제30조 및 같은 법 시행령 제48조제3항에 따라 위와 같이 신고합니다.

접수(영수)일자인

2023년 11 월 18 일

신고인 양쌤 (서명 또는 인)
대리인 (서명 또는 인)

시장 · 군수 · 구청장 귀하

마지막으로 제출하는 날짜를 기입하고 신고인에 본인의 이름을 적고 서명한다.

말소 건수 확인하는 방법

▪ 등기부현황 (채권액합계 : 43,284,442원)

No	접수	권리종류	권리자	채권금액	비고	소멸여부
1(갑3)	2019.10.07	소유권이전(상속)	이은▨▨		▨▨▨▨▨▨	
2(갑4)	2022.04.29	이▨▨지분가압류	(주)우▨▨▨	43,284,442원	말소기준등기 2022카단▨▨▨	소멸
3(갑6)	2023.06.29	이▨▨지분강제경매	(주)우▨▨▨ (채권▨▨)	청구금액: 53,439,802원	2023타경▨▨▨ , 주식회 사우리카드 가압류의 본 압류로의 이행	소멸
4(갑7)	2023.10.10	이▨▨지분압류	청▨▨			소멸

예를 들어 경매지의 등기부현황을 보면 2022. 04. 29에 접수된 이〇〇 지분가압류 권리가 '말소기준등기'라고 작성되어 있다. 그렇다면 이〇〇의 지분을 낙찰받을 경우 말소기준등기를 포함해 그 이후인 2023. 06. 29에 접수된 이〇〇의 지분강제경매 권리도 소멸하고, 2023. 10. 10에 접수된 이〇〇 지분압류 권리도 모두 소멸 대상이 된다. 즉 말소기준권리를 포함한 하위 권리는 모두 소멸이다. 따라서 소멸 건수(말소 건수)가 세 건임을 확인할 수 있다.

2. 소유지분을 제외한 소유권에 관한 사항 (갑구)

순위번호	등기목적	접수정보	주요등기사항	대상소유자
4	가압류	2022년4월29일 제6428호	청구금액 금43,284,442 원 채권자 주식회사▨▨▨▨▨	이▨▨
6	강제경매개시결정	2023년6월29일 제9524호	채권자 주식회사▨▨▨▨▨	이▨▨
7	압류	2023년10월10일 제14699호	권리자 ▨▨▨▨▨	이▨▨

말소 건수를 조금 더 정확히 확인하는 방법은 등기부등본을 보는 것이다. 최종요약본을 보면 경매지와 동일하게 말소 건수가 세 건임이 확인된다.

이제 낙찰받은 부동산 소재지의 관할 지자체 부동산 취득세과에 전화할 차례다. 담당 주무관이 전화를 받으면, 부득이하게 취득세와 등록세 신고서를 팩스로 보내드릴 테니 위택스에서 납부할 수 있도록 전산 입력을 해달라고 이야기하자. 취득세 신고서와 등록세 신고서, 매각대금완납증명원, 매각허가결정문을 팩스로 보내고 사본도 우편등기로 빠르게 보내겠다고 알린다. 더불어

이 네 가지 서류를 보낼 팩스번호와 주소까지 확보하자.

관할 지자체 취득세과 전화번호를 알아내는 건 어렵지 않다. 지역이 어디든 시청 홈페이지에 접속하면 메인 화면 맨 하단에 대표번호가 있으니, 이곳에 전화해서 부동산 취득세과로 연결해달라고 하면 된다.

> **실전Tip**
>
> 낙찰받은 부동산의 주소지가 서울일 경우에는 취득세, 등록세를 이택스 홈페이지(etax.seoul.go.kr)에서 납부하고 그 외 모든 지역은 위택스 홈페이지에서 납부한다. 앞서의 네 가지 서류를 해당 지자체 취득세과에 보내고 20분 정도만 기다리면 전산 입력이 완료돼 위택스 홈페이지에 목록으로 뜬다. 그러면 집에서 편하게 취득세, 등록세를 납부할 수 있다. 전산 입력이 지연된다면 취득세과 담당 주무관에게 전화하여 다시 한번 확인하는 것이 좋다.

▶ 위택스에서 취득세와 등록세 납부

▶ 위택스 로그인
❶ [납부] 클릭
❷ [납부대상 확인] 클릭

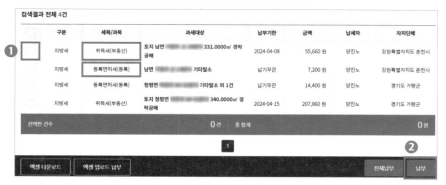

▶ 취득세(부동산)과 등록면허세(등록)라고 세목이 표시되어 있다.

❶ [취득세(부동산)]을 체크(등록면허세를 납부할 경우는 [등록면허세(등록)]을 체크)

❷ [납부] 클릭

회원납부 또는 **타인납부**를 선택하세요.

회원납부 선택시에는 가입된 회원의 계좌 혹은 카드로만 납부 가능하며,
타인 명의의 카드나 계좌로 납부를 하시려면 타인납부를 선택해서
납부하시기 바랍니다.

금융결제원 인터넷지로 사이트로 연결되어 결제가 진행됩니다.

타인납부 　　 회원납부 ❶

❶ [회원 납부] 클릭

wetax 위택스 인터넷 납부

약관동의 　　　　　　　　　　　　　　　　　　　　❶ ❷ ❸ ❹

❶ ✔ 전체동의
　 ✔ 결제 서비스 이용약관 　　　　　　　　　　　　　상세보기
　 ✔ 개인(신용)정보 제3자 제공 동의 　　　　　　　　상세보기
　 ✔ 고유식별정보 수집 및 이용 동의 　　　　　　　　상세보기
　 ✔ 개인(신용)정보수집 및 이용 동의 　　　　　　　　상세보기

납부자 정보 확인(개인)

납부자명	양진노
주민(외국인)등록번호	＊＊＊＊＊＊＊
연락처 ❷	010 ‑ 9 ‑

❸ 다음

❶ [약관동의] 모두 체크

❷ 전화번호 입력

❸ [다음] 클릭

wetax 위택스 인터넷 납부

납부대상

납세의무자	양*노		
대상 건수	1건	총 납부 금액	55,660원

결제수단

계좌이체	신용카드	간편결제

광주은행카드(무)　전북은행카드(무)　씨티카드　비씨카드(우리/수협 포함)　KB국민카드

하나카드(구 외환 포함)　삼성카드　신한카드(일반결제/앱카드)　현대카드(일반결제/앱카드)　NH카드(무)

롯데카드

이전　**①** 다음

▶ 원하는 결제수단을 선택한 후

❶ [다음] 클릭 후 결제

납부결과

❶ · 납부결과 : 정상납부
· 납부된 요금은 해당 기관의 요청에 따라 취소가 허용되지 않습니다.
  잘못 납부하셨거나 이중출금 등이 발생된 경우 해당 기관을 통해 환급받으시기 바랍니다.
· 납부내역은 납부영수증 보관함에 보관되며, 위택스 납부결과 메뉴에서 확인 가능합니다.
· 납부완료 후 위택스 수납처리까지는 네트워크 상황에 따라 시간이 걸릴 수 있습니다.

❶ [납부결과] 확인

　[납부결과] 화면 최상단에 '납부 결과 : 정상납부'라고 표시되어 있다면 취득세

가 정상적으로 납부된 것이다.

등록세 납부 방법과 절차도 이와 같다. 앞으로 돌아가 [등록면허세(등록)]를 체크한 뒤 [납부]를 클릭하고 카드 결제를 하면 된다.

▶ 납부 결과 확인

❶ 위택스 메인 화면으로 돌아와 [발급] 클릭
❷ [문서발급 안내 및 발급] 클릭

지방세 납부확인서	세외수입 납부확인서	지방세 납세증명서
서비스 대상 : 본인 또는 대리인 처리기간 : 즉시	서비스 대상 : 본인 또는 대리인 처리기간 : 즉시	서비스 대상 : 본인 또는 대리인 처리기간 : 즉시
지방세 과세내역에 대한 납부실적을 증명합니다.	세외수입 부과내역에 대한 납부실적을 증명합니다.	발급일 현재, 지방세 체납액이 없다는 것을 증명합니다.
❶ ☑ 신청하기	☑ 신청하기	☑ 신청하기

❶ [지방세 납부확인서] 메뉴에 있는 [신청하기] 클릭

❶ 전화번호는 휴대전화번호와 동일하게 입력하고 이메일주소도 입력
▶ 나머지는 자동으로 입력되어 있다.

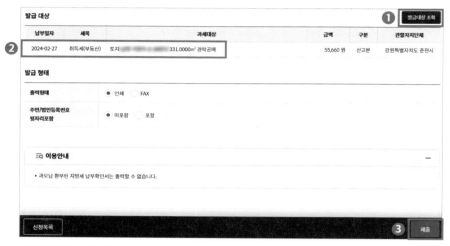

❶ [발급대상 조회] 클릭
❷ 취득세를 납부했던 해당 물건지 클릭
❸ [제출] 클릭

❶ [출력] 클릭

　　이처럼 이제는 세금 신고와 납부, 확인서 발급까지 모두 집에서 할 수 있는 세상이다. 편리할 뿐만 아니라 시간과 돈을 절약해주니 적극 활용하는 게 좋지 않을까?

발급된 취득세 납부확인서

취득세(등록면허세) 납부확인서

납세번호	기관	검	회계	과목	세목	과세연도	월	구분	읍·면·동	과세번호	검
	110	4									

전자납부번호　51110-

성명(법인명) : 양진노　　　　　　　　　주민(법인·외국인)등록번호 : 　　　-*******

주소(영업소) :

등기(등록) 원인 : 경락

등기(등록) 물건 : 토지 남면 가　　　　331.0000㎡ 경락공매

과세표준 : 1,210,000 원　　　　　　　　시가표준액 : 913,560 원

세 목	지방세	가산금	납 부 일
취득세(부동산)	48,400 원	0 원	
지방교육세	4,840 원	0 원	2024년 02월 27일
농특세	2,420 원	0 원	
계	55,660 원	0 원	

위 금액의 납부를 확인합니다.

2024년 02월 27일

춘 천 시 장 [춘천시장인]

발급된 등록세 납부확인서

취득세(등록면허세) 납부확인서

납세번호	기관	검	회계	과목	세목	과세연도	월	구분	읍·면·동	과세번호	검
	150	5	30								

전자납부번호　41150-1-

성명(법인명):　　　　　　　　　　　　주민(법인 · 외국인)등록번호:　　　-*******

주소(영업소):　　서울특별시

등기(등록) 원인:　말소등기

등기(등록) 물건:　용현동　　　　　　　　말소등기 외 6건

과세표준:　　　　　　　　0원　　　시가표준액:　　　　　　0원

세목	지방세	가산금	납 부 일
등록 면허세	42,000 원	0 원	
지방 교육세	8,400 원	0 원	2023년 06월 15일
농어촌특별세	0 원	0 원	
계	50,400 원	0 원	

위 금액의 납부를 확인합니다.

2024 년 01 월 08 일

의 정 부 시 장

실전Tip

아파트·빌라·주택을 낙찰받으면 지자체 취득세과에서 주택취득상세명세서, 가족관계증명서(상세), 낙찰자의 주민등록등본까지 추가로 요청할 것이다. 담당 주무관과 미리 통화하여 필요한 서류가 무엇인지 한 번 더 확인하고 팩스를 보내는 것이 시행착오를 줄이는 방법이다.

- 해당 지자체 취득세과에 팩스와 우편등기로 보내야 하는 서류
  - 취득세 신고서(사본)
  - 등록면허세 신고서(사본)
  - 주택취득상세명세서(사본)(주택취득 시 필요)
  - 주민등록등본(주택취득 시 필요)
  - 가족관계증명서(상세)(주택취득 시 필요)
  - 매각대금완납증명원(사본)
  - 매각허가결정문(사본)

국민주택채권
매입해야 하는 경우

소유권이전등기를 할 때 주택은 시가표준액이 2,000만 원 이상이면 국민주택
채권을 매입해야 하고, 토지는 시가표준액이 500만 원 이상이면 매입해야 한
다. 매입기준은 다음 표와 같다.

◇ 국민주택채권의 매입기준

등기 종류	건물 형태	시가표준액	지역	매입률
소유권이전등기	주택	시가표준액 2천만원 이상 5천만원 미만	서울특별시, 광역시	시가표준액의 13/1,000
			기타 지역	시가표준액의 13/1,000
		시가표준액 5천만원 이상 1억원 미만	서울특별시, 광역시	시가표준액의 19/1,000
			기타 지역	시가표준액의 14/1,000
		시가표준액 1억원 이상 1억6천만원 미만	서울특별시, 광역시	시가표준액의 21/1,000
			기타 지역	시가표준액의 16/1,000
		시가표준액 1억6천만원 이상 2억6천만원 미만	서울특별시, 광역시	시가표준액의 23/1,000
			기타 지역	시가표준액의 18/1,000
	토지	시가표준액 5백만원 이상 5천만원 미만	서울특별시, 광역시	시가표준액의 25/1,000
			기타 지역	시가표준액의 20/1,000
		시가표준액 5천만원 이상 1억원 미만	서울특별시, 광역시	시가표준액의 40/1,000
			기타 지역	시가표준액의 35/1,000
		시가표준액 1억원 이상	서울특별시, 광역시	시가표준액의 50/1,000
			기타 지역	시가표준액의 45/1,000

낙찰받은 주택(아파트·빌라)이나 토지의 시가표준액을 어떻게 알 수 있을까?

취득세 납부확인서

취득세(등록면허세) 납부확인서

납세번호	기관	검	회계	과목	세목	과세연도	월	구분	읍·면·동	과세번호	검
	150	5	30	101	501						

전자납부번호 41150-1-30-

성명(법인명):

주민(법인·외국인)등록번호: ____ -*******

주소(영업소): 서울특별시

등기(등록) 원인: 경락(기타)

등기(등록) 물건: 토지+건물 음현동

과세표준: 157,708,210원   시가표준액: 103,000,000원

세목	지방세	가산금	납 부 일
취득세	1,577,080 원	0 원	
지방 교육세	157,700 원	0 원	2023년 06월 15일
농어촌특별세	0 원	0 원	
계	1,734,780 원	0 원	

위 금액의 납부를 확인합니다.

2024 년 01 월 08 일

의 정 부 시 장

취득세 납부확인서를 보면 낙찰받은 부동산에 대한 시가표준액이 작성되어 있다. 이 금액을 근거로 국민주택채권의 매입 여부를 판단한다. 예시의 사진을 보면 낙찰받은 부동산이 아파트이고 시가표준액 1억 300만 원으로, 2,000만 원 이상이기 때문에 국민주택채권을 매입해야 한다.

▶ 국민주택채권 매입

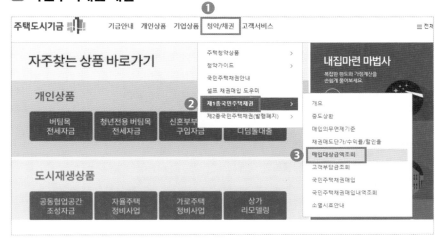

▶ 주택도시기금 사이트(nhuf.molit.go.kr) 접속
① [청약/채권] 클릭
② [제1종국민주택채권] 클릭
③ [매입대상금액조회] 클릭

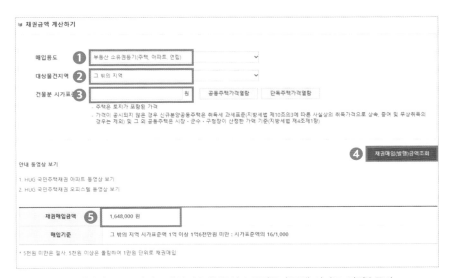

① [매입용도]: 낙찰받은 부동산이 주택일 경우 [부동산 소유권등기(주택, 아파트, 연립)] 클릭
② [대상물건지역]: 대상 물건지에 따라 '서울특별시 및 광역시'와 '그 밖의 지역' 중 선택해 클릭
③ [건물분 시가표준액]: 취득세 납부확인서상 금액 입력

❹ [채권매입(발행)금액조회] 클릭
❺ 채권매입금액이 자동으로 제시됨

> **실전Tip**
>
> 앞의 예시에서는 채권매입금액이 164만 8,000원이라고 나와 있다. 그러나 5,000원 미만은
> 절사하고 5,000원 이상은 올림하여 1만 원 단위로 매입하는 것이 기준이다. 천의 자리가 '8'이
> 기 때문에 5,000원 이상은 올림하여 165만 원이 채권매입금액이 된다.

❶ [고객부담금조회] 화면에서 [발행금액]에 '1,650,000' 입력
❷ 개인으로 낙찰받았을 경우 [개인과세] 클릭
❸ [조회] 클릭
❹ [즉시매도시 본인부담금] 확인

  [즉시매도시 본인부담금]에 184,905원이 표시된 것을 확인할 수 있다. 이 금액
이 낙찰자가 국민주택채권을 매입한 후 즉시매도하기 위해 인터넷뱅킹을 통
해 실제로 납부해야 하는 금액이다.

▶ 국민주택채권 매입 후 즉시매도

직접 은행을 방문하지 않고 인터넷뱅킹으로 국민주택채권매입 후 즉시매도하는 절차는 우리은행, 국민은행, 농협, 신한은행, 하나은행, 대구은행, 부산은행 등 일곱 개의 은행에서 가능하다. 그중에서 농협과 KB국민은행이 매우 쉽게 되어 있다. KB국민은행을 예로 들어 절차를 살펴보면 다음과 같다.

▶ 국민은행 인터넷뱅킹 사이트 로그인
❶ 전체서비스 클릭
❷ [특화서비스] 메뉴에서 [국민주택채권] 클릭

❶ [국민주택채권 매입하기] 클릭

제1종 국민주택채권매입 영수증   ※ KB국민은행

· 채권기본정보

채권발행번호	0219-██-████-███	매입고객명	███
주민/사업자번호	█████-*******	매입목적	부동산등기(소유권보존및이전)
징구기관	02	징구기관명	법원등기소
과세구분	개인과세	담당자명	인터넷뱅킹
채권상태	사용완료		

· 채권 매매정보

채권매입금액 (A)	1,650,000 원	증권사매도금액 (B)	1,450,350 원
매도대행수수료 (C)	4,350 원	선급이자 (D)	880 원　(연 1.3%)
소득/법인세 (E)	120 원	매출일	2023.06.15
지방소득세 (F)	10 원	발행일	2023.06.30

· 출금정보

고객부담률	12.318%
본인부담금	203,250 원

「주택도시기금법 시행규칙」제2조 제1항에 따라 위와 같이 제1종 국민주택채권 매입을 신청합니다.

매출기관 :　**국 민 은 행**　(☎ 1588-9999)

※ 본인부담금은 향후 양도소득세 계산 시 필요경비로 인정되니, 잘 보관하시기 바랍니다. (세법 개정에 따라 변경될 수 있습니다.)

❶ 인쇄

❶ [인쇄] 버튼을 눌러서 출력

3

등기신청수수료
납부하기

부동산의 소유권을 이전할 때 등기를 신청하는데, 등기 시 필요한 처리 비용을 사전에 납부해야 한다. 법원에 등기를 신청할 때 등기신청수수료 영수증을 첨부해야 하기 때문이다. 법원 내 은행을 방문하여 납부할 수도 있지만, 인터넷등기소에서 간편하게 처리하는 방법을 알아보자.

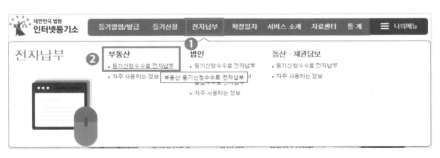

▶ 인터넷등기소 사이트 로그인
❶ [전자납부] 클릭
❷ [등기신청수수료 전자납부] 클릭

❶ [신규] 클릭

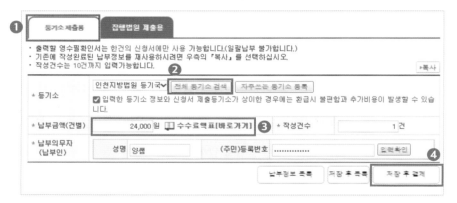

❶ [등기소 제출용] 클릭
❷ [전체 등기소 검색] 클릭 후 낙찰받은 물건의 관할등기소 선택
❸ [수수료액표(바로가기)] 클릭하여 금액 확인
❹ [저장 후 결제] 버튼 클릭

    예시에서는 납부금액이 2만 4,000원이라고 되어 있다. 이 금액의 산출 근거를 알아보자.

수수료액표

등기의 목적		수수료		
		서면방문 신청	전자표준 양식신청	전자신청
1. 소유권보존등기		15,000원	13,000원	10,000원
2. 소유권이전등기		15,000원	13,000원	10,000원
3. 소유권 이외의 권리설정 및 이전등기		15,000원	13,000원	10,000원
4. 가등기 및 가등기의 이전등기		15,000원	13,000원	10,000원
5. 변경 및 경정등기 (다만, 착오 또는 유루 발견을 원인으로 하는 경정 등기 신청의 경우는 수수료 없음)	가. 등기명의인 표시	3,000원	2,000원	1,000원
	나. 각종권리	3,000원	2,000원	1,000원
	다. 부동산표시	없음	없음	없음
6. 분할 · 구분 · 합병등기		없음	없음	없음
7. 멸실등기		없음	없음	없음
8. 말소등기		3,000원	2,000원	1,000원

예를 들어 토지를 낙찰받았을 경우 수수료액표를 보면 토지 1필지당 소유권이전등기를 진행하는 데 1만 5,000원의 비용이 들고, 말소등기는 한 건당 3,000원의 비용이 든다. 앞서 등록면허세 신고서를 작성할 때 말소 건수가 세 건임을 확인했으니 '3,000원 × 3건 = 9,000원'이다. 그래서 '1만 5,000원 + 9,000원 = 2만 4,000원'이 되는 것이다.

납부금액까지 모두 작성하고 저장한 후 결제까지 진행해 납부가 완료되면 영수필확인서를 출력할 수 있다. 이제 우리는 등기신청수수료 납부까지 완료한 것이다. 참고로 아파트나 빌라와 같은 집합건물은 한 건당 1만 5,000원의 비용이 든다. 단, 단독주택은 땅과 주택을 구분하기 때문에 두 건으로 간주돼 3만 원의 비용이 든다.

등기신청수수료 영수필확인서

인터넷등기소 등기신청수수료 등 전자납부 영수필확인서 (법원제출용)

등 기 소 명	수원지방법원 여주지원 등기계	관 서 계 좌	135726
납 부 금 액	18,000원	납 부 번 호	23-00-
납부의무자(납부인) 성명		(주민)등록번호	-*******
결 제 유 형	신용카드		

위와 같이 등기신청수수료를 전자납부 방식으로 영수하였음을 확인합니다.

2023.12.01. [15:21:39]

대한민국 법원 인터넷등기소 (1544-0770)

이 영수필확인서는 2023년 12월 15일까지 사용할 수 있습니다.

— — — — — — — — — — — — — 절 취 선 — — — — — — — — — — — — —

인터넷등기소 등기신청수수료 등 전자납부 납부내역서 (납부자보관용)

등 기 소 명	수원지방법원 여주지원 등기계	관 서 계 좌	135726
납 부 금 액	18,000원	납 부 번 호	23-00-
납부의무자(납부인) 성명		(주민)등록번호	-*******
결 제 유 형	신용카드		

위와 같이 등기신청수수료가 전자납부 방식으로 납부되었음을 확인합니다.

2023.12.01. [15:21:39]

대한민국 법원 인터넷등기소 (1544-0770)

예시의 사진을 보면 '이 영수필확인서는 2023년 12월 15일까지 사용할 수 있습니다'라고 적혀 있다. 말 그대로 그 날짜까지 등기국에 접수되지 않으면 결제한 등기신청수수료는 자동 환불된다. 자동 환불이 안 될 경우 인터넷등기소(1544-0770)로 전화하면 해결해준다.

드디어 마지막에 이르렀다. 부동산을 낙찰받은 후 취득세, 등록세, 국민주택채권매입(시가표준액 기준 확인 후 매입 여부 검토), 등기신청수수료까지 등록하고 납부하고 매입해야 할 모든 사항을 완료한 것이다.

4

셀프등기를 위한 서류
최종 점검하기

셀프등기를 위한 마지막 단계는 서류 최종 점검이다. 챙겨야 할 종류가 많으니 꼼꼼하게 살펴야 한다. 우선 부동산소유권이전등기 촉탁신청서✚를 양식에 맞춰서 작성한다. 사건번호, 채권자, 채무자, 매수인, 잔금납부 날짜, 제출하는 날짜, 낙찰자 이름, 서명, 연락처까지 작성하면 된다. 이와 함께 등기필증 우편송부 신청서, 부동산목록, 부동산등기사항전부증명서 등 첨부 서류를 제출한다.

✚ 촉탁신청서
집행법원에서 소유권이전등기를 등기소에 직권으로 촉탁하는 것을 말한다. 쉽게 말해 소유권이전등기를 진행하기 위해 등기소에 요청하는 것이다. 토지를 낙찰받았다면 첨부 서류 중 '건축물대장등본'은 제출하지 않아도 된다.

> **실전Tip**
> 부동산목록은 매각허가결정문, 매각대금완납증명원과 같이 첨부된다. 이를 네 장 복사하면 된다.

부동산소유권이전등기 촉탁신청서

사건번호 2022 타경 35○○ 부동산강제경매

채 권 자 주식회사 ○○저축은행

채 무 자 김○○

매 수 인 양진노 ○○

　위 사건에 관하여 매수인 양진노 ○○으로부터 매각허가결정을 받고 2024년 ○월 ○○일 대금 전액을 완납하였으므로 별지목록 기재 부동산에 대하여 소유권이전 및 말소등기를 촉탁하여 주시기 바랍니다.

첨부 서류

1. 부동산목록　　　　　　　　4통

1. 부동산등기사항전부증명서　1통

1. 토지대장등본　　　　　　　1통

1. 건축물대장등본　　　　　　1통

1. 주민등록초본　　　　　　　1통

1. 취득세 영수증(이전)

1. 등록면허세 영수증(말소)

1. 말소할 사항(말소할 각 등기를 특정할 수 있도록 접수일자와 접수번호) 4부

1. 국민주택채권(발행번호: 매입금액:)(해당사항 없음)

2024년　○월　○○일

신청인(매수인) 양진노(인)

연락처

등기필증 우편송부 신청서

사건번호: 2022 타경 16○ 부동산임의경매
부동산의 표시: 토지: 부산광역시 ○○○○ ○○○○ ○○○○○

　위 사건에 관하여 매수인은 소유권이전등기촉탁으로 인한 등기필증을 다음과 같이 우편송부하여 줄 것을 신청합니다.

1. 수령받을 매수인: ○○○ ○○○○○

※ 매수인 또는 수인의 매수인 중 1인이어야 합니다.
※ 수인의 매수인 중 1인을 수령인으로 지정할 경우에는 인감이 날인된 위임장을 함께 제출하여야 합니다.

2. 송달장소: 서울특별시 ○○구 ○○길 ○○

2024년 ○○월 ○○일

신청인(매수인): ○○○ ○○○○(인)

부산지방법원 ○○○○○○○○ 귀하

　등기필증 우편송부 신청서는 소유권이전등기에 관한 제반 서류가 등기국으로 도착한 후, 제반 서류에 미흡 사항이 없다면 낙찰자가 원하는 송달 장소로 등기필증을 보내달라고 요청하는 신청서다. 사건번호, 부동산의 표시, 수령받을 매수인(낙찰자 이름), 송달 장소(집 또는 회사 주소), 제출하는 날짜, 이름을 적고 서명한 후 출력한다.

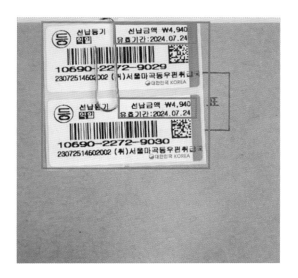

　마지막으로 대봉투 두 개를 준비하여 하나에는 소유권이전등기에 관한 제
반 서류를 모두 담는다. 그리고 다른 한 봉투(등기필증 회수용 봉투로 사용 예정)는
반으로 접고 선납등기 우표 두 장을 클립으로 꽂는다. 그런 다음 이를 제반 서
류를 담은 대봉투에 같이 넣어 낙찰받은 법원 경매계로 빠른등기로 보낸다.
우표 한 장은 경매계에서 등기국으로 보낼 때 사용하고 남은 한 장은 등기국
에서 낙찰자(나)에게 보낼 때 사용할 것이다. 경매계 주소는 경매지를 참고하
거나 경매계에 전화하여 알아낸다.

　소유권이전등기에 관한 제반 서류를 받은 경매계 담당자는 서류들을 확인
한 후 보정 사항이 있다면 낙찰자에게 전화를 하고, 보정 사항이 없다면 제반
서류를 등기국으로 보낸다. 등기국에서 서류들을 한 번 더 확인한 후 보정 사
항이 없다면 우편등기를 통해 등기필증을 보내줄 것이다. 이렇게 셀프등기를
통해 등기필증을 받을 수 있다.

셀프등기를 마치고 받은 등기필증

등기필정보 및 등기완료통지서

접수번호 : ████   촉탁관서 : 대구지방법원 경주지원

```
권   리   자 : 주식회사윤인베스트먼트
(주민)등록번호 : 1701██-████████
주        소 : 대구광역시 동구 안심로███ ██, ███-███(███
                ██████████)
부동산고유번호 : 1712-19██-██████
부 동 산 소 재 : [토지] 경상북도 경주시 ████ ████ ██

접 수 일 자 : 2023년 10월 5일   접 수 번 호 : ████
등 기 목 적 : 소유권이전
등기원인및일자 : 2023년08월21일 강제경매로 인한 매각(██████ ████)
```

부착기준선

← 회색부분을
떼어내세요

대법원

등기필정보 보안스티커

경 고

권리자 본인의 허락 없이 이 스티커를 떼어내거나
일련번호 또는 비밀번호를 알아낼 경우 관계 법령에
따라 민·형사상의 책임을 질 수 있습니다.

2023년 10월 5일

대구지방법원 경주지원 등기계
등기관

※ 등기필정보 사용방법 및 주의 사항

◆ 보안스티커 안에는 다음 번 등기신청 시에 필요한 일련번호와 50개의 비밀번호가 기재되어 있습니다.
◆ 등기신청 시 보안스티커를 떼어 내고 일련번호와 비밀번호 1개를 임의로 선택하여 해당 순번과 함께
  신청서에 기재하면 종래의 등기필증을 첨부한 것과 동일한 효력이 있으며, 등기필정보 및 등기완료
  통지서면 자체를 첨부하는 것이 아님에 유의하시기 바랍니다.
◆ 따라서 등기신청 시 등기필정보 및 등기완료통지서면을 거래 상대방이나 대리인에게 줄 필요가 없고,
  대리인에게 위임한 경우에는 일련번호와 비밀번호 50개 중 1개와 해당 순번만 알려주시면 됩니다.
◆ 만일 등기필정보의 비밀번호 등을 다른 사람이 안 경우에는 종래의 등기필증을 분실한 것과 마찬가
  지의 위험이 발생하므로 관리에 철저를 기하시기 바랍니다.

☞ 등기필정보 및 등기완료통지서는 종래의 등기필증을 대신하여 발행된 것으로 <u>분실 시 재</u>
  <u>발급되지 아니하니</u> 보관에 각별히 유의하시기 바랍니다.

고대하던 등기필증이 도착했다! 법률 전문가의 도움 없이 오로지 혼자의 힘으로 낙찰받은 물건에 대한 등기를 모두 마쳤다. 경매 투자의 한 사이클을 완벽하게 마스터한 것이다.

MEMO